Kohlhammer
Urban
-Taschenbücher

W0064427

Grundriß der Psychologie

Band 17

eine Reihe in 22 Bänden
herausgegeben von
Herbert Selg und Dieter Ulich

Diese neue, in sich geschlossene Taschenbuchreihe orientiert sich konsequent an den Erfordernissen des Studiums. Knapp, übersichtlich und verständlich präsentiert jeder Band das Grundwissen einer Teildisziplin.

Hermann J. Liebel

Angewandte Psychologie
– Psychologie als Beruf –

Verlag W. Kohlhammer

Die Deutsche Bibliothek – CIP-Einheitsaufnahme

Grundriß der Psychologie : eine Reihe in 22 Bänden / hrsg. von
Herbert Selg und Dieter Ulich. – Stuttgart ; Berlin ; Köln :
Kohlhammer
    (Urban-Taschenbücher ; ...)
    Bd. 17, Liebel, Hermann J.: Angewandte Psychologie. – 1999

Liebel, Hermann J.:
Angewandte Psychologie : Psychologie als Beruf / Hermann J.
Liebel. – Stuttgart ; Berlin ; Köln : Kohlhammer, 1999
    (Grundriß der Psychologie : Bd. 17) (Urban Taschenbücher ; Bd. 566
    ISBN 3-17-010867-0

Alle Rechte vorbehalten
© 1999 W. Kohlhammer GmbH
Stuttgart Berlin Köln
Verlagsort: Stuttgart
Umschlag: Data Images GmbH
Gesamtherstellung:
W. Kohlhammer Druckerei GmbH + Co. Stuttgart
Printed in Germany

Inhalt

**Hannelore und
Werner Pleus
mit großem Dank**

1. Einleitung

»Angewandte Psychologie« ist keine in sich geschlossene Disziplin. Vielmehr handelt es sich dabei um eine heterogene Ver-
sammlung mehr oder weniger genau umrissener Themenfelder.
Nach Anastasi (1964), Arnold (1970) und Benesch (1985) gab es
in neuerer Zeit keinen Versuch eines einzelnen Autors mehr, eine
»Angewandte Psychologie« quasi im Alleingang zu schreiben.
Dies heute zu wagen, wäre angesichts der explosiven Ausbreitung
psychologischer Erkenntnisse und psychologisch forscherischer
Neugierde innerhalb und außerhalb der Universitäten ein boden-
loser Leichtsinn. Die Psychologie ist in Forschung und Praxis dabei, sich auf alle Bereiche menschlicher Lebensvollzüge auszuweiten, so daß niemand mehr von sich beanspruchen kann, die
kaleidoskophafte Themenvielfalt und alle aktuellen Entwicklungen zu überblicken. Da in der Angewandten Psychologie – wie
auch sonst – niemand Experte für alles sein kann, ist es unumgänglich, sich exemplarisch auf einige wenige Berufsfelder und
die sich darin stellenden Aufgaben und Anforderungen zu beschränken. Wer *allen* alles bringen will, läuft Gefahr, es keinem
recht zu machen. Deshalb halten wir es mit Goethe, der im »Vor-
spiel auf dem Theater« zu Beginn seines »Faust« den Direktor sagen läßt: »Wer vieles bringt, wird *manchem* etwas bringen.« Dies
soll jedoch nicht in einem wahllos zusammengewürfelten Sam-
melsurium geschehen. Deshalb zuerst einige Hinweise zur Kon-
zeptidee, die wir mit diesem Band realisieren wollten.

Von den vielen Möglichkeiten, eine Einführung in die »Angewandte Psychologie« zu gestalten, haben wir uns für folgende
Vorgehensweise entschieden: Im ersten Hauptkapitel »Angewandte Psychologie in Forschung und Praxis« wird ein Überblick
über »Angewandte Psychologie« als Studienfach wie auch als wis-
senschaftsgeleitete Tätigkeit in der beruflichen Praxis des Psychologen gegeben. Hier werden die inzwischen schon als »klassisch«
geltenden Teilgebiete der Angewandten Psychologie, wie zum
Beispiel die Arbeits-, Betriebs- und Organisationspsychologie, die
Verkehrspsychologie und die Rechtspsychologie umrissen. Daran
anknüpfend werden die tätigkeitsfeldunabhängigen Aufgaben des

anwendenden Psychologen besonders aufgezeigt, und es wird eine Art Leitlinie für die Vorgehensweise des anwendenden Psychologen entworfen, um zu zeigen, daß es trotz aller Spezifität konkret praktischer Fragestellungen so etwas wie ein korporatives Band gibt, das die anwendenden Psychologen untereinander und mit ihrer Wissenschaft verbindet. Dann folgt ein Schlaglicht auf die Entwicklung des Berufsstands des Psychologen und die derzeitige Situation, die standesethischen Grundsätze und den Rechtsrahmen, innerhalb dessen sich psychologische Tätigkeiten entfalten können, durch den sie aber auch deutliche Einschränkungen erfahren. Informationen und Hinweise zu Ausbildungswegen zum Beruf, zu Möglichkeiten der beruflichen Weiterqualifikation und über den studentischen Nachwuchs beschließen diesen Teil.

Der zweite Hauptteil stellt »Ausgewählte Teilgebiete der Angewandten Psychologie« vor, die ein erkennbares Zukunftspotential für die Erarbeitung psychologischer Kompetenzen beinhalten und auch von Studierenden unseres Faches über die längst etablierten Teilgebiete hinaus für attraktiv und spannend gehalten werden. Um dieses zu realisieren, bildete sich eine Projektgruppe von 13 engagierten Studierenden, alle in den letzten Semestern vor ihrer Diplomhauptprüfung, um unter der Leitung des Autors die Themenfelder auszuwählen und zu bearbeiten. Im Verlauf von zwei Semestern wurde Literatur zur Architekturpsychologie, der Psychologie des Geldes, der Musik-, der Religions-, der Sport-, der Tourismus- und der Werbepsychologie gesucht, gesichtet, gelichtet, verdichtet, und es wurden für wichtig befundene Theorien und Untersuchungsergebnisse zusammengefaßt. Die Rohentwürfe wurden – bis auf eine Ausnahme – von jeweils zwei Studierenden verfaßt, im Seminar vorgestellt und diskutiert. Diese Versionen hat der Projektleiter inhaltlich und redaktionell in ihre Endfassungen gebracht. Alle Mitwirkenden, deren Namen sich nach der jeweiligen Kapitelüberschrift finden, sind inzwischen nach bestandenem Examen als Diplompsychologen in die Berufspraxis eingestiegen. Einigen von ihnen ist es gelungen, unmittelbar in dem von ihnen ausgeloteten Arbeitsfeld eine Stelle zu bekommen.

Es ist klar, daß mit dieser Strategie niemand ganz zufriedenzustellen sein wird, denn weitere wichtige Anwendungsgebiete, wie zum Beispiel die Medienpsychologie oder die Polizeipsychologie, um nur zwei zu nennen, werden nur kurz gestreift, andere, wie zum Beispiel die Tierpsychologie, die Psychogerontologie oder die Thanatopsychologie, wird der Leser ganz vermissen, obgleich er sie für seine oder die Lebenspraxis anderer durchaus für bedeutsam hält. Wir erheben aber keinen Anspruch auf Vollständigkeit. Vielmehr wollen wir »Türöffner« sein – Türöffner zu einer wahrlich bunten Welt spannender Themen, Erkenntnisse und Arbeitsgebiete der Psychologie in allen Bereichen des beruflichen und privaten Lebens eines jeden von uns. Unser Hauptziel ist erreicht, wenn wir am Ende bei Ihnen als Leser eine »kreative Unzufriedenheit« hervorgerufen haben – eine Unzufriedenheit, die jedermann durch die Nutzung der im Text und im Literaturverzeichnis angegebenen Hinweise zu den jeweiligen Teilthemen und Teilfeldern Angewandter Psychologie schrittweise reduzieren kann.

Das *Literaturverzeichnis*, gegliedert in drei Abschnitte, ermöglicht dem Leser einen leichten und schnellen Zugriff zu weiteren Informationen. Der erste Abschnitt nennt einführende und Überblicksliteratur zur Angewandten Psychologie generell. Der zweite enthält Einstiegsliteratur für die im Text dargestellten oder auch nur erwähnten Aufgabenfelder, während der dritte die für die Ausarbeitung herangezogene und zitierte Literatur präsentiert.

Schon hier seien aber zwei für unsere Thematik besonders einschlägige Zeitschriften empfohlen, welche als die wichtigsten zeitaktuellen Informationsquellen gelten können:

1) Der »Report Psychologie« ist das offizielle Organ des Berufsverbandes deutscher Psychologinnen und Psychologen e.V. (BDP), dem vorwiegend Kolleginnen und Kollegen aus der außeruniversitären beruflichen Praxis angehören. Diesem Journal kommt das Verdienst zu, zehnmal im Jahr qualifiziert über Forschungsergebnisse zu informieren, die für die Tätigkeit des Psychologen von Interesse sind, über Erfahrungen aus der Berufspraxis zu berichten, und zu Berufs-, Gesundheits- und gesellschaftspolitischen Themen Stellung zu beziehen.

2) Die »Psychologische Rundschau« ist das offizielle Organ der Deutschen Gesellschaft für Psychologie, DGPs e.V., deren Mitglieder sich fast ausschließlich aus dem Kreis der Hochschullehrer rekrutieren. Sie fungiert zugleich aber auch als weiteres Informationsorgan des BDP. Sie erscheint im Verlag Hogrefe, Göttingen, in vierteljährlichem Turnus. Während der erste Teil darin jeweils auch für Praktiker wichtige Originalia aus der wissenschaftlichen Forschung und Diskussion enthält, finden sich in einem ausführlichen Nachrichtenteil wichtige berufspolitische und berufsständische Hinweise aus beiden Organisationen, wodurch die Absicht einer engen wechselseitigen Verknüpfung von Wissenschaft und Praxis dokumentiert wird.

Wen wollen wir mit diesem Buch erreichen? Wir wenden uns an alle, die Orientierung suchen, was man mit dem Studium und den Erkenntnissen unserer Wissenschaft konkret anfangen kann. Das sind zum Beispiel die Abiturienten, die sich mit dem Gedanken tragen, eventuell Psychologie zu studieren, die Studierenden, auf die nach Abschluß ihres Vordiploms die Anwendungsfächer des Hauptstudiums zukommen, die »Abnehmer« psychologischer Dienstleistungen in der Gesellschaft schlechthin, auch die, die persönlich professionelle psychologische Hilfe in Anspruch nehmen möchten, vor allem auch jene, die mit Psychologen beruflich kooperieren müssen und alle sonstigen Nutzer psychologischen Know-hows. Wir beobachten gegenwärtig einen wachsenden Trend zur Pseudo-Psychologisierung benachbarter Berufe, so zum Beispiel der Betriebswirte, der Sozialarbeiter, der Pädagogen, der Mediziner, der Juristen und auch der Theologen. Die Ausweitung psychologischer Kompetenzen in neue Arbeitsfelder schafft hierzu durchaus Begehrlichkeiten. Vielleicht trägt dieses Buch ein bißchen zur Klärung dessen bei, was primär Kompetenzbereiche des professionellen Psychologen sind, wo sich Arbeitsfelder verschiedener Professionen berühren oder kooperativ ergänzen können, und wo die Vermittlung psychologischen Wissens für die erfolgreiche Arbeit in anderen Berufen ein akzeptabler und gangbarer Weg ist.

Eine kurze, aber wichtige Bemerkung zum Schluß: Um eine bessere Lesbarkeit des Buches zu gewährleisten, ist beim Gebrauch der männlichen Form im Vorhergehenden wie im Folgenden selbstverständlich auch stets die weibliche mit gleicher Bedeutsamkeit mitgemeint!

2. Angewandte Psychologie in Forschung und Praxis

2.1 »Angewandte Psychologie« – ein schillernder Begriff

Mit der Frage »Was ist Angewandte Psychologie?« beginnt Anne Anastasi ihr über weite Strecken auch heute noch grundlegendes Werk »Angewandte Psychologie« (1964, dt. 1973, S. 3) – nur, eine Antwort darauf, jedenfalls im Sinne eines prägnanten Satzes, gibt sie nicht. Vielmehr stellt sie fest, daß vor dem 2. Weltkrieg die Mehrzahl der Psychologen in Lehre und Grundlagenforschung an den Universitäten beschäftigt gewesen sei und danach eine Entwicklung eingesetzt habe, die dazu führte, daß heute eine große Mehrheit akademisch ausgebildeter Psychologen in den Bereichen des Geschäftslebens, in der Industrie, in Kliniken, Schulen, Behörden, der Verwaltung und im militärischen Bereich arbeitet. Demnach wird der Psychologe, je nachdem, welche Funktion er erfüllt, zum anwendenden Psychologen. Dieser Sachverhalt spiegelt die zutreffende Auffassung wider, Erkenntnisse der Psychologie ließen sich auf ein breites Spektrum von solchen Problemen anwenden, die nicht ihre eigenen sind, und man könne für deren Lösung Nützliches beitragen. Die Bezeichnung »Angewandte Psychologie« suggeriert allerdings, daß hinter diesem Anwenden psychologischen Know-hows eine in sich geschlossene wissenschaftliche Disziplin stehe, in der allgemeine Aussagen aus umfassenden Theorien abgeleitet werden könnten. Diese Vorstellung ist eine Fiktion. Es gibt eine große Anzahl voneinander sehr verschiedener Teildisziplinen, die sich eher locker unter dem Dach »Angewandte Psychologie« zusammenfinden. Eine zweite Suggestion legt nahe, daß es logischerweise auch eine andere, nicht angewandte, eine sozusagen »reine«, eine vielleicht überhaupt nicht anwendbare Psychologie geben müsse, welche das klassische Ideal des Erkenntnisstrebens um seiner selbst willen verfolgt. Eine solche Zweiteilung könnte die angewandt-psychologischen Teildisziplinen in die Nähe des wissenschaftlich Minderwertigen, des Kommerziellen, vielleicht sogar des Käuflichen rücken, denn sie muß ja etwas bringen, was einem Auftraggeber nützt. (Zum

Verhältnis von »reiner« und »angewandter« Psychologie vgl. auch Schorr & Wehner 1993, S. 291 ff.).

Eine andere Unterscheidung wird gerne innerhalb des Gesamtkanons der psychologischen Teildisziplinen vorgenommen durch die Abgrenzung der *angewandten* Fächer (insbesondere der Arbeits-, Betriebs- und Organisationspsychologie, der Klinischen und der Pädagogischen Psychologie) von den *Grundlagenfächern,* wie sie in vielen Prüfungsordnungen seit der Einführung eines Hochschulabschlußes in Psychologie im Jahr 1941 bis heute üblich ist. Der Schluß liegt nahe, das Verhältnis von Grundlagenfächern zur Angewandten Psychologie als Verhältnis von Grundlagenforschung und Theoriebildung einerseits, zu ihrer Anwendung andererseits zu sehen, etwa in Analogie der Beziehung zwischen Naturwissenschaft und Technik. Tatsächlich wurde Angewandte Psychologie jahrzehntelang und leider bis heute häufig in diesem Sinne verstanden. William Stern begründete 1903 diese Tradition in der von ihm ins Leben gerufenen Zeitschrift »Beiträge zur Psychologie der Aussage« und definierte sie als »Wissenschaft von den psychologischen Tatbeständen, die für praktische Anwendungen in Frage kommen«. Hugo Münsterberg (1863-1916), der eigentliche Initiator der Angewandten Psychologie, sah in ihr die »Wissenschaft von der praktischen Anwendung der Psychologie im Dienste der Kulturaufgaben« und nannte sie »Psychotechnik« (1914, S. 1). Ihm kommt vor allen anderen das Verdienst zu, Wege zur Nutzung psychologischer Erkenntnisse bei der Lösung von Problemen auf nahezu allen Gebieten des gesellschaftlichen Lebens aufgezeigt zu haben. Arnold steht eher in der Tradition von Stern, wenn er überall von angewandter Psychologie spricht, »wo Psychologie mit den Mitteln der Wissenschaft für die Praxis fruchtbar gemacht wird« (1970, S. 10). Er zieht, nebenbei bemerkt, eine wichtige Trennungslinie zur »Praktischen Psychologie« als der Alltagspsychologie von jedermann, wo auf der Basis einer allgemeinen, vorwissenschaftlichen Menschenkunde naiv-intuitiv Verhalten interpretiert und beeinflußt wird. Dies ist keineswegs abwertend gemeint, denn erstens ist jeder Mensch aufgrund seiner Erfahrungen bis zu einem gewissen Grad selbst Experte in Lebensfragen, und zweitens ist nicht zu leugnen, daß es so manchen praktischen Menschenkenner gibt, der die Eigenheiten einer Person schneller und treffsicherer erfassen kann als ein geschulter Psychologe.

Besonders in den frühen 70er Jahren lösten sich die Idealvorstellungen von einer anwendbaren Grundlagenforschung weitgehend auf. Die Gründe dafür sind in einer zunehmenden Hilf-

und Ratlosigkeit grundwissenschaftlich orientierter Psychologen gegenüber den konkreten Anforderungen zu sehen, die sich den Psychologen in den außeruniversitären Bereichen ihrer Berufspraxis stellten, und dem fortschreitenden Realitätsverlust von Experimentalanordnungen, deren Ergebnisse für die Lösung konkreter Alltagsprobleme oft keinen Beitrag mehr erkennen ließen.

Besonders von studentischer Seite wurde, beginnend Ende der 60er Jahre und bis heute nicht mehr verstummt, eine größere Praxisnähe der wissenschaftlichen Psychologie gefordert. Es gab und gibt Ansätze, diesem Ziel durch eine Erweiterung der Grundlagenforschung um soziale und institutionelle Variablen näher zu kommen und die außeruniversitäre Ausbildung durch Praktika und die Verwirklichung der Einführung eines Assistentenjahres berufsbezogener zu gestalten. Diese Maßnahmen machen die Forschung zwar realistischer und die Universitätsausbildung realitätsnäher, aber doch nicht realitätsorientiert.

Wir stehen – an der Schwelle zum nächsten Jahrtausend – in der Angewandten Psychologie wie in so vielen Bereichen von Wissenschaft und Alltagsrealität an einem Wendepunkt weg von der Frage, wo aus wissenschaftsimmanentem Interesse oder aus persönlicher Neugierde Erforschtes irgendwo anwendbar sein könnte, hin zu einer Orientierung an den sich in den Praxisfeldern stellenden Problemen, die es zu lösen gilt. Sie sind der Gegenstand und Ausgangspunkt wissenschaftlicher Bearbeitung. Es bleibt dabei nach wie vor legitim und notwendig zu fragen, ob es im Gesamtbestand des psychologischen Wissens Beiträge für konkrete Problemlösungen gibt. Es muß aber zunehmend selbstverständlich werden, auch problemspezifische Forschungsmethoden und neue Theorien in den Anwendungsfeldern selbst zu erarbeiten. Ganz in diesem Sinne postuliert auch Hoyos: »Aufgabe der Angewandten Psychologie ist es, wissenschaftliche Erklärungen und Modelle für die in der Problemsituation dominierenden Verhaltenseigentümlichkeiten zu gewinnen« (1999, S. 29).

Dies bedeutet als *Postulat für eine moderne Angewandte Psychologie:*

Die »konkrete« und nicht die im Labor »konstruierte« soziale Wirklichkeit muß Ausgangspunkt und Orientierung einer Angewandten Psychologie sein!

Die wissenschaftlichen Konzepte müssen also aus den Gegebenheiten der Praxisfelder heraus und für diese zurück erarbeitet werden. Slogans wie »Praxisorientierte Wissenschaft und wissenschaftlich geleitete Berufspraxis« bekommen durch ein solches

Vorgehen einen sozial verantwortbaren Hintergrund durch die bewußte Akzentuierung der gesellschaftlich-kulturellen Dimension. Angewandt-psychologische Forschung definiert sich, so gesehen, von ihren tatsächlichen oder zumindest ins Auge gefaßten Anwendungsmöglichkeiten und nimmt von dort ihren Ausgang; dabei ist es einerlei, ob dies in einem Universitätsinstitut, in einer Beratungsstelle für Drogenabhängige oder in der Personalabteilung einer Firma geschieht.

Nach diesem Konzept gibt es nicht mehr Forschung und Lehre einerseits und die praktische Anwendung andererseits, vielmehr handelt es sich gleichsam um zwei Seiten ein und derselben Medaille, die sich nicht voneinander trennen lassen. Die Begriffe ›Forschung‹ und ›Anwendung‹ akzentuieren lediglich, sie sind aber kein Entweder-Oder. Angewandte Psychologie ist immer in erster Linie Psychologie; der anwendende Psychologe ist immer in erster Linie Psychologe und erst in zweiter Linie Spezialist für eines oder mehrere Anwendungsfelder. »Er muß als Praktiker seiner Wissenschaft verbunden sein und in seiner praktischen Anwendung Forscher bleiben« (Ebel 1981, S. 3; ähnlich Anastasi 1973, S. 23 und Frey, Hoyos & Stahlberg 1992, S. 22 ff.).

Ein wichtiger neuerer Beleg dafür, daß sich diese Arbeits- und Berufsauffassung zumindest ansatzweise realisieren läßt, liefert das vom Berufsverband Deutscher Psychologinnen und Psychologen e.V. 1980/81 herausgegebene dreibändige »Handbuch der Angewandten Psychologie«, das exemplarisch darstellt, wie Psychologen in der Praxis arbeiten, wie sie konkrete Fragestellungen aus den Praxisbereichen Arbeit und Organisation (Bd. 1), Behandlung und Gesundheit (Bd. 2) sowie Markt und Umwelt (Bd. 3) aufnehmen und, gestützt auf wissenschaftliche Methodik, fachlich kompetent zu beantworten versuchen. Aus dieser Berufssicht stellt sich insbesondere den Hochschullehrern an den Universitäten verstärkt die Aufgabe, über Projektseminare und die Beteiligung der Studierenden an angewandter Projektforschung diese in geeigneter Weise auf ihre Berufspraxis vorzubereiten. In diesem Sinne bemerkte bereits 1944 Kurt Lewin (1890-1947), der »Vater« der empirischen und angewandten Sozialpsychologie:

»Many psychologists working today in an applied field are keenly aware of the need for close cooperation between theoretical and applied psychology. This can be accomplished in psychology [...] if the theorist does not look toward applied problems with highbrow aversion or with a fear of social problems and if the applied psychologist realizes that there is nothing so practical as a good theory.« (S. 23).

Heute trifft man auf den Begriff »Angewandte Psychologie« trotz oder gerade wegen seiner breiten Benutzung in recht unterschiedlicher Bedeutung, so in einem traditionelleren Sinn als

a) *Oberbegriff für die Teilfächer* Arbeits-, Betriebs- und Organisationspsychologie, Klinische und Pädagogische Psychologie und als

b) *Sammelbezeichnung* für alle oder einige der verschiedenen *Berufsfelder* und *Funktionen des Psychologen* in der Arbeitswelt, der Erziehung, der Medizin, der Justiz, der Politik, des Sports, der Kirchen usw.; oder in einem fortschrittlicheren Sinn als

c) *realitätsorientierte Forschung und Theoriebildung* zur Erkenntnisgewinnung und Problemlösung in allen Bereichen des gesellschaftlichen Lebens.

Angewandte Psychologie ist also beides, einmal das Anwenden von Psychologie in den verschiedensten Praxisfeldern, als auch eine Ansammlung von definierbaren Teilgebieten im Kanon des psychologischen Fächerkatalogs in Forschung und Lehre.

Wir verwenden im folgenden den Begriff im Sinne einer Kombination aus a), b) und c), also als Sammelbegriff für diejenigen Disziplinen der Psychologie einschließlich der Arbeitsfelder des Psychologen, deren Ziele in erster Linie auf die wissenschaftsgestützte Problemlösung in den verschiedenen Bereichen des gesellschaftlichen Lebens ausgerichtet sind, in lediglich akzentuierender Abgrenzung zu den in ihrem Selbstverständnis primär theoretischen Grundlagenfächern.

2.2 Teilgebiete der Angewandten Psychologie und ihre Repräsentation in der Berufspraxis

Die *Teilgebiete* der Angewandten Psychologie sind immer gleichzeitig auch *Berufs- und Betätigungsfelder.* Beides läßt sich insofern nicht voneinander trennen, als der psychologische Wissenschaftler nach unseren Vorstellungen realitätsorientiert und der Berufspraktiker immer zugleich mit wissenschaftlicher Methodik forschend arbeiten soll. Da die Teilgebiete und die Berufsfelder so vielfältig sind wie die Facetten des gesellschaftlichen Lebens selbst, muß jede Auflistung lückenhaft bleiben. Wir haben in den letzten zwanzig Jahren eine Explosion der Anwendungsgebiete und der Anwendungsmöglichkeiten von Psychologie erlebt, und es werden mit Sicherheit noch manche in Zukunft erschlossen werden. Die **Übersicht 1** veranschaulicht diese Situation, in der Hoyos, einer der drei Herausgeber von »Angewandte Psychologie. Ein Lehrbuch« (Frey et al. 1992), dessen Inhalte in geraffter Form nach Anwendungsgebieten und Themen gegliedert zusammengestellt hat (1999, S. 26).

Übersicht 1: Anwendungsgebiete und Themen der Angewandten Psychologie

Anwendungsgebiete Arbeit und Beruf	*Anwendungsgebiet Öffentlichkeit und Gesellschaft*
– Organisation, Organisationsstruktur und Organisationsentwicklung	– Politik
	– Recht
	– Militär und Polizei
– Personalauslese, Training und Personalentwicklung in Organisationen	
– Individuum und Organisation	*Anwendungsgebiet Gesundheit*
– Gestaltung von Mensch-Maschine-Systemen	– Gemeinden
	– Gesundheit und Medizin
– Arbeitsstrukturierung und Arbeitsanalyse	– Belastung, Beanspruchung, Fehlanpassung und ihre Folgen
– Arbeitsschutz	– Alter und Altern
– Neue Technologien: Mensch-Computer-Interaktion	
– Berufswahl und Laufbahnentwicklung	*Anwendungsgebiet Kultur und Freizeit*
	– Kultur und Religion
	– Musik
Anwendungsgebiet Markt, Werbung, Volkswirtschaft	– Tourismus
– Werbung, Öffentlichkeitsarbeit und Marketing	– Medien und Massenkommunikation
– Konsum- und Kaufverhalten	– Sport und Freizeit
– Volkswirtschaft und ökonomische Verhaltensforschung	– Freizeit
	Allgemeine Probleme
Anwendungsgebiet Umwelt	– Versuchsplanung mit Evaluation
– Gestaltung von Umwelt	– Grundlagenforschung und Anwendung
– Das Entsorgungsproblem	– Entscheidungshilfesysteme
– Umweltstreß	– Das Berufsbild des Psychologen
– Psychologie des Energiesparens	
– Transport und Verkehr	

Er merkt dazu an, daß sich hier traditionelle und neuere Anwendungsgebiete versammeln. Manche davon, wie z. B. »Neue Technologien« oder das »Anwendungsgebiet Umwelt«, sind im Zuge technischen Wandels und gesellschaftlicher, besonders auch politischer Veränderungen erst in allerjüngster Zeit entstanden. Aus der Untersuchung konkreter Probleme, wie z. B. dem Verhalten in Organisationen in der Wirtschaft und der öffentlichen Verwaltung, dem Erleben und Verhalten in gefährlichen Situationen, dem Erleben und Verhalten in erzieherischen Kontexten, dem Erleben und Verhalten im Umgang mit eigenem und dem Geld anderer Leute, wird sich noch kein Teilgebiet Angewandter Psychologie entwickeln, solange man sich mit pragmatischen situations- und individuenbezogenen Problemlösungen und Ratschlägen bescheidet. Solche Aktivitäten können aber durchaus zum Auslöser für eine solche Entwicklung werden: »Ein Teilgebiet der Angewandten Psychologie zu entwickeln, ist jedoch eine wissenschaftliche Aufgabe: in den fraglichen Bereichen Fakten sammeln, Erklärungen suchen, Zusammenhänge aufweisen, […], kurzum eine wissenschaftliche Disziplin etablieren, um für die Lösung von Problemen gerüstet zu sein« (Hoyos 1999, S. 27).

Systematisierungsversuche der Teildisziplinen, welche die Angewandte Psychologie ausmachen, waren stets problematisch und sind bis heute nie unumstritten gewesen. Daher ist die Auflistung in **Übersicht 2** nicht mehr als eine grobe und zwangsläufig

Übersicht 2: Teildisziplinen der Angewandten Psychologie

Traditionellere Gebiete	Neuere Gebiete
Arbeits- und Betriebspsychologie	Architekturpsychologie
Pädagogische Psychologie	Beratungspsychologie
Klinische Psychologie	Freizeitpsychologie
Militärpsychologie	Gesundheitspsychologie
Pharmakopsychologie	Kunstpsychologie
Rechtspsychologie	Medienpsychologie
Schriftpsychologie	Organisationspsychologie
Verkehrspsychologie	Psychogerontologie
Wirtschaftspsychologie	Religionspsychologie
	Sportpsychologie
	Thanatopsychologie
	Tourismuspsychologie
	Umweltpsychologie
	...
	...
	...

unvollständige Nennung von Teilgebieten, wobei auch die Unterscheidung nach traditionelleren und neueren Gebieten nur akzentuierend gemeint ist.

Den als »traditioneller« apostrophierten Gebieten sei keineswegs die Aktualität ihrer Themen abgesprochen, ebensowenig wie den neueren Gebieten verwehrt sein soll, auf eine längere historische Entwicklung zu verweisen. So ist die Beratungspsychologie von ihren historischen Anfängen der Berufsberatung her gesehen fast genauso alt wie die Angewandte Psychologie schlechthin. Wenn wir sie dennoch zu den neueren Gebieten zählen, so deshalb, weil sie sich in den letzten zwanzig Jahren sehr intensiv in verschiedene Zweige ausdifferenziert hat, zum Beispiel in die Ehe-, Familien-, Drogen-, Organisations-, Schul-, Studien- und in viele andere institutionalisierte Beratungen. Das Gleiche gilt auch für die Organisationspsychologie, deren Wurzeln sich mühelos bei William Stern und Hugo Münsterberg finden lassen. Auch handelt es sich bei den aufgezählten Teilgebieten nicht immer um eindeutige und einander klar sich ausschließende Kategorien. Überschneidungen wie zwischen Klinischer und Beratungspsychologie oder zwischen Themen der Organisations-, Verkehrs- oder Wehrpsychologie, z. B. bei Problemen der Eignungsdiagnostik, begegnen uns ständig.

Eine getrennte Behandlung von Teilgebieten und daraus »resultierenden« oder ableitbaren Anwendungen in der Berufspraxis geriete in Widerspruch zu dem, was bisher erläutert wurde. Deshalb wollen wir uns für die Skizzierung wissenschaftlicher Teilgebiete, die gleichzeitig mehr oder weniger auch Berufsfelder der Psychologen sind, im Folgenden an den Sektionsbezeichnungen des BDP orientieren, die eine Verklammerung von beiden Aspek-

Übersicht 3: Sektionen des BDP (Stand Januar 1999)

---

1. Arbeits-, Betriebs- und Organisationspsychologie
2. Rechtspsychologie*
3. Klinische Psychologie*
4. Markt- und Kommunikationspsychologie*
5. Politische Psychologie*
6. Gesundheits-/Umwelt-/Schriftpsychologie*
7. Schulpsychologie*
8. Verkehrspsychologie*
9. Aus-, Fort- und Weiterbildung in Psychologie
10. Freiberufliche Psychologen
11. Angestellte und Beamtete Psychologie
12. Verband Psychologischer Psychotherapeuten/innen

ten repräsentieren. Das sind diejenigen, die in Übersicht 3 mit einem Sternchen versehen sind. (Die anderen Sektionen und ihre Anliegen werden in Kapitel 2.4.1 berücksichtigt).

Für die Betrachtung der Tätigkeit des Psychologen ›vor Ort‹ weist Gasch (1979) darauf hin, daß ›Berufspraxis‹ und ›Berufsaufgaben‹ Begriffe sind, die unterschiedlichen Abstraktionsebenen angehören. Er schlägt vor, ›Berufspraxis‹ als übergeordneten Begriff zu definieren und ihn in ›Berufsfeld‹ und ›Berufsaufgaben‹ zu untergliedern. Das ›Berufsfeld‹ meint demnach eine räumlich-organisatorische Einheit, meist eine Institution, in der ein Psychologe seine Aufgaben erfüllt. Dies kann beispielsweise eine psychiatrische Klinik, eine Firma, eine Schule, eine Beratungsstelle, aber auch eine politische Partei oder eine Gewerkschaft sein. Als ›Berufsaufgaben‹ sollen die in einem Berufsfeld anfallenden Tätigkeiten verstanden werden. Diese Unterscheidung ist zur Vermeidung von Mißverständnissen sinnvoll, da Psychologen in ganz verschiedenen Berufsfeldern durchaus ähnliche oder gleiche Tätigkeiten ausüben. Beispiel: Die Anwendung von Verfahren zur Persönlichkeitsdiagnostik (Fragebogen, Tests, Interviews) ist im Berufsfeld Arbeit, etwa bei der Eignungsbegutachtung von Bewerbern für eine Stelle, ebenso wichtig und üblich wie in einer Schule zur Schullaufbahnberatung oder in einer psychiatrischen Klinik vor der Wahl eines bestimmten Therapieverfahrens.

Die Notwendigkeit dieser Unterscheidung wird besonders in der Bezeichnung ›Klinische Psychologie‹ offenkundig, worunter keineswegs nur die spezifischen Aufgaben des Psychologen in einem Berufsfeld Klinik zusammengefaßt werden, sondern jegliche Art diagnostizierender, beratender, betreuender, vorbeugender, heilender und rehabilitierender Tätigkeiten bei Personen mit psychischen Störungen, Problemen oder abweichendem Verhalten, auch wenn sich die Durchführung dieser Tätigkeiten außerhalb einer Klinik, beispielsweise in einer Erziehungsberatungsstelle, in einer freien Praxis oder in einer Strafvollzugsanstalt abspielt. Nur vor dem Hintergrund dieser Unterscheidung läßt sich verstehen, daß die fast 60 Prozent aller Berufspsychologen, die sich selbst als ›Klinische Psychologen‹ bezeichnen oder der gleichnamigen BDP-Sektion angehören, bei weitem nicht alle auch in medizinischen Kliniken tätig sind.

2.2.1 Arbeits-, Betriebs- und Organisationspsychologie

Bei dieser Sektionsbenennung handelt es sich vorwiegend um die Abgrenzung eines Berufsfeldes. Von den rund 4500 Arbeits-, Betriebs- und Organisationspsychologen (ABO-Psychologen) sind etwa 2000 in der Sektion zusammengeschlossen. Sie finden ihre Beschäftigung in der Arbeitswelt, genauer in Wirtschaftsunternehmen und in der öffentlichen Verwaltung, so in Industriebetrieben, im Handel, in Banken, Versicherungen, Versorgungsunternehmen, der Deutschen Bahn AG, der Bundespost, den Telefongesellschaften, der Bundesanstalt für Arbeit und den zugehörigen Arbeitsämtern, bei den Technischen Überwachungsvereinen, in Personalberatungsunternehmen, Forschungsinstituten, Hochschulen und Fachhochschulen sowie als freiberuflich Arbeitende.

Die bekanntesten Berufsaufgaben des ABO-Psychologen sind die Personalauswahl und die Personalentwicklung. »Der richtige Mann/die richtige Frau auf den richtigen Platz« lautet ein viel zitiertes Motto, das diese Aufgabe umreißt. Der Psychologe ermittelt zunächst die Anforderungen der zu besetzenden Arbeitsplätze und stellt mit einer darauf abgestellten Eignungsuntersuchung fest, in welchem Umfang die Fähigkeiten und Erfahrungen des Bewerbers oder Mitarbeiters mit den Anforderungen übereinstimmen. Bei der Lösung betrieblicher Probleme oder der Durchführung von Innovationen entwerfen Psychologen neue Bildungskonzepte oder passen bestehende an neue Erfordernisse an. Zur Zeit haben der Trainingsbereich, insbesondere Chef- und Führungskräftetrainings und die Weiterbildung der Mitarbeiter auf allen Ebenen Hochkonjunktur.

Die Ausweitung des Berufsfelds dieser Psychologen über den Industriebetrieb hinaus führte vor einigen Jahren zur allmählichen Ablösung der Bezeichnung ›Betriebspsychologie‹ durch ›Organisationspsychologie‹. Die Aufgaben, die sich diesen Psychologen stellen, sind vielfältiger Art. Die Arbeitspsychologen befassen sich mit den psychologischen Aspekten der Beziehungen zwischen Mensch und Arbeit. Eine Auswahl von Teilthemen sind die Analyse und Beeinflussung von Arbeitsanforderungen, die Entwicklung sinnvoller Arbeitsplatzgestaltung, die Unfallverhütung, die Leistungsmessung, die Arbeitsbewertung, die körperliche und geistige Beanspruchung, die Arbeitszufriedenheit und die Arbeitsmoral. Gerade die Themen Arbeitsschutz und Arbeitssicherheit gewinnen nach den Großunternehmen nunmehr auch in mittleren und kleinen Betrieben an Bedeutung.

Die Betriebs- oder neuerdings Organisationspsychologie versteht sich nicht nur, aber in wesentlichen Teilen als angewandte Sozialpsychologie in Organisationen. **Abb. 1** gibt einen konzentrierten Überblick über die Kerninhalte der Arbeits- und der Organisationspsychologie mit Themenbeispielen (aus Schuler 1995, S. 5).

	Methodologie	Arbeit	Individuum	Interaktion	Organisation
Grundlagen	Geschichte	Bedeutung von Arbeit	Verhaltens- und Leistungs-bedingungen	Kommunikation und Führung	Organisationsforschung
	z.B. Psychotechnik	z.B. Streß und Belastung	z.B. Fähig-keitsstrukturen	z.B. Gruppenkohäsion	z.B. Entscheidungsprozesse
	Theorien				Organisation und Umwelt
	z.B. Kulturtheorie				z.B. Sozialer Wandel
Diagnose	Forschungsmethoden	Arbeitsanalyse	Eignungs- und Leistungsdiagnose	Interaktionsanalyse	Organisationsdiagnose
	z.B. Untersuchungsplanung	z.B. Soziotechnische Systemanalyse	z.B. Assessment Center	z.B. Verhaltensbeobachtung	z.B. Mitarbeiterbefragung
Intervention	*Prinzipien und Methoden der Gestaltung und Veränderung*	Arbeitsgestaltung	Personalentwicklung	Bildung von Arbeitsgruppen	Organisationsentwicklung
		z.B. Handlungsspielraum	z.B. Training sozialer Kompetenz	z.B. Qualitätszirkel	z.B. Partizipation

Abb. 1: Kerninhalte und Themenbeispiele der Arbeits- und Organisationspsychologie

Gegenstand der Organisationspsychologie als wissenschaftlichem Teilgebiet ist nicht, wie man vermuten könnte, das »Organisieren« als Tätigkeit; der Organisationspsychologe ist also kein professioneller »Organisator«. Organisationspsychologie ist – zunächst und einfach gesagt – die Anwendung psychologischer Erkenntnisse auf die psychologische Forschung und Praxis in Organisationen. Mit ›Organisationen‹ als Berufsfelder des Organisationspsychologen meinen wir die aufeinander bezogenen Systeme, die die Welt der Arbeit gliedern, also Firmen, Banken, Versicherungen, Behörden, Verbände, Gewerkschaften, Kirchen, Schulen, Krankenhäuser und viele andere.

Stimmt das so? – Ist nicht die Pädagogische Psychologie für den Bereich Schule und Erziehung zuständig und die Klinische

Psychologie für die Vorsorge, Therapie und Rehabilitation in Kliniken und Beratungseinrichtungen? – Der Einwand ist richtig, und die Organisationspsychologie drängelt sich auch nicht in besetztes Terrain, wo es um das Verhältnis Psychologe-Klient, Berater-Schüler oder Therapeut-Patient geht. Die Organisationspsychologie behandelt die Schule aber insofern als eine Organisation in der Arbeitswelt, als dort Lehrer ihrem Beruf nachgehen, und sie sieht Kliniken nicht primär mit Hinblick auf die Patienten, sondern auf die Menschen an den Arbeitsplätzen, die in diesen Organisationssystemen ihren Dienst tun. Wir müssen also unsere Definition präzisieren und sagen: *Organisationspsychologie ist die Wissenschaft vom Erleben und Handeln des Menschen als Mitglied in Organisationen.*

Dennoch, eine scharfe Trennung dieser Teildisziplinen gibt es nicht. Sowohl von den Arbeitsfeldern wie auch von den konkreten Tätigkeiten her überschneiden sie sich. Der Pädagogische Psychologe arbeitet organisationspsychologisch, wenn er seine Mitarbeiter zu mehr Kooperation motivieren will, oder der Klinische Psychologe, wenn er seine Mitarbeiter beurteilt. Ebenso arbeitet der Organisationspsychologe pädagogisch-psychologisch bei der Planung und Durchführung von Mitarbeitertrainings oder klinisch-psychologisch, wenn er versucht, ein gestörtes Vorgesetzten-Mitarbeiter-Verhältnis wieder in für alle erträglichere Bahnen zu lenken. Es gibt also Organisationspsychologen in Schulen und Pädagogische Psychologen in der Arbeitswelt, ebenso wie es Organisationspsychologen in Klinischen Einrichtungen und klinisch-psychologische Tätigkeiten in Organisationen gibt. Dieser Umstand zwingt uns, von allgemeinen Definitionen mit geringer Aussagekraft Abstand zu nehmen und statt dessen die Organisationspsychologie in ihren *Funktionen* zu beschreiben sowie ihre konkreten *Aufgaben* und *Themen* zu nennen, mit denen sie sich beschäftigt. Und schon geraten wir ins nächste Dilemma, denn in Bezug auf den allgemeinen Gegenstand der Organisationspsychologie ist man sich in der Fachwelt im großen und ganzen einig. Was allerdings im Detail alles dazugehören soll und was nicht, darüber herrscht in der Literatur und auch in der Praxis weniger Übereinstimmung. Bei einem Blick in die neuere einführende Literatur stellt sich das Fach äußerst facettenreich dar (vgl. v. Rosenstiel, Molt & Rüttinger 1995, Roth 1989 oder Weinert 1998). Das verwundert aber nicht weiter, wenn man erstens bedenkt, daß die Organisationspsychologie nicht systematisch am Reißbrett eines Wissenschaftlers entsteht, sondern sich, wie übrigens alle anderen angewandten Teildisziplinen auch, aus der Dynamik technischer und sozialer Veränderungen in den Anwendungsfeldern und den daraus sich ergebenden Problemen entwickelt. Zweitens vergegenwärtige man sich, wie breit das Spektrum von Organisationen in unserer Arbeitswelt ist und wie vielfältig die Probleme sind, die sich für die Berufstätigen aus ihren Kontakten zu Kollegen, Vorgesetzten oder Interessenvertretern täglich ergeben können. Das heißt nun nicht, daß die Erkenntnis der Existenz menschlicher Probleme in der Arbeitswelt etwas grundsätzlich Neues wäre; wäre diese Erkenntnis nicht noch viel älter, wäre sie spätestens seit dem angeblich durch Kommunikationsstörungen verursachten Mißlingen des biblisch-historischen Turmbaus zu Babel allgemein bekannt. Andererseits hat es offenbar auch vor aller Organisationspsychologie für Arbeits- und Zusammenarbeitsprobleme Lösungsmöglichkeiten gegeben, sonst wären zum Beispiel die Pyramiden Ägyptens ebensowenig entstanden wie die anderen genialen Gemeinschaftsleistungen antiker und klassischer Baukunst. Ob sich mit den Errungenschaften organisationspsychologischer Forschung der Turmbau Babels hätte vollenden lassen oder ob sich die erdrückenden persönlichen Probleme der extremen Abhängigkeit eines Michelangelo von seinem päpstlichen Auftraggeber und der keineswegs nur leistungsfördernden Rivalität mit seinen Künstlerkollegen hätten lösen lassen, steht dahin. Solche Überlegungen werfen nur die Frage auf, warum sich eine Organisationspsychologie nicht schon viel früher entwickelt hat.

Psychologie der menschlichen Arbeit gibt es, seit Menschen ihr Arbeiten erleben, ihr eigenes Arbeitsverhalten und das der anderen mehr oder minder systematisch beobachten, beurteilen und beeinflussen. Aus dieser Sicht ist sie so alt wie die Menschheit selbst. So gilt, wie für so viele andere Wissenschaften auch für die Organisationspsychologie, daß sie eine lange Vergangenheit, aber nur eine kurze Geschichte hat.

Die Bezeichnung »Organisationspsychologie« begann vor rund dreißig Jahren die Bezeichnung *Betriebspsychologie* abzulösen, nachdem sich die Berufspraxis über den Industriebetrieb hinaus auch auf andere Institutionen der Arbeitswelt und des in politischen, staatlichen und kirchlichen Einrichtungen organisierten gesellschaftlichen Lebens ausgebreitet hatte. »Organisationspsychologie« wird heute in einem weiteren und einem engeren Sinn gebraucht. Sie deckt in beiden Versionen einen verschieden großen Teil der Psychologie in der gesamten Arbeitswelt ab, die wir vereinfachend und einer bald hundertjährigen Tradition folgend mit dem Begriff »Wirtschaftspsychologie« belegen. Zur Systematisierung der Wirtschaftspsychologie gibt es eine Menge von

Vorschlägen, die wir hier nicht zu diskutieren brauchen. Für eine allgemeine Orientierung reicht der in **Abb. 2** skizzierte Systematisierungsversuch aus.

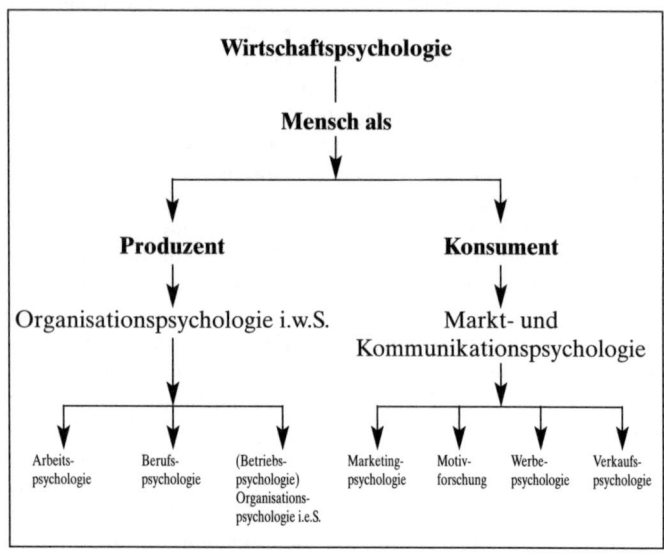

Abb. 2: Systematik der Wirtschaftspsychologie

Die *Wirtschaftspsychologie* betrachtet den Menschen als Produzenten und Konsumenten von Gütern und Dienstleistungen aller Art. *Organisationspsychologie* im weiteren Sinn deckt die Psychologie der Produktionsseite, komplementär dazu die *Markt- und Kommunikationspsychologie* die der Konsumseite ab. Da die Marktpsychologie unter 2.2.4 in ihren Aufgaben und den dazugehörigen Berufsfeldern speziell angesprochen wird und mit 3.7 der Werbepsychologie als einem aktuell bedeutsamen Zweig davon ein eigenes Kapitel gewidmet ist, wollen wir es hier dabei belassen, und uns gleich einer knappen Darstellung der Organisationspsychologie zuwenden.

Bei der menschlichen Arbeitstätigkeit geht es um das Erbringen von Leistungen zunächst mit dem Ziel der Existenzsicherung, dann aber auch um die Befriedigung anderer Bedürfnisse, zum Beispiel nach sozialen Kontakten, nach Selbstbestätigung, nach Anerkennung durch andere oder nach der Verwirklichung der eigenen Möglichkeiten. Die Arbeitstätigkeit ist so zentral im

Leben des Menschen, daß ihre Auswirkungen für die Formung und Entwicklung der Persönlichkeit und damit auch für alle sozialen Beziehungen im dienstlichen wie im privaten Bereich sehr hoch eingeschätzt werden müssen. Die *Arbeitspsychologie* ist eines der ältesten Teilgebiete der Angewandten Psychologie. Ihr Gegenstand ist die menschliche Arbeit oder das Arbeitsverhalten im institutionellen Rahmen von Organisationen. Ihre Hauptaufgaben sind die Analyse und Optimierung des menschlichen Arbeitsprozesses. Ihre Teilziele bestehen in der Leistungsverbesserung, der Belastungsminderung und der Persönlichkeitsförderung der Arbeitskräfte (vgl. Schmale 1983, Frieling & Sonntag 1998). Für die Entwicklung der Arbeitspsychologie waren drei Aufgabenstellungen richtungweisend:

1) die Konstruktionen und Anwendungen von Instrumenten, in erster Linie Tests und Experimentalanordnungen, zur Personalauslese (»den richtigen Mann/die richtige Frau an den richtigen Platz«);
2) die Analyse und Optimierung der äußeren Arbeitsbedingungen (Beleuchtung, Pausen, Arbeitszeiten, Lärm u. a.);
3) die Erforschung der Arbeitsmotivation und die Beeinflussung der Arbeitszufriedenheit.

Betrachten wir zur Verdeutlichung dieser Entwicklung einige wichtige Fakten aus der Problemgeschichte der Organisationspsychologie i.w.S.: Der Amerikaner Walter Scott, dessen Buch »A theory of advertising« im Jahr 1908 erschien, neu aufgelegt 1985, war mit seiner Berufung zum Professor für Angewandte Psychologie an das Carnegie Institute of Technology im Jahr 1915 der erste Psychologe, der diese Amtsbezeichnung führte. Er gilt zusammen mit dem nach USA emigrierten Hugo Münsterberg, der 1912 sein grundlegendes Werk »Psychologie und Wirtschaftsleben« (1997 als Reprint wieder zugänglich gemacht) veröffentlichte, als Begründer der Arbeitspsychologie. Beide waren in Leipzig Schüler von Wilhelm Wundt, dem Gründervater der empirisch betriebenen Psychologie. Sie beschäftigten sich mit der Entwicklung eignungsdiagnostischer Tests für Firmen, Staat und Militär zur Prüfung der Intelligenz, der Konzentrationsfähigkeit, der Handgeschicklichkeit, der charakterlichen Zuverlässigkeit und dergleichen. Die Entwicklung und Anwendung solcher Verfahren ist heute nach wie vor eine wichtige Aufgabe. Das gegenwärtig umfaßendste Diagnose-System ist die von der Bundesanstalt für Arbeit (Nürnberg) entwickelte *Berufseignungstestbatterie,* die in den Arbeitsämtern zur Vorbereitung der Bera-

tung von Klienten in Fragen der Berufswahl und der Karrierepla-
nung dient.

Ausgangspunkt für die direkte Erfassung von Arbeitstätigkeiten war E. W. Taylors Buch »Shop Management« (1903) und das
nach ihm benannte Rationalisierungssystem des *Taylorismus.*
Sein Arbeitsstudium beschränkte sich auf die Ermittlung des »one
best way«, der optimalen Bewegungsabfolge für eine bestimmte
Tätigkeit. Daß der Mensch bei seinem Handeln denkt und fühlt,
wurde dabei weitestgehend übersehen. Revisionen des Taylorismus brachten die vernachläßigten Komponenten ein. Das Konzept hieß nun: *Anpassung der Arbeit an den Menschen und Anpassung des Menschen an die Arbeit.* Die psychischen Auswirkungen
äußerer Arbeitsbedingungen und Fragen der Aus- und Weiterbildung rückten damit in den Vordergrund.

Während des Zweiten Weltkriegs setzte die Beschäftigung mit
Fragen der menschlichen Informationsverarbeitung ein. Diese
Strömung nahm ihren Ausgang von dem Problem, die Fehler-
quote bei Vigilanzaufgaben, also bei Daueraufmerksamkeitsleis-
tungen gegenüber seltenen Ereignissen, wie sie zum Beispiel bei
der Beobachtung von Radarschirmen oder der Beobachtung von
Meßeinrichtungen und Steuerungsanlagen verlangt werden, zu
senken. Mit fortschreitender Automatisierung erweiterte sich die
Aufgabenstellung auf die Erforschung der menschlichen Informationsverarbeitung mit dem konkreten Ziel der optimalen Gestaltung von Bedienungs- und Ableseelementen bei Maschinen und
der optimalen Bedienung von Steuerungseinrichtungen aller Art.
Dieses Arbeitsgebiet hat sich unter der Bezeichnung *Ergonomie,
Engineering Psychology* oder *Ingenieurpsychologie* als eine mehr
oder minder eigenständige arbeitswissenschaftliche Disziplin entwickelt (vgl. Hoyos & Zimolong 1990).

In den letzten 20 Jahren kamen unter dem Stichwort »*Humanisierung der Arbeitswelt*« als neue Kriterien optimale Arbeitsgestaltung, »Autonomie« und »Flexibilität« in die Diskussion. »*Job
Enlargement*« (die Erweiterung der Arbeitsaufgabe, zum Beispiel
anstelle monotonen Schraubenfestziehens den kompletten Einbau eines Tachometers in ein Armaturenbrett), »*Job Enrichment*«
(die Erweiterung des Verantwortungsbereichs eines Mitarbeiters,
zum Beispiel durch Übertragung von Entscheidungsbefugnissen),
»*Job Rotation*« (der Einsatz an verschiedenen Arbeitsplätzen)
sowie das Konzept der »*autonomen oder teilautonomen Arbeitsgruppen*«, denen ein hohes Maß an Selbstbestimmung bei der
Aufgabenverteilung, der Arbeitsdurchführung und der Arbeits-
zeitregelung übertragen wird, zielen auf die Aktivierung indivi-

dueller Fähigkeiten, die Reduktion eintöniger, repetitiver Tätig-keiten, zum Beispiel am Fließband oder bei Akkordarbeit, und die Verbesserung der Arbeitsmotivation durch Erweiterung des Handlungsspielraums des einzelnen und ganzer Arbeitsgruppen bei der Arbeitsgestaltung. Die Einführung von *Teamwork* und die *Beteiligung an betrieblichen Entscheidungen* sind weitere Metho-den, die über die Schaffung von Identifikation mit den Arbeitsauf-gaben und den Organisationszielen die Arbeitsmotivation günstig beeinflussen sollen.

In Anlehnung an Übersichten von Semmer und Volpert (1994), Frieling und Sonntag (1998) lassen sich die vielen Einzelaufgaben der Arbeitspsycholgie in Forschung und Praxis zu folgendem Schwerpunktkatalog zusammenfassen:

1) Entwicklung neuer und Anpassung vorhandener Verfahren zur *Personalauslese* unter Beachtung testtheoretischer Ge-sichtspunkte.

2) Diagnose und Beeinflussung von *Arbeitsmotivation* und *Arbeitszufriedenheit.*

3) (Lern-)Psychologische Bestgestaltung von *Ausbildungsverfah-ren* und *Ausbildungsmitteln* für die Berufsausbildung, Anler-nung, Umschulung, Rehabilitation, Arbeitstherapie, berufliche Fortbildung und Weiterbildung (im Sinne der Erweiterung des Allgemeinwissens, politischer Bildung und des Erwerbs psychologischer Kenntnisse und Fertigkeiten).

4) Die *Arbeitsanalyse* diente zunächst der Optimierung mecha-nischer Arbeitsabläufe (Rationalisierung), heute darüber hin-aus der Ermittlung motivationsfördernder Momente (z. B. Dispositionsspielräume, soziale Kontaktmöglichkeiten, Auf-stiegschancen) und der Erfassung der Arbeitsanforderungen zur Verbesserung von Anlernverfahren, zur Einführung sinnvoller Sicherheitsmaßnahmen oder zur leistungsgerech-ten Lohnfindung. Hierzu gehört die Erarbeitung von Stellen- und Arbeitsplatzbeschreibungen und die Erstellung von Anforderungskatalogen, die wiederum als Kriterien für die Auslese geeigneter Stellenbewerber herangezogen werden können.

5) Die *Arbeitsgestaltung* dient der Verbesserung der äußeren Arbeitsbedingungen, der eindeutigen Zuordnung von Signa-len und Handlungen (Ergonomie) sowie der Gestaltung des Dispositionsspielraums von einzelnen und von Gruppen.

6) Analyse und Beseitigung von *Unfallursachen.*

7) Analyse der physischen und psychischen *Belastung* (Ermü-dung, Auswirkungen von Schicht- und Nachtarbeit, Pausenge-

staltung, Bedeutung der Biorhythmen und der Mensch-Computer-Interaktion).

Unter Berücksichtigung berufsfeldbezogener Spezifika gilt dieser Aufgabenkatalog auch im Verkehrswesen (zur Verkehrspsychologie vgl. Hoyos 1980 und Echterhoff 1991), bei Bundeswehr und Bundesgrenzschutz (zur Militärpsychologie vgl. Ganser 1999), in Ausschnitten des Leistungssports (zur Sportpsychologie vgl. Thomas 1995 und Kapitel 3.5 in diesem Band), in der Rehabilitation (vgl. Witte 1988) sowie für die Analyse von Freizeittätigkeiten, sofern sie arbeitsähnlichen Charakter haben (vgl. Daumenlang & Dreesmann 1989).

In neuerer Zeit entwickelt sich unter der Federführung der Dresdner Arbeitsgruppe um Hacker ein Ansatz, der in betonter Abkehr von zu ›praktizistischen‹ Tendenzen einen verstärkten Bezug der Arbeitspsychologie zu einer allgemeinen Theorie des menschlichen Handelns herzustellen versucht (vgl. hierzu auch Dörner 1996). Zentraler Ausgangspunkt ist die *Arbeitsaufgabe* einschließlich der Information über die zu erreichenden Ziele, die Arbeitsmittel, den Zeitbedarf und den zu bearbeitenden Gegenstand. Auf dieses Ziel hin ist die *Arbeitshandlung* ausgerichtet.

Um sie durchführen zu können, muß der Arbeitende eine Vorstellung, ein ›inneres Modell‹ entwickeln, das sein Tun steuert. Die Untersuchung des Entstehens und der Funktion dieser Modelle ist der Hauptgegenstand dieser Forschungsrichtung. Der Schwerpunkt des Interesses liegt auf den Planungs- und Entscheidungsprozessen, die dem äußeren Handeln vorausgehen, die aber für dessen Gelingen oder Mißlingen höchst bedeutsam sind. Es geht dabei einmal um die Untersuchung der Wahrnehmungs- und Informationsverarbeitungsleistungen, zum Beispiel an einem Schaltfeld, etwa der Gleisanlage eines Güterbahnhofs, wo man untersuchen kann, wieviel Information pro Zeiteinheit aufgenommen wird, wieviele Fehlersignale erkannt werden und über welche Programme zur Fehlerbehebung der Arbeitende verfügt. Zum anderen geht es in diesem Ansatz um die Frage, inwieweit ein Arbeitsprozeß von dem Arbeitenden verlangt, höhere kognitive Funktionen zu aktivieren. Dieser Aspekt ist besonders aktuell, nachdem man heute um die negativen Auswirkungen weiß, die von Arbeitsplätzen ausgehen, die nur wenig Handlungsspielraum bieten. Kommt noch ein Konflikt zwischen den Interessen und Wünschen des Arbeitenden und dem, was der Arbeitsplatz von ihm verlangt, hinzu, ist es nur noch ein kurzer Weg zu Deformationen der Persönlichkeit, zu Depression und Apathie.

Für die arbeitspsychologische Forschung der nächsten Jahre zeichnen sich gegenwärtig *drei Tendenzen* ab: Die Weiterentwicklung des Hackerschen Ansatzes zu einer »Angewandten Kognitiven Psychologie« oder einer »Angewandten Psychologie der Informationsverarbeitung« und damit verbunden eine verstärkte Grundlagenorientierung, die Einbeziehung der Persönlichkeitsentwicklung, soweit sie durch die berufliche Tätigkeit beeinflußt wird (berufliche Sozialisation), und eine verstärkte Beschäftigung mit Problemen der physischen und psychischen Belastung mit einem besonderen Augenmerk auf die »Mensch-Computer-Interaktion« (Arbeitsstreß).

Die *Berufspsychologie* ist in ihren Aufgabenstellungen sehr eng mit denen der Arbeitspsychologie verflochten. Dies ist wohl der Hauptgrund dafür, warum Seifert, der Herausgeber eines fast 800 Seiten starken Handbuchs der Berufspsychologie (1977), sich darüber beklagt, daß die Berufspsychologie in den neueren Sammelwerken und Lexika der Psychologie nur beiläufig oder gar nicht vertreten ist, ganz im Gegensatz zu Amerika, wo sich die ›Vocational Psychology‹ einen sehr gewichtigen Platz im Kanon der angewandten Disziplinen geschaffen hat – ein Zustand, an dem sich inzwischen immerhin ein bißchen etwas in der gewünschten Richtung verbessert hat (vgl. Zimmer 1993)!

Einen Beruf zu haben und ihn auch ausüben zu können, ist trotz des Wandels von der Leistungs- zur Konsum- und Freizeitgesellschaft für die überwiegende Mehrheit der Menschen in den Industriestaaten nach wie vor ein für die individuelle und soziale Existenz grundlegender Wert. Diese Einschätzung bestätigt sich am eindrucksvollsten in Zeiten großer Arbeitslosigkeit mit den oft verheerenden Folgen nicht nur materieller Art, sondern der zunehmenden sozialen Isolierung und den damit zusammenhängenden Gefühlen der Betroffenen, unwichtig oder gar überflüssig zu sein.

Die Berufspsychologie befaßt sich vor allem mit den psychologischen Voraussetzungen und Bedingungen für eine persönlichkeitsgemäße Wahl des Berufs, sowie für die Aufnahme und Ausübung einer beruflichen Tätigkeit. Sie beschränkt sich in ihren Problemstellungen nicht auf den Verhaltensausschnitt im Leben des Menschen, in dem er die Entscheidung für einen Beruf zu treffen hat, vielmehr gehört zu ihrem Aufgabenbereich die gesamte individuelle berufliche Entwicklung des Individuums von der Zeit der Vorbereitung auf das berufliche Leben und die berufliche Entwicklung selbst bis zum Rückzug aus dem Arbeitsleben (vgl. Seifert 1989, S. 608 ff.).

Auf diesem Hintergrund lassen sich *vier Hauptaufgabenbereiche* nennen:

1) *Psychologische Berufsforschung:* Hierbei geht es um die systematische Sammlung objektiver Unterlagen über die wirtschaftlichen, hygienischen, technischen und sozialen Verhältnisse in den einzelnen Berufen. Im Unterschied zur Arbeitsanalyse, die nur die Anforderungen eines Arbeitsplatzes oder Gruppen ähnlicher Arbeitsplätze zum Gegenstand hat, untersucht die Berufsanalyse die übergreifenden Merkmale der Anforderungen und der erforderlichen persönlichen Eignungsvoraussetzungen der Berufsbewerber. Ein Beispiel für die Unterscheidung ist die arbeitsanalytische Frage, welche Aufgaben sich einem Diplom-Psychologen im werkspsychologischen Dienst der Firma X stellen, in Abhebung von der berufsanalytischen Frage, welche Anforderungen an den Diplom-Psychologen in unserer Gesellschaft schlechthin gestellt werden. Im ersten Fall geht es also um die Tätigkeit an einem bestimmten Arbeitsplatz, im zweiten um das allgemeine Berufsbild.

2) *Berufseignungsdiagnostik:* Die Berufspsychologie befaßt sich in deutlicher Überschneidung mit der Arbeitspsychologie und der Organisationspsychologie i.e.S. ebenfalls mit dem Fragenkomplex der interindividuellen Unterschiede der beruflichen Eignung (persönlichkeitspsychologischer Aspekt) und der Methode der Eignungsfeststellung (psychodiagnostischer Aspekt). Die Eignungsauslese erfolgt durch die Koordination von Anforderungen, Fähigkeiten, Neigungen und Interessen einerseits und der Arbeitsmarktlage andererseits.

3) *Organisation der Berufsberatung:* Man unterscheidet gegenwärtig 25 000(!) berufliche Tätigkeiten. Ziel des Berufsberatungswesens ist die Beratung zur Erleichterung einer persönlichkeitsentsprechenden Wahl oder zum Wechsel eines Berufes. Die Aufgaben der Berufsberatung und der Arbeitsvermittlung obliegen in der Bundesrepublik Deutschland aufgrund des Arbeitsförderungsgesetzes von 1969 vorwiegend dem Staat in Gestalt der *Bundesanstalt für Arbeit* und den für sie tätigen Landesarbeitsämtern und den Arbeitsämtern in Städten und Kreisen, wo sich die Anzahl der Untersuchungen auf jährlich 200 000 Fälle zubewegt. Die freiberuflich in der Personalberatung tätigen Psychologen konnten diese Tätigkeit nur mit Einschränkungen und unter Beachtung besonderer Vorschriften wahrnehmen. Diese Einschränkungen waren insofern bedenklich, als die Arbeitsverwaltung wegen unzurei-

chender Mittel zeitlich und personell nicht in der Lage ist, alle interessierten Lehrstellenbewerber, Arbeits- und Ratsuchende ausführlich psychologisch zu begutachten und zu beraten. Deswegen sahen sich viele Unternehmen und Verwaltungen gezwungen, selbst eignungsdiagnostische Untersuchungen durchzuführen, was letztlich insofern zulässig ist, als es hier nicht darum geht, überhaupt einen Berufsrat zu erteilen oder Arbeit zu vermitteln, sondern im Rahmen der Anbahnung eines Arbeitsverhältnisses um die Feststellung der Eignung für die konkrete Tätigkeit in einer bestimmten Organisation, für die sich der Bewerber interessiert und potentiell geeignet sieht. Nachdem das Monopol der Bundesanstalt für die Arbeitsvermittlung zum 1.1.1994 durch das Beschäftigungsförderungsgesetz (BeschfG) gefallen ist, können auch private Vermittler ihre Dienste anbieten. Dies gilt auch für freiberuflich in der Personalberatung tätige Psychologen. Vorraussetzung ist ein Überprüfungs- und Genehmigungsverfahren beim zuständigen Landesarbeitsamt, das sich auf den Nachweis der Unbescholtenheit, der Freiheit von Vorstrafen und den Nachweis von Erfahrungen in der Personalarbeit erstreckt. Die Startchancen waren 1994 wegen geringer Nachfrage der Arbeitgeber und der hohen Arbeitslosenzahlen eher schlecht, das Konkurrenzverhältnis zur kostenlos vermittelnden Arbeitsverwaltung ungünstig. Hier gilt es für die Psychologen, sich kreativ in einem neuen Markt durch besonders qualifizierte und originelle Angebote zu positionieren.

4) *Berufswahl und Laufbahnforschung:* Diese Forschungsrichtung bezieht ihre Impulse aus dem Selbstverständnis der amerikanischen Berufspsychologie, welche die berufliche Entwicklung als einen lebenslangen Prozeß (»Careermodell«) versteht. Hier interessieren besonders die Zusammenhänge innerhalb der Trias Berufswahl, Berufszufriedenheit und Berufserfolg.

Die *Organisationspsychologie* i.e.S. geht aus von der Erkenntnis, daß es sich bei Organisationen um komplexe soziale Gebilde handelt, die man in der Gesamtheit ihrer Strukturen und Funktionen untersuchen muß, wenn man das individuelle Verhalten derjenigen verstehen und kontrolliert beeinflussen will, die in ihnen ihrer Arbeit nachgehen. Liegen die Akzente der Arbeits- und Berufspsychologie auf der Betrachtung des Verhältnisses zwischen dem Individuum und seiner Arbeit, geht es der Organisationspsychologie i.e.S. verstärkt um die *Beziehungen zwischen dem Individuum und seiner sozialen Umwelt einschließlich der organisationalen Bedingungen,* von denen das Sozialverhalten wesentlich beeinflußt wird. Unter diesem Blickwinkel könnte man auch von einer »Angewandten Sozialpsychologie in Organisationen« sprechen.

Was ist mit *sozialer Umwelt* gemeint, die in Organisationen auch ›Sozialstruktur‹ oder ›soziales System‹ genannt wird? In Organisationen sind es in erster Linie die informellen Beziehungen zu den Kollegen, Vorgesetzten, Personen in anderen Abteilungen und Mitgliedern der Personalvertretung. Die organisationalen Bedingungen sind hauptsächlich in der formalen Organisationsstruktur zu suchen. Dabei handelt es sich um ein System von festgeschriebenen Regeln. Die *Aufbauorganisation* meint die formale Struktur einer Organisation, das ›administrative System‹. Dazu gehören die Organisationsgröße, die Anzahl der Hierarchieebenen, Anzahl und Größe von Abteilungen und Arbeitsgruppen und die Kontrollspanne, das ist die Anzahl an Mitarbeitern, die einem Vorgesetzten direkt unterstellt sind. Die *Ablauforganisation* regelt das funktionale Zusammenwirken der Ressorts bei der Lösung der Gesamtaufgaben einer Organisation. Hierzu zählen Spezialisierung und Arbeitsteilung, Formalisierung, Standardisierung und Koordination der verschiedenen Arbeitstätigkeiten oder auch der Grad der Zentralisierung von Entscheidungen. Mit Greif (1994) lassen sich aus den bekannt gewordenen Untersuchungen folgende allgemeine Ergebnistendenzen feststellen: In Organisationen mit geringerer Zentralisierung, Spezialisierung und Formalisierung sowie geringeren Arbeitsgruppengrößen ist die *Abwesenheitsrate* geringer und die *Arbeitszufriedenheit* größer, andererseits ist die *Produktivität* und *Effektivität* in großen Organisationen mit starker Arbeitsteilung höher. Die Organisationsmitglieder fühlen sich eher wohl und fehlen seltener, wenn Organisationen und Arbeitsgruppen nicht sehr groß sind, wenn ihnen ihre Arbeit nicht durch Regeln und Vorschriften perfekt vorgegeben wird und wenn ihnen ein hinreichender Spielraum bleibt, selbständig Entscheidungen zu treffen. Einschränkend ist jedoch zu bemerken, daß diese Zusammenhänge allesamt nicht sonderlich stark ausgeprägt sind. Es sind also keine zwangsläufig zu erwartenden Wirkungen, die durch entsprechende Veränderungen der Organisationsstrukturen stets zu erreichen wären. In manchen Untersuchungen zeigten sich sogar gegenläufige Tendenzen.

Unsere gegenwärtige Arbeitswelt ist von tiefgreifenden Umbrüchen gekennzeichnet, die ihre Impulse aus den drei Mechanismen *»Informationstechnologie«, »Wissensexplosion«*

und »*Globalisierung*« beziehen. Hieraus ergeben sich große Herausforderungen für die organisationspsychologische Forschung, von der Antworten auf die Fragen erwartet werden, was diese Veränderungen antreibt, was sie behindert und in welche Richtung sie gehen; welche Auswirkungen sie für die Organisationen und für die Arbeitsplätze haben, und auf was sich Mitarbeiter und Führungskräfte künftig einzustellen haben. Es geht darum, nützliche Beiträge zu leisten, um den Wandel und die enormen Schwierigkeiten der Anpassung zu überwinden, die Arbeitsprozesse den physiologischen und psychologischen Gegebenheiten und Kapazitäten des Menschen neu anzupassen und dadurch Belastungen erträglich zu halten. Letztendliches Ziel ist es, Arbeit unter den neuen Bedingungen *human* zu gestalten, statt sich mit aller Kraft gegen die neuen Trends zur Wehr zu setzen (vgl. Weinert 1998, S. 39).

Einseitig wäre es allerdings, alleine die potentielle Gefährdung des einzelnen und seiner Freiheit in einer organisierten Welt und Gesellschaft in den Vordergrund zu rücken. Es gibt auch die gegenläufige Gefahr der Gefährdung von Organisationen durch die Freiheit des einzelnen. Sinkende Effektivität, sprunghaft steigende Kosten, vor allem Personalkosten, hohe Steuer- und Sozialabgabelasten, sinkende Produktqualität und der Schwund des Images von »Made in Germany« warnen vor der Überbetonung des Wohls des einzelnen zu Lasten des Wohls der Allgemeinheit.

Neben der ›Humanisierung der Arbeitswelt‹ im Sinne der Vergrößerung individueller Handlungs- und Entscheidungsspielräume als erstem der Ziele, zu denen Organisationspsychologie beitragen will, steht als zweites Ziel, die Leistungsfähigkeit der zu beratenden Organisation als ganzer zu verbessern und einen Beitrag zu ihrer Zukunftssicherung zu leisten durch die Förderung der Flexibilität, Veränderungs- und Innovationsbereitschaft bzw. –fähigkeit ihrer Mitglieder. Es besteht in Fachkreisen weitgehend Übereinstimmung, daß beide Ziele, die Humanisierung der Arbeitswelt zur Rettung der Freiheit des einzelnen sowie die Erhaltung und Entwicklung der Organisation, und damit die Erhaltung und Schaffung von Arbeitsplätzen, gleichzeitig und mit gleichem Nachdruck verfolgt werden müssen.

Aus diesen Überlegungen wird deutlich, daß Organisationspsychologie nicht nur analysieren und beschreiben will, sie beansprucht darüber hinaus auch, Veränderungen bewirken zu wollen. Man kann Gebert und v. Rosenstiel (1996) zustimmen, die zu einem konkreten Zielkatalog kommen, der neben Leistungsindi-

zes die Kriterien Arbeitszufriedenheit, Autonomie, Qualifizie-
rungschancen, Wohlbefinden und Gesundheit in den Vordergrund
stellt. In diesem Sinne kann die Organisationspsychologie, weitgehend unabhängig von den großen politischen Systemen wie Sozia-
lismus oder Kapitalismus, ihren Beitrag zur Humanisierung des
Arbeitslebens und zur Erhaltung und Verbesserung der Arbeits-
qualität auch für die Zukunft leisten.

Wie sich aus dem bisher Gesagten leicht ableiten läßt, gibt es
eine kaum übersehbare Fülle von Einzelaufgaben und Fragestellungen, die die Organisationspsychologie behandelt oder behandeln könnte. Es würde diese Einführung unnötig überfrachten,
wollte man versuchen, auch nur einigermaßen Vollständigkeit mit
differenzierter Detailinformation zu verbinden.

Deshalb soll nach der groben Übersicht, wie sie in **Abb. 1**
(s. oben) eingangs gegeben wurde, abschließend ein Katalog ausgewählter Themen den Blick für das Spektrum organisationspsychologischer Aufgaben weiten:

1) Individuum und Arbeit (arbeitspsychologischer Aspekt):
– Vermeidung von Über- und Unterforderung
– Analyse von Aufgabenstrukturen (Arbeitsplatzanalysen, Anforde-
  rungsprofile)
– Diagnose von Kenntnissen und Fertigkeiten (Eignungsdiagnosen)
– Assessment Center als Methode zur Auswahl von Führungskräftepo-
  tentialen
– Untersuchung und Abbau von Fehlzeiten
– Beseitigung von Unfallgefahren am Arbeitsplatz (Arbeitsschutz)
– Personalförderung und Personalentwicklung (Job rotation, Job enlarge-
  ment, Job enrichment)
– Konstruktion von Systemen der Mitarbeiter- und Vorgesetztenbeurtei-
  lung
– Entwicklung, Durchführung und Erfolgskontrolle von Weiterbildungs-
  maßnahmen
– Analyse der Arbeitsmotivation
– Bedingungen für Arbeitszufriedenheit
– Industrielle Psychopathologie (Streß am Arbeitsplatz, Alkohol im
  Dienst, Drogenprobleme, Mobbing usw.)
– Prophylaxe arbeitsbedingter körperlicher und psychischer Erkrankun-
  gen
– Individuelle Beratung bei Arbeits- und Berufsschwierigkeiten
– Entspannungstrainings, Selbstsicherheitstrainings, Vermittlung von
  Konfliktbewältigungsstrategien

2) Individuum und Gruppe (sozialpsychologischer Aspekt):
– Beeinflussung des Individuums durch die Gruppe (Rollen-, Kommuni-
  kations-, Machtstrukturen)
– Zusammenhänge zwischen Gruppenzusammenhalt und Leistungsver-
  halten

- Leistungsvorteile von Teamarbeit gegenüber Einzelarbeit
- Leistungsabfall in bestimmten Arbeitsbereichen oder in der Gesamtorganisation
- Förderung von Kooperation und Hilfsbereitschaft
- Erforschung und Gestaltung des Vorgesetzten-Mitarbeiter-Verhältnisses (Führungspsychologie)
- Planung, Durchführung und Erfolgskontrolle von Maßnahmen zur Weiterbildung in Psychologie (Psychologietransfer)
- Analyse und Verbesserung von Kommunikations- und Entscheidungsprozessen
- Produktive Formen der Konfliktaustragung und Konfliktsteuerung
- Personalberatung, Personalförderung und Personalentwicklung
- Vorzeitiges Ausscheiden aus der Organisation (Outplacement)
- Vorbereitung auf das Ausscheiden aus dem Arbeitsleben (Pensionierung)
- Organisationspsychologische Beratung bei Vorgesetzten-Mitarbeiter-Konflikten
- Organisationspsychologische Beratung von Unternehmensleitungen, Personalvertretungen und Betriebsräten

3) Individuum und Organisation (integrativer Aspekt):
- Strategien der Organisationsentwicklung
- Planung und Durchführung von Veränderungsprozessen mit den Betroffenen, zum Beispiel Organisationsentwicklungsprojekte zur Einführung neuer Technologien (EDV, Bildschirmarbeitsplätze, Industrieroboter) oder für die Anpassung an sich verändernde Märkte
- Reduzierung personalwirtschaftlicher Kostenfaktoren
- Psychologische Auswirkungen von Reorganisationsmaßnahmen
- Optimierung der Managementprozesse
- Gesunderhaltung der Organisationsmitglieder
- Stabilisierung der Beschäftigungslage
- Analyse und Beeinflussung des Organisationsklimas
- Überwindung von verhärteten Fronten zwischen verschiedenen Abteilungen oder zwischen Mitgliedern verschiedener Hierarchieebenen
- Auswirkungen und Umsetzungen von »Unternehmens- und Führungsleitlinien«
- Organisationspsychologische Beratung von Unternehmen und Einrichtungen der öffentlichen Verwaltung
- Vermittlung von fachlicher, beraterischer und didaktischer Kompetenz an künftige Organisationspsychologen im Verlauf ihrer akademischen Aus- und postgradualen Weiterbildung.

Zur vertiefenden Beschäftigung mit Fragen, Themen, Problemen, Theorien, empirischen Untersuchungen, deren Ergebnissen und ihrer Umsetzung in praktische Problemlösungen seien die Publikation von Gros (1994), Liebel (1996 b), v. Rosenstiel et al. (1995) und Weinert (1998) empfohlen.

2.2.2 Rechtspsychologie

Unter der noch nicht lange in Deutschland gängigen Bezeichnung *Rechtspsychologie* werden die zwei bis vor kurzem trotz deutlicher Überschneidungen separat gehandelten Teilgebiete *Forensische Psychologie* und *Kriminalpsychologie* zusammengefaßt (vgl. Lösel 1993). *Forensische Psychologie* meint die Entwicklung und Anwendung psychologischer Theorien, Methoden und Erkenntnisse auf dem Gebiet der Rechtspflege mit einem Schwerpunkt auf Fragestellungen, die sich im Zusammenhang mit Gerichtsverfahren in den unterschiedlichsten Rechtsgebieten stellen. Seit ihren Gründerjahren, als beispielsweise William Stern 1903 die Zeitschrift »Beiträge zur Psychologie der Aussage« ins Leben gerufen hatte, entwickelte sich eine deutsche Tradition mit einer Konzentration auf die gerichtliche Sachverständigentätigkeit insbesondere im Strafprozeß. Bei der Bearbeitung von Fragen der Aussagepsychologie, vor allem zur Glaubwürdigkeit von Zeugenaussagen, ist es jedoch nicht geblieben. Im Lauf der Zeit hat sich das *Berufsfeld,* nämlich das des Gerichts, um das des Strafvollzugs und der Justiz insgesamt stark erweitert. Die Tätigkeiten der etwa 1 000 in der BDP-Sektion organisierten und die schätzungsweise noch einmal so große Anzahl nicht organisierter Psychologen sind hauptsächlich diagnostischer und begutachtender, aber auch beratender und therapeutischer Art. Die Aufgabe der Begutachtung stellt sich dem forensischen Sachverständigen, wenn er zum Beispiel den Beteiligten im Familiengerichtsverfahren die wichtige psychologische Erkenntnis zu vermitteln sucht, daß Ehescheidung aus der Sicht des Kindes niemals Elternscheidung bedeutet, – denn beide Ehepartner bleiben für das Kind auch im Scheidungsfall stets Vater und Mutter – , und wenn er dazu beiträgt, die für die Kinder günstigste Lösung, etwa im Hinblick auf die Besuchsregelung, zu finden. Andere Aufgaben der Begutachtung stellen sich ihm, wenn es um die Überprüfung der Glaubwürdigkeit von Zeugenaussagen insbesondere bei Sexualdelikten mit Kindern und Jugendlichen oder die Beurteilung von Tätern hinsichtlich ihres psychischen Entwicklungsstandes, ihrer Schuldfähigkeit, ihrer Motivation zur Begehung einer Straftat geht, oder wenn er mit Stellungnahmen zu Vormundschaftsregelungen, der Übernahme von Pflegschaften oder mit Eignungsbeurteilungen zur Führung von Kraftfahrzeugen beauftragt wird.

Der Richter oder das erkennende Gericht ist verpflichtet oder zumindest gehalten, immer dann einen Sachverständigen zu bestellen, wenn er/es seine eigene Sachkunde zur Herbeiführung

einer Entscheidung oder eines Urteils für nicht ausreichend
erachtet. Demzufolge hat sich in der Forschung wie in der Praxis
der Forensischen Psychologie ein Selbstverständnis von einer
Hilfswissenschaft ausgeprägt, deren Hauptaufgabe darin besteht,
auf der Basis rechtlicher und richterlicher Vorgaben zur Optimierung von Rechtsfindung und Rechtsvollzug beizutragen. Dieser
Sachverhalt hat auch im eigenen Lager zu der Kritik geführt, man
sei »Büttel der Justiz«, während andere mit dem Selbstverständnis
des »Gehilfen bei der Wahrheitsfindung« persönlich gut mit dieser Rollenproblematik zurechtkommen. Wer als gerichtlicher
Sachverständiger von wem mit welchen Pflichten und Rechten

Übersicht 4: Themenkatalog für den forensisch-psychologischen Sachverständigen (aus Greuel 1993, S. 237)

Rechtsbereich	Begutachtungsanlässe
Strafgericht	Beurteilung der Glaubhaftigkeit von Zeugenaussagen
	Beurteilung der Schuldfähigkeit
Jugendgericht	Beurteilung der strafrechtlichen Ver- antwortungsreife von Jugendlichen/ Heranwachsenden
	Beurteilung der Schuldfähigkeit
Familiengericht	Sorgerecht
	Umgangsregelung
Vormundschaftsgericht	Adoption
	Geschäftsfähigkeit
	Betreuung
Zivilgericht	Delikthaftung von Kindern
	Prozeßfähigkeit
	Schadensersatz
	Schmerzensgeld
Verwaltungsgericht	Fahreignungsuntersuchungen
	Namensänderungen
Sozialgericht	Arbeitsfähigkeit
	Erwerbsfähigkeit
	Umschulungseignung
	Psychoreaktive Störungen bei (Gewalt-)Verbrechensopfer
Arbeitsgericht	Arbeitsfähigkeit
	Erwerbsfähigkeit
	Umschulungseignung
Strafvollstreckung	Strafaussetzung zur Bewährung
	Haftfähigkeit
	Vollzugslockerungen
	Kriminalprognose
	Gnadengesuche

hinzugezogen wird und wann und in welcher Form er sein Gutachten zu erstatten hat, regeln die Strafprozeßordnung und andere verfahrensrechtliche Vorgaben. **Übersicht 4** gibt einen Überblick, in welchen Rechtsbereichen sich welche Begutachtungsanlässe über die auch in der Öffentlichkeit bekannte Aufgabe der Täterbegutachtung im Strafprozeß hinaus ergeben können.

Diese Liste ist bei weitem nicht vollständig (vgl. Steller & Volbert 1999), mag aber für einen ersten Einblick ausreichen.

Im Bereich des Justizvollzugs stehen mehr die therapeutischen und beratenden Tätigkeiten im Vordergrund der Berufsausübung. Dieser Bereich ist deutlich zweigeteilt. Wir unterscheiden zwischen dem *Strafvollzug*, der in Gefängnissen und Haftanstalten durchgeführt wird und dem *Maßregelvollzug*, der sich nach § 63 StGB in einem psychiatrischen Krankenhaus oder nach § 64 StGB in einer Entziehungsanstalt ereignet. Ein wesentliches Merkmal des herkömmlichen Strafgefängnisses in der Form der geschlossenen Anstalt liegt darin, daß alle Funktionen auf einen Zielkomplex hin ausgerichtet sind, wie er in den §§ 2 und 3 des Gesetzes über den Vollzug der Freiheitsstrafe und der freiheitsentziehenden Maßregeln der Besserung und Sicherung, kurz, dem Strafvollzugsgesetz (StVollzG) vom 16. März 1976 vorgegeben ist. Darin heißt es, daß der Vollzug der Freiheitsstrafe den Gefangenen befähigen soll, künftig sein Leben in sozialer Verantwortung ohne Straftaten zu führen. Als zweites Vollzugsziel ist der Schutz der Allgemeinheit vor weiteren Straftaten genannt. Der Vollzug soll deshalb so gestaltet werden, daß er den allgemeinen Lebensverhältnissen soweit als möglich angeglichen wird. Absehbare schädliche Folgen des Freiheitsentzuges müssen vermieden werden. Der Vollzug ist darauf auszurichten, daß alles, was möglich ist, getan wird, dem Gefangenen zu helfen, sich in das Leben in Freiheit einzugliedern. Kühne (1987, S. 333 f.) weist in diesem Zusammenhang darauf hin, daß die Berufsgruppe der Psychologen im Strafvollzug noch relativ jung ist und interpretiert deren Einbeziehung als Ausdruck des ernsthaften Bemühens, die Fachlichkeit und Qualität der Vollzugsarbeit auch im Sinne des vorrangigen Resozialisierungsziels zu verstärken und zu erhöhen. Die Diskussion der Aufgaben und Funktionen der Anstaltspsychologen sind, so scheint es, noch lange nicht abgeschlossen. Es fehlt ein konsistentes Berufsbild mit klarer Rollenzuweisung und verbindlichen Tätigkeitsbeschreibungen, was immer wieder dazu führt, daß sie als »Feuerwehr« nur notfalltherapeutisch agieren können oder müssen.

In den oben genannten Einrichtungen des psychiatrischen Maßregelvollzugs werden Patienten behandelt, die im Zusammenhang mit einer psychischen Krankheit, einer Persönlichkeitsstörung oder einer Suchtproblematik straffällig geworden sind und von denen nach Einschätzung des Gerichts zum Zeitpunkt der Verurteilung weitere Gefahr für andere ausging. Eine Unterbringung im Maßregelvollzug lief nach Schalast (1998, S. 34 f.) bis in die 80er Jahre in vielen Einrichtungen auf eine konzeptionslose Verwahrung hinaus. Seitdem hätten sich die Bedingungen erheblich verändert. So würden derzeit Behandlungsangebote gemacht, die diese Bezeichnung verdienten. Die personellen und räumlichen Bedingungen hätten sich in vielen Einrichtungen erheblich verbessert ebenso wie die Fortbildungsangebote für die Fachdienste; externe Supervision sei für viele Teams zur Selbstverständlichkeit geworden. Zu den wichtigsten Aufgaben gehören die einzel- und gruppentherapeutische Fallarbeit und deren Dokumentation. Die Psychologen bekleiden häufig die Position eines therapeutischen Stationsleiters. Sie erarbeiten einen bedeutenden Teil der regelmäßig geforderten Stellungnahmen zu der Frage, ob eine Aussetzung der Unterbringung zur Bewährung verantwortet werden kann. Insbesondere seit mehreren schlimmen Vorfällen mit Tötungsdelikten, die in der Öffentlichkeit großes Aufsehen, Ängste und Aggressionen hervorgerufen haben, wird in diesen Einrichtungen extrem großer Wert darauf gelegt, Wiederholungen dieser Art zu vermeiden. Die therapeutische Arbeit mit dieser Klientel wird von vielen Berufskollegen zwar als schwierig, aber auch als interessante Herausforderung bewertet. Gegenüber der Tätigkeit im Strafvollzug bestehen neben einer besseren personellen Ausstattung auch bessere Möglichkeiten, auf den Stationen und in den Wohngruppen ein therapieförderliches soziales Milieu zu schaffen und den Beratungskontakt zum Patienten dichter zu gestalten.

Definiert man *Kriminalpsychologie* als die Entwicklung und Anwendung psychologischer Theorien, Methoden und Ergebnisse auf Probleme der Kriminalität, der Delinquenz und des abweichenden Verhaltens (so Lösel 1993, S. 590), wird sogleich deutlich, daß Überschneidungen mit der Forensischen Psychologie unvermeidlich sind. Auch sie befaßt sich mit Problemen des Strafvollzugs, der Kriminalprognose oder der Gerichtsverhandlung. Von der Tendenz her handelt es sich bei der Kriminalpsychologie aber eher um eine Forschungsdisziplin als um ein Berufsfeld, es sei denn um das Berufsfeld für den Forscher selbst. Nach Kury (1993, S. 428) ist sie das Bindeglied der Psychologie zur wissenschaftlichen Kriminologie. In diesem Kontext beschäftigen sich Kriminalpsychologen mit Forschungen zur Erklärung von Straftaten, zum Handeln von Polizei und Justiz, zu kriminalitätsbezogenen Einstellungen der Bevölkerung oder zur Täter-Opfer-Beziehung.

Auf einen Nenner gebracht: Die Forensische Psychologie spielt mehr den berufspraktischen, die Kriminalpsychologie den mehr forschungsakzentuierenden Part der beide Aspekte umfassenden Rechtspsychologie.

Ganz in diesem Sinne hat Lösel versucht, ein Modell einer »umfassenden Rechtspsychologie« mit Forschungs- und Anwendungsbeispielen aus dem Strafrecht (jeweils obere Felder) und nach anderen Rechtsgebieten (jeweils untere Felder) zu entwerfen, wie es in **Abb. 3** leicht verändert wiedergegeben ist (1993, S. 591).

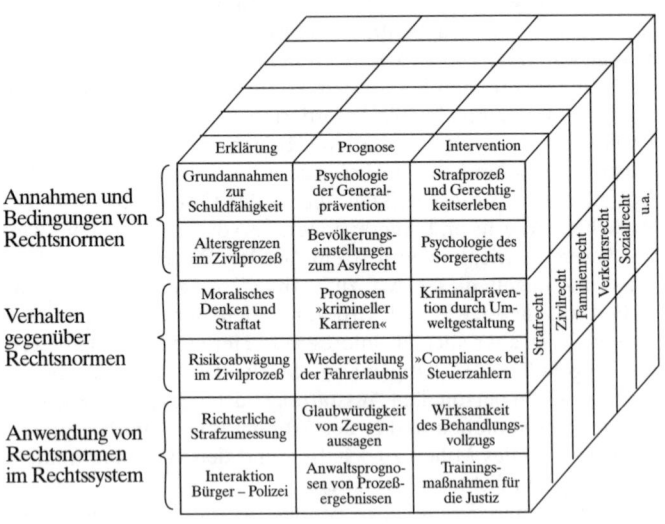

Abb. 3: Modell einer »umfassenden Rechtspsychologie«

Vielerorts ist von einem »Aufblühen« der Rechtspsychologie in den letzten zwanzig Jahren zu lesen und zu hören, was sich in einem deutlichen Anstieg der Publikationen, dem Erscheinen neuer Zeitschriften, der Organisation von Tagungen und Kongressen sowie in vielen Weiterbildungsangeboten niederschlägt. Wenn dies ein Zeichen gesellschaftlichen Bedarfs ist, braucht uns um Fortschritte in dieser Disziplin nicht bange zu sein!

Zum Schluß sei auch hier auf weiterführende Literatur, so von Greuel (1993), Kury (1993), Lösel (1993), Steller und Volbert (1999) sowie auf die Fachzeitschrift »Praxis der Rechtspsychologie«, das Organ der Sektion Rechtspsychologie im BDP hingewiesen. Darüber, daß und wie die Problemstellungen in diesem Teilgebiet gegenwärtig sehr dynamisch und heftig kontrovers geführt werden, kann man sich bei Fabian, Nowara, Rode und Werth (1998) ein Bild machen.

2.2.3 Klinische Psychologie

Unter den Anwendungsfeldern stellt die *Klinische Psychologie* als Psychologie im Gesundheitswesen das weitaus größte Gebiet dar. Mit der Diagnostik, der psychologischen Beratung und der Psychotherapie seelischer Störungen nimmt sie die Aufgaben wahr, die in der Öffentlichkeit am ehesten mit Psychologie assoziiert werden. Wir wollen hier allerdings nur der Vollständigkeit halber ein kurzes Schlaglicht auf sie werfen, weil ihr in dieser Buchreihe eigens ein zweibändiges Werk gewidmet ist (Sieland 1994 und 1996). Das Gleiche gilt nebenbei auch für die Pädagogische Psychologie (Nolting & Paulus 1996), die bei Kapitel 2.2.7 Schulpsychologie eine Rolle spielt und deshalb dort kurz zu beleuchten ist. Klinische und Pädagogische Psychologie sind ausgesprochen eigenprofilierte Teilgebiete. Das eine ist auf psychische Störungen, das andere auf das weite Feld von Erziehung und Bildung spezialisiert. Auf die relativ ausführliche Platzanweisung der ABO-Psychologie in Kapitel 2.2.1, der weiteren Hauptkraft im Konzert der »Big three« der Angewandten Psychologie, konnte, obwohl mit dem Band Organisationspsychologie (v. Rosenstiel et al. 1995) in der Reihe bereits wichtige Perspektiven von ihr gut repräsentiert sind, deshalb nicht verzichtet werden, weil sich die organisationspsychologischen Fragen und Probleme immer und in jeder Institution stellen, wo beispielsweise auch klinische und pädagogische Psychologen ihren Tätigkeiten nachgehen. Diese Feststellung kann für die beiden anderen Disziplinen nur mit Einschränkungen gelten. Ihr besonderer Stellenwert innerhalb des Ausbildungsfachs »Angewandte Psychologie« im Fächerkanon des Hauptstudiums in den universitären Psychologiestudiengängen wird erkennbar, wo die Kernfächer Psychologische Diagnostik, Klinische, Pädagogische und Angewandte Psychologie heißen und dabei in der überwiegenden Zahl der

Hochschulinstitute unter dem Etikett »Angewandte Psychologie« de facto ABO-Psychologie verstanden und angeboten wird.

Wie bereits dargelegt, kann man unter Klinischer Psychologie in einem engeren Sinn ein *Berufsfeld*, zum Beispiel das einer Klinik oder klinikähnlicher Einrichtungen fassen. Meistens ist aber ein Katalog von bestimmten *Berufsaufgaben* gemeint, unabhängig davon, in welchen Institutionen diese Aufgaben erledigt werden. Klinische Psychologen durchlaufen nach dem Studium in der Regel eine mindestens dreijährige Weiterbildung und versuchen, sich möglichst in mehreren Therapieverfahren zu qualifizieren.

Nach Schätzung von Experten leiden ca. 5 % der deutschen Bevölkerung – das sind rund 4 Millionen Menschen – an psychischen Störungen, bei denen eine qualifizierte psychotherapeutische Behandlung Erfolg versprechen würde. Bis vor kurzem wurde den Patienten der Weg zu einem spezialisierten Klinischen Psychologen sehr erschwert, teilweise sogar unmöglich gemacht, weil eine berufsrechtliche Regelung für heilkundlich tätige Psychologen bislang fehlte und sie aus diesem Grund nicht mit den Krankenkassen abrechnen durften. Das Gesetz über die Berufe des Psychologischen Psychotherapeuten und des Kinder- und Jugendlichentherapeuten (Psychotherapeutengesetz – PsychthG), das nach jahrzehntelangen Vorarbeiten seit Anfang der 60er Jahre zum 1. Januar 1999 in Kraft getreten ist, hat hier endlich Abhilfe geschaffen. Mit Beginn des Jahres 1999 können sich Patienten direkt an zugelassene Psychotherapeuten wenden. Die bis dahin nur mögliche Behandlung unter Federführung eines Arztes und eines mitbehandelnden Psychologen entfällt. Zugelassene Psychotherapeuten dürfen jetzt direkt auf Krankenversichertenkarte tätig werden. Spätestens nach den vorbereitenden Sitzungen und bevor der Psychotherapeut mit der eigentlichen Behandlung beginnt, muß ein Vertragsarzt zusätzlich abklären, ob eine körperliche Erkrankung vorliegt, die eventuell eine zusätzliche ärztliche Behandlung erforderlich macht.

Fatal wäre es allerdings, wenn sich Neueinsteiger in den Beruf aufgrund dieser Änderungen eine günstigere Beschäftigungslage versprechen würden. Das Gegenteil ist der Fall:

Die bereits tätigen Psychotherapeuten werden Zwangsmitglieder der Ärztekammern und unterliegen damit der Approbation und der Erlaubnis zur Niederlassung. Die Approbation berechtigt nach Überprüfung strenger Voraussetzungen nur zur Führung des nunmehr geschützten Titels des Psychotherapeuten. Dies zu erreichen ist ein weit geringeres Problem als die Erlaubnis zur Niederlassung zu erhalten, also zur selbständigen Ausübung des Berufs in eigener Praxis. Die Kriteriumslatte für die Niederlassung ist so hoch gelegt, daß nur wenige zugelassen werden; darüberhinaus sind die Einkommenshöchstgrenzen von vornherein festgelegt! Niederlassungen werden regional beschränkt genehmigt, also nur dort, wo nach Einschätzung der Ärztekammern Bedarf besteht. Bis Ende 1999 sollen im Rahmen einer Übergangsregelung 7.500 bereits in freier Praxis tätige Psychotherapeuten zugelassen werden. Das Durchschnittsalter dieser Kolleginnen und Kollegen liegt zu diesem Zeitpunkt bei ziemlich exakt 47 Jahren. Das bedeutet, daß, trotz der Vorschrift mit Beendigung des 65. Lebensjahrs die Psychotherapie von Kassenpatienten einzustellen, der Berufsweg als niedergelassener Psychotherapeut dem Nachwuchs viele Jahre versperrt sein wird. Mit Ausnahme des Erfordernisses der Approbation gelten diese Feststellungen nicht für Beschäftigungsverhältnisse als Angestellte in Anstalten, Krankenhäusern und Heimen, oder als Angestellte oder als freie Mitarbeiter in Praxen niedergelassener Therapeuten. Hier liegen für viele immerhin erkennbare Chancen, um überhaupt in Zukunft als Klinische Psychologen noch einen Arbeitsplatz finden zu können.

Als Einführungsliteratur in die Inhalte der Klinischen Psychologie seien die Publikationen von Davison et al. (1996), Reinecker (1996) und Sieland (1994/96) empfohlen.

2.2.4 Markt- und Kommunikationspsychologie

Hier handelt es sich gleich um mehrere expandierende *Berufsfelder*, nämlich um ein ausgedehntes Berufsfeld, das den Markt als die Gesamtheit aller potentiellen Konsumenten von bestimmten Produkten und Dienstleistungen umfaßt, und um ein engeres, nämlich das Feld der Kommunikationsbeziehungen zwischen Verkäufern und Kunden. Die Marktpsychologie analysiert die Bedürfnisse und Wünsche (potentieller) Konsumenten (Psychologische Marktforschung, Motivforschung). Sie wirkt bei der Ausarbeitung von Werbemaßnahmen mit und überprüft ihren Effekt bei der beabsichtigten Zielgruppe (Werbepsychologie). Sie fördert die direkten Kommunikationsbeziehungen zwischen Verkäufern und Kunden durch Schulungs- und Motivierungsmaßnahmen (Verkaufspsychologie). Marktpsychologie hilft dem Hersteller, seinen Marktpartner, den Verbraucher, kennenzulernen, und dem Verbraucher, seine Konsumwünsche dem Hersteller zu signalisieren. Markt-, Kommunikations- und Werbepsychologen arbeiten in entsprechenden Agenturen, in Verlagen, in Industrieunternehmen, in Marktforschungsinstituten, in der Verbraucherberatung und zunehmend mehr als selbständige Anbieter von Dienstleistungen, z.B. von Marktforschung für konkrete Firmen, die Ausarbeitung von Imagekampagnen für Unternehmen oder spezielle Produkte, die sich in Aussehen und Qualität heute vielfach so angenähert haben, daß sie nur noch über eine Verknüpfung mit positiven Emotionen, Assoziationen oder Werbegags unterscheidbar und damit absetzbar gemacht werden können. Andere Aufgaben für selbständige Psychologen wären – auch für mittlere und kleine Unternehmen, besonders auch für Neugründungen – genau passendes Personal zu beschaffen oder zum Beispiel selbst eine Werbeagentur mit neuen Ideen und einem eigengeprägten Profil auf die Beine zu stellen. Der Werbepsychologie ist auch mit Blick auf die zukunftsträchtigen Entwicklungen am Markt unter 3.7 ein ausführliches Kapitel gewidmet.

Im Kontext der Markt- und Kommunikationspsychologie sei auch die heute wieder besonders aktuell gewordene *Medienpsychologie* erwähnt, die wie so viele Teilgebiete der Angewandten Psychologie wieder einmal mehr auf Hugo Münsterberg mit seiner Arbeit von 1916 »The Photoplay. A Psychological Study« als ihren Pionier verweisen kann. In einer Zeit, wo sich die Informationsmedien in all ihren Varianten mit ungeheuriger Schnelligkeit im öffentlichen, beruflichen und privaten Bereich ausbreiten und unser Leben maßgeblich bestimmen, befaßt sich die Medienpsychologie in Forschung und Praxis mit den Informations- und Kommunikationsangeboten und deren Nutzern. Hierzu zählen Massenmedien, wie Fernsehen, Video, Film, Radio, Presse, Buch, Comic oder CD, die Individual- und Informationsmedien, wie Telefon, Telefax, Videospiel und PC sowie die neueren Errungenschaften der Kommunikationstechnik, wie ISDN, CD-ROM, Cyber Space und audiovisuelle Multimediapakete. Nach Groebel (1993, S. 458) gehört zum Forschungskatalog der Medienpsychologie die Untersuchung der Wirkungen des Fernsehens auf das Verhalten und die Einstellungen der Zuschauer, der Akzeptanz von Medienpersonen, z.B. von Fernsehmoderatoren und deren Gästen, oder die Analyse der Nutzerfreundlichkeit der Gestaltung von Computern und der zugehörigen Software. Die Ergebnisse solcher und ähnlicher Forschungsansätze lassen sich umsetzen bei der Beratung von Rundfunk- und TV-Sendern, bei der Testung bestehender und der Entwicklung neuer Programmangebote, bei der Unterstützung von Presseorganen, bei Public Relations-Aktivitäten von Produktherstellern und von Dienstleistern, z.B. auch (zwar noch wenig erschlossen) der öffentlichen Verwaltung.

2.2.5 Politische Psychologie

Die Politische Psychologie ist ein in sich recht heterogenes Gebilde, in welchem eine Vielzahl von Entwürfen und Einzelstudien nebeneinander stehen. Dieser Gefahr, in konzeptionslose Praxeologie zu entgleiten, versuchte Moser, ein namhafter Vertreter dieses Fachs, zu begegnen, indem er schon 1976 Politische Psychologie als interdisziplinären Forschungsansatz definierte, »der mit dem Anspruch auftritt, unter gleichzeitiger und zugleich wechselwirkungs-gerichteter Berücksichtigung der sozialwissenschaftlichen Trias: subjektiv-individuelle, sozial-gesellschaftliche und gesellschafts-politische Betrachtungsebene, mit den wissenschaftlichen Hilfsmitteln der Sozialwissenschaften, die für politische Geschehensabläufe bestimmenden menschlichen Bedürfnisse und Verhaltensweisen zu erforschen, die für die Erlangung menschlicher Selbstverwirklichung hilfreich seien können« (vgl. Moser 1999, S. 556 f.). Damit schien eine programmatische Vorgabe für eine realitätsorientierte Forschung gegeben. Dennoch beklagt er heute, daß das Gros des unübersehbaren Veröffentlichungsschubes unter dem Etikett Politische Psychologie während des letzten Jahrzehnts leider keinem systematisch-konzeptionellen Selbstverständnis folgt. Wir haben es offenbar mit einer Disziplin zu tun, bei der nicht nur die Ränder unübersehbare Unschärfen aufweisen. Sie ringt um ihre Gegenstände noch ebenso wie um ihr Methodenareal und nicht zuletzt um ein wissenschafts- und gesellschaftstheoretisch reflektiertes Selbstverständnis. An klassischen Themenkreisen nennt er: Masse und soziale Bewegung, die politische Natur des Menschen und die internationale Verständigung. Stichworte zum aktuellen Themenspektrum sind: politische Einstellungen, Werte, Sozialisation, politische Kommunikation und Partizipation, Terrorismus, politische Bildung, Jugend (besonders im Hinblick auf Wertewandel), Arbeitslosigkeit und Friedensforschung.

In der Sektion Politische Psychologie im BDP geht es um die langfristige Erschließung von Umsetzungs- und Arbeitsfeldern. Die »Zeitschrift für Politische Psychologie«, herausgegeben vom Deutschen Psychologen Verlag, hat sich immer mehr zum Forum für den Austausch einschlägiger Praxisansätze, Interventionserfahrungen und Programmen zu konkreten Themen, wie die Vermittlung von Politischer Psychologie im Rahmen von Programmen zur politischen Bildung bei unterschiedlichsten Veranstaltern und Zielgruppen entwickelt. Themen hieraus sind: die Organisation in politischen Feldern; Gewalt und Gewaltprävention; Erfahrungen mit Psychologie in Medien, um wenigstens ein Thema zu nennen als Beispiel für die Überschneidungen der Politischen Psychologie mit vielen anderen Teildisziplinen, wie hier der Medienpsychologie (vgl. Kapitel 2.2.4). Ganz augenfällige Anwendungsfelder politisch-psychologischer Erkenntnisse, in denen selbst wiederum neue Ansätze entstehen, sind der Bundesgrenzschutz, die Bundeswehr (*Militärpsychologie*, vgl. Ganser 1999) und die Polizei (*Polizeipsychologie*, vgl. Stein 1990).

Derzeit läßt sich trotz aller berechtigter Einwände festhalten, daß unter Politischer Psychologie sowohl ein *Berufsfeld* als auch eine *Berufsaufgabe* verstanden werden kann. Sie ist das Betätigungsfeld zum Beispiel des Psychologen als eines Angestellten einer politischen Partei, der dort politische Grundeinstellungen erforscht, politische Urteilsbildungsprozesse untersucht, oder im Auftrag politischer Organisationen (Öffentlicher Dienst, Verbände, Kirchen etc.) Vorurteile und Stereotype erfaßt und analysiert. Als Berufsaufgabe verstanden meint Politische Psychologie den gezielten Einsatz empirisch psychologischer Methoden und Erkenntnisse in all den Bereichen, wo es darum geht, aktiv zur Veränderung unserer Gesellschaft oder zumindest von Teilen von ihr beizutragen, unabhängig davon, in welchem Berufsfeld dies geschieht. Ein Beispiel hierfür sind auch die schon erwähnten berufspolitischen Aktivitäten des BDP und der Deutschen Gesellschaft für Psychologie der letzten Jahre mit dem Ziel, die nach §5 HPG (Heilpraktikergesetz) mit Strafe bedrohte, selbständige Durchführung von Psychotherapie durch Diplom-Psychologen ohne Heilpraktikerprüfung auf dem Weg der Durchsetzung eines Psychotherapeutengesetzes zu legitimieren, das nun mit allem Für und Wider seit dem 1.1.1999 gilt. Andere Beispiele wären die Entwicklung wirksamer Verfahren zur Förderung interkulturellen Verstehens und Handelns, zum tieferen Verständnis der wechselseitigen Bedingungen und Folgen des Zusammenlebens von Menschen aus verschiedenen Kulturen und der Steigerung der Bereitschaft zum interkulturellen Lernen.

2.2.6 Gesundheits-/ Umwelt-/ Schriftpsychologie

Diese Sektionsbezeichnung mutet auf den ersten Blick kurios an und auch auf den zweiten Blick. Bei der Identifizierung der Inhalte wird man den Eindruck einer Scheinehe, die hier geschlossen worden ist, nicht los. Erfährt man dann noch, daß der aus einer Initiative der Sektion Politische Psychologie hervorgegangene BDP-Bundesausschuß ›Umweltpsychologie‹ und der BDP-Bundesausschuß (eine Art Sektion in statu nascendi) ›Gesundheitspsychologie‹ auch noch und gerade am 1. April 1998 der seit langem bestehenden Sektion Schriftpsychologie angegliedert worden sind, so kann man dieses Gebilde wohl nur als eine vorläufige Formation und Notgemeinschaft begreifen, die sich in absehbarer Zukunft möglicherweise doch in wenigstens zwei neue Sektionen weiterentwickeln wird. Wie nah Gesundheitspsychologie und Umweltpsychologie miteinander verwandt und wie fern beide mit ihren Gegenständen, Theorien und Methoden von der Schriftpsychologie entfernt sind, mag jeder nach der Lektüre der folgende Passage selbst entscheiden.

In Deutschland ist der Umweltschutzgedanke inzwischen weit verbreitet und allgemein akzeptiert. Fast alle Parteien haben Aspekte des Umweltschutzes in ihre Parteiprogramme aufgenommen. Sicherlich ist dies mit ein Verdienst der Grünen, die die Forderung nach Umweltschutz schon vor ihrem Einzug in den Deutschen Bundestag und in die Bundesregierung in die politische Diskussion mit Nachdruck einbrachten.

Zu den besonders zukunftsweisenden Aufgabenstellungen der Psychologie zählen die der *Ökopsychologie*, dem Teilgebiet der Angewandten Psychologie, das den Einfluß von Umwelteinwirkungen auf das Erleben, Verhalten und die Gesundheit des Menschen beschreibt, erklärt und versucht, Verhaltensempfehlungen zu geben. Als Umweltpsychologie im engeren Sinne hilft sie in sehr vielen Berufsfeldern bei der Bewältigung aktueller Umweltprobleme, wie Schadstoffe in der Luft, im Wasser und in der Erde, Lärm, Wetter und die Veränderung von Landschaften, Umweltgestaltung und Umweltgefahren, Umweltkatastrophen und Maßnahmen des Umweltschutzes (vgl. Hellbrück & Fischer 1999). So setzen Städte und Gemeinden inzwischen Strategien ein, die von Psychologen entwickelt wurden, um das Verhalten jedes einzelnen im Umgang mit Müll zwecks Müllvermeidung und Müllsortierung zu beeinflussen. Die Untersuchungen zu Auswirkungen der gebauten Umwelt auf das Verhalten und das Wohlbefinden der Menschen ist unter der Bezeichnung »Architekturpsychologie« der bislang wichtigste Bereich der Ökopsychologie (vgl. Kapitel 3.1). Wie schon seit langem in den USA wird mehr und mehr auch in Deutschland die Expertise von Ökopsychologen bei der Planung von Kliniken, Schulen, Büros oder von Einkaufszentren eingeholt. Ziele sind dabei zum Beispiel, Besuchern die räumliche Orientierung oder Bewohnern die Identifikation mit ihrer baulichen Umgebung zu erleichtern.

Das aktuelle Lehrbuch zur *Gesundheitspsychologie* von Schwarzer (1997) und das Einführungsbuch zur »Psychologie des Gesundheitsverhaltens« (Schwarzer 1996) geben ein beredtes Zeugnis davon, daß sich die Erhaltung der Gesundheit und die Vorsorge zur Vermeidung von Krankheiten in Deutschland zu einer bedeutsamen Berufsaufgabe mitsamt der Beschaffung des dazugehörenden wissenschaftlichen Unterbaus entwickelt und etabliert hat.

Der zentrale Gegenstand der Gesundheitspsychologie liegt in der Erforschung der sozial-kognitiven Bedingungen des Gesundheitsverhaltens. Hierbei geht es um Antworten auf die Frage, welche psychologischen Prozesse für eine gesunde Lebensführung oder riskante Gewohnheiten, wie Rauchen, Alkohol- oder Drogenkonsum, verantwortlich sind. Bisherige Theorien zum Gesundheitsverhalten betonen vor allem die motivationalen Auswirkungen der Risikowahrnehmung, der Bedrohung, der Verhaltensabsichten sowie die Erwartungen, diese Prozesse bewußt steuern und kontrollieren zu können. Wichtige Themen und Aufgaben liegen in der Prävention und in der Entwicklung verhaltensändernder Strategien, so beim Ernährungsverhalten, bei der Körperhygiene, bei Krebsgefährdung und Krebserkrankungen, bei der Genese- und Rehabilitation des Herzinfarkts oder bei der Bekämpfung von Aids. Psychologen, die ihre fachliche Kompetenz in die Gesundheitsförderung und Krankheitsprävention einbringen wollen, finden ihre Betätigungsfelder in Kindergarten, Schule, Arbeitswelt, Sport und Freizeit, in der Krankenversorgung, Kur- und Rehabilitationseinrichtungen, allgemein in Beratungs- und Therapieeinrichtungen. Der Markt für und die Nachfrage zur ganzheitlichen Gesundheitsförderung boomt. Interessenten sind privatwirtschaftliche Betriebe genauso wie der öffentliche Dienst, die nach zum Teil heftigem Personalabbau viel in die Gesunderhaltung der verbliebenen Mitarbeiter investieren müssen. Der Ausfall hochqualifizierter Leute aus Krankheitsgründen kann heute nicht mehr durch vorgehaltene Personalreserven aufgefangen werden, ein Umstand, der zu enormen Kosten führen kann. Hinzu kommt, daß das Gesundbleiben und das möglichst lange Gesundsein das höchste individuelle Gut und der am meisten artikulierte Wunsch in unserer Gesellschaft ist, wenn auch bei weitem nicht alle danach handeln, um zur Erfüllung dieses Wunsches selbst etwas beizutragen.

Wie groß der Überschneidungsbereich zwischen Umwelt- und Gesundheitspsychologie ist, belegt eine dritte hervorzuhebende Buchpublikation »Umwelt und Gesundheit« (Kals 1998), in welcher Möglichkeiten aufgezeigt werden, Umweltschutz und Gesundheitsschutz in Theorie und Praxis zu verbinden. Darüber hinaus gibt es offensichtliche Berührungspunkte und erhebliche gemeinsame Schnittmengen mit den Aufgaben und Anwendungsfeldern der Klinischen Psychologie. Im Vergleich zu dieser stehen bei der Gesundheitspsychologie allerdings die Maßnahmen zur Erhaltung der Gesundheit und des Wohlbefindens im Vordergrund und nicht so sehr die Therapie vorhandener Störungen.

Mit *Schriftpsychologie* sind zwei sehr eingegrenzte *Berufsaufgaben* gemeint, nämlich das Betreiben von Persönlichkeitsdiagnostik mittels der speziellen Verfahrenstechniken der Graphologie, der charakterologischen Deutung von Handschriften, und die vergleichende Analyse von mit der Hand Geschriebenem, die Graphometrie, z.B. zur Überprüfung der Echtheit von Unterschriften. Bei der Besetzung von Führungspositionen bauen nicht wenige Unternehmen beharrlich auf die Hilfe von Graphologen. Von der Handschriftenanalyse erhoffen sich Arbeitgeber vor allem Aufschluß über die sozialen Kompetenzen der Stellenbewerber für höher dotierte Positionen. Wohl kaum eine Methode der psychologischen Diagnostik ist so umstritten wie die Graphologie. Die einen belächeln sie als reinen Klamauk, die anderen glauben an sie als »seelisches Röntgengerät« oder als »Königsweg« zur Menschenerkenntnis. Die Hoffnung, wenigstens etwas hinter die Fassade ihres Gegenüber schauen zu können, hat die Menschen schon immer gereizt. Die Schriftpsychologen glauben seit den Zeiten ihres ›Urvaters‹, dem Abbé Michon im 19. Jahrhundert, den geeigneten Weg gefunden zu haben (vgl. Heiss 1966).

Unter den Psychologenkollegen haben die Graphologen jedoch einen schweren Stand. Eine Universitätsausbildung hierfür gibt es in Deutschland im Gegensatz zu Frankreich und der Schweiz schon lange nicht mehr. Keines der beiden für unser Fach aktuellen Lexika von Schorr (1993) sowie Asanger und Wenninger (1999) enthält einen Artikel über Graphologie oder Schriftpsychologie; ja beide Begriffe sind auf den über 1.700 Seiten beider Bände so gut wie nicht existent.

Die vergleichsweise verschwindend kleine Zahl schriftvergleichender Spezialisten für die Klärung der Echtheit von Handschriften kennt die Anfeindung ihrer empirischen Standards genügenden Methodik dagegen nicht. Ihre Tätigkeit steht im Dienst der Aufklärung, z.B. von Betrügereien wie Scheckfälschungen und anderen eventuellen Dokumentenfälschungen. Sie arbeiten im Auftrag von Gerichten, Versicherungen oder privaten Auftraggebern. Ihre Arbeitsbasis sehen sie in dem unumstrittenen Sachverhalt, daß Handschriften höchst individuelle Merkmale aufweisen. Diese finden sich in den Größenverhältnissen zwischen Ober-, Unterlängen und dem Mittelband, in der Schräglage der Buchstaben, im Schreibdruck und in vielen weiteren Form-, Bewegungs- und Raummerkmalen der Schrift, die alle ein für den Schreiber kaum verwechselbares Gesamtbild ergeben. Die Handschrift ist mit der Individualität des Fingerabdrucks vergleichbar, der zur Identitätsfeststellung als probates Mittel bei polizeilichen Ermittlungen herangezogen wird, bei dem aber kaum jemand ernsthaft auf die Idee verfällt, ihn mit Persönlichkeitsmerkmalen seines Trägers in Verbindung zu bringen.

2.2.7 Schulpsychologie

Es gibt kaum jemand, der nicht in irgendeiner Weise mit der Schule zu tun hat, als Schüler, als Vater/Mutter, als Lehrer oder als mit Schule beruflich Verbundener, als Arbeitgeber oder als Politiker. Demzufolge gibt es an die Institution Schule und in der Schule selbst sehr unterschiedliche Erwartungen und Ansprüche, Interessen und Vorstellungen. In diesem zentralen Bereich, in welchem die Grundlagen für die Aufrechterhaltung unseres gesellschaftlichen Zusammenlebens wesentlich mitgestaltet werden, wirken Schulpsychologen daran mit, Schule für Schüler, Lehrer, Eltern und vielleicht sogar für in der Schulverwaltung Beschäftigte zu einer erlebenswerten und effektiven Lernstätte zu machen. Fast 700 von ihnen sind in der gleichnamigen Sektion Schulpsychologie des BDP organisiert. Die Sektionsbezeichnung deckt eindeutig ein *Berufsfeld* mit recht vielfältigen diagnostischen, beraterischen, pädagogischen, therapeutischen und organisationspsychologischen Aufgaben ab.

Eine Schulpsychologie im Sinne einer Teildisziplin der Angewandten Psychologie hat sich nicht entwickelt. Vielmehr ist der

Schulpsychologe ein Psychologe, der seine fachlichen Kenntnisse, also die Inhalte und Methoden der Psychologie, in eklektischer Weise problembezogen auf die Organisation und das System Schule anwendet, und der dort als professioneller Berater, Förderer und Therapeut institutionalisiert ist.

Es trifft, wie man leichthin annehmen könnte, auch nicht zu, daß Schulpsychologie ein Teilgebiet der Pädagogischen Psychologie ist. Dies ist deshalb nicht der Fall, weil sie wesentliche Erkenntnisse und Methoden der Klinischen Psychologie, Psychologischen Diagnostik, der ABO-Psychologie, der Umwelt- und der Gesundheitspsychologie sowie der Nachbardisziplinen Pädagogik, Soziologie und Philosophie nutzt, und damit über die Gegenstände der Pädagogischen Psychologie weit hinausgreifen muß. Wirft man einen Blick auf die Gegenstands- und Forschungsfelder der Pädagogischen Psychologie, so wird schnell klar, daß sich dort Entwicklungen abzeichnen, die sich von den angestammten Themen, wie der Erforschung von Gesetzmäßigkeiten des »Lehrens und Lernens« und der »Analyse erzieherischer und unterrichtlicher Einflußmöglichkeiten« zum Teil sehr weit wegbewegen. So konstatiert Ulich »in den vergangenen zwanzig Jahren eine starke Verlagerung weg von Erziehung und hin zu kognitiven Aspekten des Lernens ... ›Erziehung‹ wird eher der Sozialisationsforschung oder der Pädagogik zugeschoben« (1999, S. 512). Obwohl die Pädagogische Psychologie ihre Aufgabenfelder und Forschungsthemen auf Außerschulisches wie die Erwachsenenbildung, die Rehabilitation Genesender, die Resozialisierung von Delinquenten, die sinnvolle Gestaltung des Lebens alternder Menschen und auf viele andere Themen und Institutionen ausgedehnt hat, bleibt sie dennoch eine, wenn nicht die wichtigste Orientierungsdisziplin und Informationsquelle für den Schulpsychologen als Anwender. Zu den wichtigsten Aufgaben des Schulpsychologen gehören neben

a) der individualpsychologischen Beratung bei Schulschwierigkeiten infolge von Konzentrationsmängeln, Sexualproblemen, Ängsten, Beziehungsstörungen im Elternhaus und dergleichen,
b) die Schullaufbahnberatung,
c) die Beratung von Schule und Lehrern sowie
d) die Zusammenarbeit mit anderen Beratungsdiensten.

Schulpsychologen beraten z.B. bei der Bewältigung von Problemen, die beim Lehren und Lernen entstehen, bei zwischenmenschlichen Konflikten, bei der Verbesserung des Schulklimas.

Dies wird versucht durch die unmittelbare Hilfe für Einzelne oder für Gruppen, damit sie mit den schulischen Bedingungen besser zurechtkommen, durch die Fortbildung von Lehrern zur optimalen Gestaltung schulischer Lehrbedingungen, durch die Fortbildung von Schulleitern in pädagogischer Schulleitung, durch die Beratung von Schulbehörden und von Schule als Organisation mit dem Auftrag zur eigenen Weiterentwicklung.

Berg unterscheidet die Aufgabenbereiche von Schulpsychologen danach, ob sie mit Schülern selbst arbeiten (»Direkte Dienste»), oder ob sie Einfluß auf das soziale Umfeld innerhalb und außerhalb der Schule nehmen (»Indirekte Dienste») (1993, S. 619).

Übersicht 5: Differenzierter Aufgabenkatalog des Schulpsychologen

---

Direkte Dienste

- Einzelfallhilfe: Diagnose, Selektion, Förderung, Beratung, Therapie
- Arbeit mit Schülergruppen
- Schullaufbahnberatung

Indirekte Dienste

- Systemberatung: Beratung von Schule und Lehrern
  Diagnose, Förderung, Beratung, Supervision
- Fort- und Weiterbildung von Lehrern: Information, Training
- Elternarbeit: Information, Beratung, Training
- Zusammenarbeit mit anderen Diensten
- Aus-, Fort- und Weiterbildung und Supervison von Schulpsychologen und anderen Beratern im Schulsystem
- Forschung: Eigene Vorhaben, Unterstützung von Bildungsforschung
- Verwaltung

Unterricht

Wie in **Übersicht 5** zu erkennen, haben Schulpsychologen in vielen Fällen auch noch die Pflicht, Unterricht zu erteilen. Die Befähigung erwerben sie insofern, als die Einstellung von Schulpsychologen an die Bedingung einer Doppelqualifikation geknüpft ist. Sie wird – außer in Bayern – mit dem Erwerb des Diploms in Psychologie und einer pädagogischen Ausbildung, zum Beispiel in einem Lehramt erreicht, was in diesem Fall einem Studienaufwand von zehn Jahren entspricht. In Bayern gibt es eine andere Regelung, wo seit 1978 ein Studiengang »Psychologie mit schulpsychologischem Schwerpunkt eingerichtet worden ist, der im Rahmen eines regulären Lehramtsstudienganges in der Hälfte der Zeit absolviert werden kann (vgl. dazu auch Kapitel 2.4.4).

Zu beklagen ist die bundesweit eher ungenügende Versorgung mit schulpsychologischer Beratung angesichts des vorhandenen und noch steigenden Bedarfs, bedingt durch die wachsende Zahl der Schüler, die den regulären Schulabschluß nicht schaffen und eventuell deswegen in ein Arbeitslosenschicksal driften (derzeit fast 8 %), durch den Beratungsbedarf bei Zuweisungen zur Sonderschule oder bei der Integration von Sonderschülern in die reguläre Schule; auch der zunehmende Anteil ausländischer Kinder und der Kinder von Aussiedlern, die oft nur unzureichend deutsch sprechen, bereitet Schwierigkeiten, die häufig schulpsychologische Beratung und Intervention erfordern.

2.2.8 Verkehrspsychologie

Die *Verkehrspsychologie* als Teilgebiet der Angewandten Psychologie konzentriert sich auf die Beschreibung, Erklärung und Vorhersage des menschlichen Verhaltens im Luft-, Schienen-, Schiffs- und Straßenverkehr. Die Verkehrspsychologen waren von jeher immer angewandte Psychologen in unserem Verständnis von Angewandter Psychologie, da sie sich von Anfang an mit konkreten Fragestellungen der Praxis konfrontiert sahen und ihre Lösungsvorschläge auch aus dem Wissensbestand anderer psychologischer Teilgebiete, wie der Wahrnehmungspsychologie, der Psychologischen Diagnostik, der Klinischen Psychologie oder der ABO-Psychologie begründen. Ihr Ziel ist, zur Optimierung des Verkehrsgeschehens beizutragen, indem sie Transport- und Verkehrssysteme sicherer, umweltverträglicher und wirtschaftlicher zu gestalten mithelfen (vgl. Echterhoff 1991).

Ihren Anfang nahm die Verkehrspsychologie, wie könnte es auch anders sein, bei Hugo Münsterberg, der in Harvard seit 1910 im Auftrag der American Association for Labour Legislation ein psychologisches Untersuchungsverfahren für die Auswahl geeigneter Straßenbahnfahrer-Anwärter erarbeitete (1912). Damit war bis auf den heutigen Tag das Thema »Fahreignungsdiagnostik« als zentraler Aufgabenschwerpunkt vorgegeben. Mit dem Jahr 1915 begann die verkehrspsychologische Begutachtung bei Fahrern des deutschen Militärs; seit 1917 hielt die Fahreignungsdiagnostik Einzug in die Wirtschafts- und Staatsbetriebe bei der Einstellung von Lokomotivführern, Werksfahrern, Straßenbahnfahrern sowie

Bus- und Taxifahrern. Eignungstests und andere Untersuchungsmethoden zur Auswahl von Fachpersonal müssen zu zuverlässigen Urteilen führen. Hierfür sorgt die diagnostische Forschung, welche die Verfahren kontinuierlich überprüft und weiterentwickelt.

Generell setzt die gegenwärtige verkehrspsychologische Forschung an den verschiedenen Komponenten des Verkehrssystems an, das aus den Verkehrsteilnehmern, den Verkehrsmitteln, den Verkehrswegen, den Verkehrsregelungen und speziellen Gegebenheiten der Verkehrssituation besteht. Verkehrspsychologen forschen an Universitäten, Hochschulen, staatlichen und privaten Forschungseinrichtungen. Sie arbeiten dort meist in interdisziplinären Forschungsteams zusammen mit Ingenieuren, Juristen, Medizinern, Pädagogen und Ökonomen und organisieren Fortbildungsveranstaltungen für Verkehrsfachleute, so z.B. für Verkehrsjuristen, speziell Verkehrsrichter, Beamte von Verkehrsbehörden, Verkehrspädagogen, Verkehrsingenieure und Verkehrspolizisten und wirken bei deren Ausbildung mit. Von diesen Aktivitäten profitieren nicht nur Verkehrsbehörden auf allen Ebenen, die Wirtschaft, Industrie, Verbände und Automobilclubs, sondern auch jeder einzelne Verkehrsteilnehmer.

1999 sind schätzungsweise 800 Psychologen in der verkehrspsychologischen Praxis beschäftigt; rund die Hälfte davon ist Mitglied in der Sektion Verkehrspsychologie des BDP. Die Sektionsbezeichnung selbst kennzeichnet eher *Berufsfelder*, wobei das des Straßenverkehrs von jeher das bedeutendste war und ist. Die Mitglieder dieser Sektion sind meist in solchen Unternehmen und Organisationen beschäftigt, die mehr oder minder direkt mit dem Verkehr zu tun haben, zum Beispiel in amtlich anerkannten medizinisch-psychologischen Untersuchungsstellen, in Nachschulungs- oder Rehabilitationszentren, bei der Deutschen Bahn AG, bei Automobilclubs, bei Luftfahrtgesellschaften, in speziellen Forschungsinstituten, in Landes- und Bundesbehörden oder als niedergelassene Psychologen in eigener Praxis. Verkehrspsychologen obliegt es unter anderem, Kraftfahrer in amtlich anerkannten Untersuchungsstellen zu begutachten. Diese Tätigkeit ist verkehrsrechtlich in Gesetzen, Verordnungen und Erlassen fest verankert. Verwaltungsgerichtliche Urteile bestätigen diese Regelungen. Es gibt kaum einen Autofahrer, der noch nicht von ihr gehört hätte, der »Kraftfahreignungsuntersuchung« beim TÜV, allerdings meist nicht unter diesem Begriff, sondern als »Idiotentest« bezeichnet, womit in selbstwertdienlicher Weise der oft gefürchtete »Test« in einer Medizinisch-Psychologischen Untersuchungsstelle harmlosgeredet wird. Er ist z.B. fällig, wenn ein Kraftfahrer zu viele Punkte in der Verkehrssünderkartei angesammelt oder den Führerschein wegen Trunkenheit am Steuer eingebüßt hat. Oft gelingt es, durch die medizinisch-psychologische Begutachtung die Zweifel der Verwaltungsbehörden an der Fahreignung zu beseitigen, und die Betroffenen erhalten ihren Führerschein zurück.

»Driver Improvement« umfaßt im weiteren Sinne alle Maßnahmen, die auf eine Beeinflussung von Kraftfahrzeugführern in Richtung eines sicheren Fahrverhaltens abzielen. Dies betreiben Verkehrspsychologen auf fester Rechtsgrundlage, wenn sie für diejenigen, bei denen Eignungsmängel festgestellt werden, »Kurse für verkehrsauffällige oder akoholauffällige Kraftfahrer« entwickeln und durchführen, nach deren erfolgreichem Besuch die entzogene Fahrerlaubnis wiedererteilt wird. In solchen Fällen von Nachschulung und Rehabilitation helfen auch in selbständiger Praxis niedergelassene Verkehrspsychologen, mit psychotherapeutischen Behandlungsmethoden die Probleme zu lösen und Fahreignung wiederherzustellen. Dies geschieht sowohl in persönlicher Beratung und Behandlung wie auch in Gruppen. Hier erlernen die Klienten, wie sie etwa ihren Alkoholkonsum kontrollieren und so den Konflikt »Trinken-Fahren« entschärfen können. Autofahrer mit Alkohol- oder auch anderen Lebensproblemen, die es gar nicht erst zum Führerscheinentzug kommen lassen wollen, sollten sich daher vorsorglich in ihrem eigenen Interesse an derartige Rehabilitationszentren wenden. Nachfrage und Angebote in diesem Segment verkehrspsychologischer Tätigkeit bilden gegenwärtig einen dynamischen Wachstumsmarkt.

Die Nutzung von Verkehrssystemen, ohne sich und andere zu gefährden, ist erlernbar. Verkehrserziehung und Sicherheitskampagnen im schulischen und im außerschulischen Bereich wollen dieses den Verkehrsteilnehmern jeden Alters erleichtern. Hierzu entwickeln Verkehrspsychologen neue Curricula, Methoden und Medien, die diese Lernprozesse wirksam fördern.

Weitere Berufsaufgaben stellen sich mit der Unfallforschung und der Beratung bei der technischen Gestaltung der Fahrzeuge und bei der die psychophysische Belastbarkeit des Menschen berücksichtigenden Gestaltung des Straßenraums, wie Straßenbreite, Oberflächenbeschaffenheit, Trennung der Verkehrsarten, Markierungen, Hinweis- und Signaleinrichtungen, Verkehrszeichen und vieles andere bis hin zur straßenbegleitenden Landschaft. Zur Verkehrsplanung tragen Psychologen oftmals durch Erkenntnisse bei, die zunächst einmal überraschen. So haben

Psychologen zum Beispiel erkannt, das technische Verbesserungen wie ABS am Auto oder eine übersichtlichere Gestaltung von Straßen, in der Praxis dazu führen, daß die vermeintlich gewonnenen Sicherheitsspielräume wieder bis an die Grenze des Möglichen ausgefüllt werden, und das hohe Unfallrisiko dann doch konstant bleibt. Verfügt man zum Beispiel über ein Antiblockiersystem, werden die Abstände zum Vordermann geringer gewählt, auf übersichtlichen Straßen wird sogleich schneller gefahren. Verkehrspsychologen geben deshalb den Planern Hinweise zu solchen Verbesserungen, die nicht durch die Art der Benutzung gleich wieder aufgehoben werden können, z.B. durch den Einbau von Geschwindigkeitsbegrenzern.

Zwei Dinge sind es, die dem Verkehrspsychologen nach wie vor anhängen: Das ist zum einen sein Image als »TÜV-Psychologe«, wie er in der Öffentlichkeit immer noch apostrophiert wird, was seine Tätigkeit eingeengt und auf eine einzige Institution reduziert betrachtet. Das andere ist die fast ausschließliche Befassung mit dem Straßenverkehr.

Dies soll künftig anders werden. Man will den Straßenverkehr zwar nicht vernachlässigen, sich aber dennoch vermehrt auch den Chancen und Problemen der Mobilität auf Wasserwegen, Luftbrücken und Schienensträngen widmen. Die Sektionen Verkehrspsychologie in den Psychologenverbänden Deutschlands, Österreichs und der Schweiz haben dafür ein deutliches Signal gesetzt im Motto ihres gemeinsamen Kongresses 1998 in Braunschweig. Es lautete: »Verkehrspsychologie auf neuen Wegen – Herausforderungen an Straße, Wasser, Luft und Schiene«.

Noch ist die Zahl der Verkehrspsychologen auch weltweit nach wie vor sehr gering. In der Bundesrepublik Deutschland haben sie jedoch als erste Psychologengruppe die amtliche Anerkennung für ihre Haupttätigkeiten als Fahreignungsgutachter und als Moderator von verkehrspsychologischen Rehabilitationsmaßnahmen erreicht, niedergelegt in der »Verordnung über die Zulassung von Personen zum Straßenverkehr« (Fahrerlaubnisverordnung = FeV) in Verbindung mit § 2 des Straßenverkehrsgesetzes (vgl. Schneider 1999, S. 58 ff.). Auf diesem Hintergrund werden sich in den nächsten Jahren aller Voraussicht nach die Berufsbilder des Psychologischen Verkehrsberaters und des Verkehrstherapeuten herausmodellieren.

2.3 Tätigkeitsfeldunabhängige Aufgaben des anwendenden Psychologen

Nachdem wir eine Reihe von Teildisziplinen teils länger, teils kürzer vorgestellt haben und später noch weitere folgen werden, soll hier kurz und präzise die Frage geklärt werden, was (fast) jeder Psychologe tut, der seine Wissenschaft anwendet. Es ist bereits an vielen Stellen angeklungen, was unter ›Anwendung‹ konkret zu verstehen ist. Es war von Analysieren, Diagnostizieren, Interpretieren, Beraten, Begutachten, Betreuen, Vorbeugen, Behandeln und Therapieren die Rede – Tätigkeiten, die quer durch alle Teilfelder der Angewandten Psychologie gehen. Man kann diese Einzeltätigkeiten in sechs elementare Aufgabenkomplexe und einen sehr wünschenswerten siebten zusammenfassen, nämlich:

1) Die *Analyse*
   eines vorgefundenen oder vorgegebenen Problems. Analysieren heißt in diesem Fall zu begreifen, wie das Erleben und Verhalten eines Individuums oder einer Gruppe in komplexer Vernetzung mit der jeweils materialen und sozialen Umwelt und mit Gegebenheiten aus der Vergangenheit zusammenhängen. Dies ist vor allem die Domäne der Psychologischen Diagnostik, die einen Vorrat mehr oder minder geeigneter Verfahren bereitstellt. Kann sie das in einem bestimmten Fall nicht, sind unter Rückgriff auf die psychologische Methodenlehre spezifische Verfahren zu entwickeln.

2) Die *Expertise*
   Hier geht es um die Interpretation, die Erklärung der ermittelten Befunde und ihre Darstellung in Form eines Gutachtens oder um die Erteilung von Rat zur Lösung anstehender Schwierigkeiten oder Konflikte in mündlicher Form (= Consulting).

3) Die *Planung*
   umfaßt die Unterbreitung von Vorschlägen zur Absprache des weiteren Vorgehens unter prognostischer Erwägung des Erfolgs. Sie führt üblicherweise zu einer Entscheidung für oder gegen ein weiteres Handeln.

4) Die *Intervention*
   schließt sich an. Jetzt wird konkret gehandelt im Sinne der Planungsentscheidung etwa in Form eines Verhaltenstrainings oder einer Therapie oder was auch immer.

5) Die *Evaluation*
   als unverzichtbarer, in der täglichen Praxis allerdings allzu-
   gerne vernachläßigter Punkt meint die Dokumentation und
   Überprüfung durchgeführter Maßnahmen und ihre Bewertung hinsichtlich des Grads ihres Erfolgs.

6) *Psychologie-Transfer*
   So gut wie überall in den Feldern der Angewandten Psychologie wird heute verlangt, zusammengetragenes Wissen in geord-
   neter Form und in verständlicher Sprache an Zielgruppen mit
   unterschiedlichen Vorkenntnissen weiterzugeben. Dies geschieht in der Hochschulausbildung in der Lehre ebenso wie in
   der Ausbildung von Nichtpsychologen, etwa von psychologischen Hilfskräften und in der Fort- und Weiterbildung für Kollegen oder für fachfremde Interessenten.
   Über dies alles hinaus gibt es für den anwendenden Psychologen

7) *Zusatzaufgaben*
   Hiermit sind die unvermeidlichen, oft ungeliebten Verwal-
   tungsarbeiten aber auch das Bedenken juristischer Probleme,
   Rechte und Pflichten, die das psychologische Handeln ein-
   schränken oder auch fördern können, gemeint. Führung und
   Kooperation werden überall verlangt, wo der Psychologe nicht
   der einzige Beschäftigte in einer Firma oder in einem Projekt
   ist. Technische Probleme im Umgang mit den Diagnoseinstru-
   menten, dem PC und Hard- und Software – jedenfalls bis zu
   einem gewissen Grad – zu lösen, gehört ebenfalls dazu. Mehr
   Wunsch als Wirklichkeit ist das zusätzlich zu den Dienstaufga-
   ben hinzukommende Engagement für fach- und standespoliti-
   sche Aufgaben, wobei zu hoffen bleibt, daß alle Psychologenkollegen dieses Solidarerfordernis erkennen und ernst
   nehmen.

Diese Aufgaben stellen sich in den einzelnen Sparten und Gebieten, wenn auch nicht überall mit dem gleichen Gewicht.
   Vielleicht läßt sich aus den beschriebenen Gemeinsamkeiten so
etwas wie ein allgemeines Arbeitssystem für den anwendenden
Psychologen entwerfen, das auch den chronologischen Ablauf seines Vorgehens verdeutlicht (vgl. **Übersicht 6**).
   Für den anwendenden Psychologen geht es im Wesentlichen
darum, Sozial- und Verhaltenstechniken zu entwickeln, die anderen helfen können, ihre Probleme selbst zu lösen oder sich an der

1. Gegebenes Praxisproblem
2. Übersetzung in die psychologische Fachsprache
3. Bildung von Hypothesen über Ursachen und Veränderungs-
   möglichkeiten
4. Entwicklung eines Untersuchungsplans
5. Datenerhebung und -auswertung
6. Erarbeitung von Veränderungsvorschlägen
7. Intervention als eingreifendes Handeln
8. Dokumentation als Basis für Erfolgskontrolle

Problemlösung zumindest zu beteiligen. Neben der wissenschaftlichen Begründbarkeit hat er stets auch die Nützlichkeit seines
Tuns – die »Unschädlichkeit für jedermann« reicht sicher nicht –
und dessen soziale Relevanz mitzubedenken, denn für einen
Psychologen reicht es weiter nicht, von Prosozialität zu reden
oder hilfreiches und hilfsbereites Verhalten anderer zu empfehlen, ohne auch sich selbst in die Pflicht zu nehmen.

2.4 Der Beruf des Diplompsychologen

2.4.1 Psychologen im Beruf

Nachdem wir nun schon vieles über die Berufswirklichkeit der
Psychologen erfahren haben, wollen wir einen Blick darauf werfen, wieviele Psychologen es bereits gibt, wie sie sich auf die
Berufsfelder verteilen, kurz, wie sich die derzeitige Berufssitua-
tion entwickelt hat und wie sie sich vermutlich weiter entwickeln
wird. Der Arbeitsmarkt für Diplompsychologen ist im Vergleich
zu vielen anderen akademischen Berufen eher klein, dafür aber
ein sehr facettenreicher. Neben den Angeboten der öffentlichen
und privaten Arbeitgeber gibt es die Möglichkeit, sich als Selbständiger niederzulassen.

In der Bundesrepublik Deutschland arbeiten gegenwärtig nach
Schätzungen der Bundesanstalt für Arbeit in Nürnberg rund
40.000 Psychologen. Von diesen gehören fast 21.000 dem Berufsverband Deutscher Psychologinnen und Psychologen e.V. (BDP),
dem mitgliederstärksten Psychologenverband Europas an, etwas
über 1.900 sind Mitglieder der Deutschen Gesellschaft für
Psychologie e.V. (DGPs), der Vereinigung, der vor allem Hoch-

schullehrer des Faches Psychologie, aber auch andere wissenschaftlich ausgewiesene Kollegen angehören. Beide Verbände bilden zusammen die »Förderation deutscher Psychologenvereinigungen«.

Die Entwicklung des Mitgliederbestands des BDP ist ein ganz guter Indikator für die Einsatzbereiche der Psychologen und zur Abschätzung der Entwicklungen in den Berufsfeldern insofern, als rund 50 % der Psychologenschaft hier Mitglied ist.

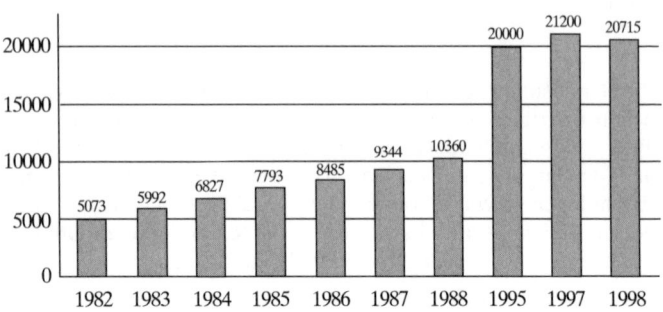

Abb 4: Entwicklung der Gesamtmitgliederzahl des BDP

Abb. 4 veranschaulicht das Anwachsen der Gesamtmitgliederzahl von etwa 5.000 im Jahr 1982 bis über 21.000 im Jahr 1997. Der danach einsetzende Rückgang ist auf die Unzufriedenheit einer Reihe von Mitgliedern in der Sektion Klinische Psychologie und im Verband Psychologischer Psychotherapeuten/Innen mit dem 1997 bereits abzusehenden Ergebnis des neuen Psychotherapeutengesetzes zurückzuführen, das, für viele unbefriedigend, zusätzliche Erschwernisse für das Erfüllen der Approbations- und Niederlassungsvoraussetzungen mit sich gebracht hat. Dieser Trend läßt sich bei diesen beiden Gruppierungen auch in **Übersicht 7** eindeutig nachvollziehen.

Interessant sind auch die Veränderungen in den Mitgliederbeständen der einzelnen Sektionen. Jedes Mitglied hat die Möglichkeit, sich mehreren Sektionen anzuschließen, um sein Interessenspektrum abzudecken. Diese Doppel- und Mehrfachmitgliedschaften waren bis vor wenigen Jahren mit dem pauschalen BDP-Mitgliedsbeitrag abgegolten. Inzwischen verlangen die Sektionen jedoch eigene zusätzliche Beiträge zwischen DM 30 und DM 150 pro Jahr, was viele Mitglieder veranlaßt hat, ihre

Übersicht 7: Sektionen des BDP und deren Mitglieder
(Stand Januar 1999)

	1996	1997	1998	Veränderungen von 1996 auf 1998	
				absolut	%
1. Arbeits-, Betriebs- und Organisationspsychologie	2.357	2.218	1.964	- 393	- 17
2. Rechtspsychologie	1.030	1.102	957	- 73	- 7
3. Klinische Psychologie	9.750	9.197	8.092	- 553	- 6
4. Markt- und Kommunikationspsychologie	1.432	1.538	1.575	+ 143	+ 10
5. Politische Psychologie	369	358	333	- 36	- 10
6 Gesundheits-/Umwelt-/Schriftpsychologie	87	114	136/62/140	+ 53	+ 61
7. Schulpsychologie	759	739	684	- 75	- 10
8. Verkehrspsychologie	360	379	390	+ 30	+ 8
9. Aus-, Fort- und Weiterbildung in der Psychologie	2.126	2.415	2.568	+ 442	+ 21
10. Freiberufliche Psychologen	5.884	5.982	5.751	- 133	- 2
11. Angestellte und Beamtete Psychologen	2.349	2.374	1.865	- 484	- 21
12. Verband Psychologischer Psychotherapeuten/innen	5.068	4.468	3.886	- 1.182	- 23
Gesamt	**31.571**	**30.884**	**28.205**		

Mehrfachmitgliedschaften zu reduzieren. So erklärt sich zum Beispiel der Rückgang der Anzahl der Insgesamtmitgliedschaften in **Übersicht 7.**

Bevor wir auf die Veränderungen in einzelnen Sektionen eingehen, sei noch kurz nachgetragen, was es mit den Sektionen 9. bis 12. auf sich hat, die in Kapitel 2.2 ausgespart blieben.

Die Sektion *Aus-, Fort- und Weiterbildung in Psychologie* beschreibt eindeutig eine *Berufsaufgabe.* Sie umfaßt die akademische Ausbildung von Diplompsychologen im Berufsfeld Universität, die Vermittlung psychologischer Fachkenntnisse an Nicht-Psychologen in Fachhochschulen (und dort in einigen inzwischen auch an künftige FH-Psychologen), in weiterführenden Schulen und in der Fort- und Weiterbildung bestimmter Berufsgruppen, wie Führungskräften aus Wirtschaft und Verwaltung, Lehrern oder auch dem Pflegepersonal klinischer Einrichtungen.

In der Sektion *Freiberufliche Psychologen* finden sich die Kollegen, deren *Berufsfeld* der offene Markt von Angebot und Nachfrage nach psychologischen Dienstleistungen aller Art ist. Sie arbeiten selbständig ohne unmittelbare Einbindung in eine Organisation, es sei denn in ihre eigene Praxis oder in eine Sozietät.

Die Sektion *Angestellte und Beamtete Psychologen* ist die zweitjüngste des BDP (gegründet im September 1991) und fördert die spezifischen Interessen in den *Berufsfeldern*, in denen Psychologen in ihrem Dienstverpflichtungsverhältnis als Angestellte oder Beamte ihren Berufsaufgaben nachgehen. Ihre Mitglieder arbeiten an der Verbesserung tarifpolitischer Regelungen sowie an der Fortentwicklung des Berufsrechts, des Arbeitsrechts und der Arbeitsbedingungen, der Sicherung und Fortentwicklung der Tätigkeitsfelder und Aufgabenbereiche sowie der Information und Beratung ihrer Mitglieder in arbeits-, sozial- und bildungspolitischen Fragen.

Der 1994 gegründete *Verband Psychologischer Psychotherapeutinnen und Psychotherapeuten – VPP* ist die jüngste Sektion des BDP. Er hat die Aufgabe, wissenschaftliche und berufsständische Angelegenheiten seiner Mitglieder zu pflegen und zu erfüllen, insbesondere aber sie gegenüber der Politik, Behörden und Verbänden sowie der Öffentlichkeit zu vertreten. Er bedient sich dabei der Mithilfe des Gesamt-BDP.

Zusätzlich zu den Sektionen gibt es eine »Bundesvereinigung der Psychologiestudentinnen und -studenten im BDP«, in der man nach Abschluß des Vordiploms Mitglied werden und die Angebote des Verbandes zu einem niedrigen Beitragssatz nutzen kann.

Vom oben erwähnten Mitgliederschwund besonders betroffen sind die Sektionen Angestellte und Beamtete Psychologen, die ABO-Psychologie und die Politische Psychologie. Klar im Aufwind bewegen sich die Sektionen Aus-, Fort- und Weiterbildung in Psychologie und die Markt- und Kommunikationspsychologie. Der Psychologie-Transfer, die Weitergabe psychologischen Wissens an Nichtpsychologen, ist mit Sicherheit ein Marktsegment, das künftig ein weiteres starkes Anwachsen erfahren wird; dies gilt ebenso für den Aufgabenbereich der Markt- und Kommunikationspsychologen aus den in Kapitel 2.2.4 dargelegten Gründen. Etwas unübersichtlich ist die Lage in der heterogenen Sektion Gesundheits-/Umwelt-/Schriftpsychologie, wo man als Mitglied angeben muß, zu welcher der drei Fachgruppen man sich am ehesten hingezogen fühlt. Die Berechnung der Zuwachsrate ist hier nur auf die Schriftpsychologen bezogen. Sie ist ein deutliches Signal dafür, wie sich die Nachfrage trotz inner- und außerfachlicher Widerstände auf diesem Gebiet zu entwickeln scheint. Für die in 1998 erstmals aufgenommenen Disziplinen Gesundheits- und Umweltpsychologie ist auf jeden Fall mit deutlichen Zuwachsraten in der Zukunft zu rechnen.

Etwa 15 % aller Psychologen engagieren sich beruflich an der Weiterentwicklung der Psychologie als Wissenschaft sowie in der Weitergabe psychologischer Kenntnisse und Kompetenzen an die Studierenden an den Hochschulen. Ein Teil befaßt sich auch mit der Vermittlung psychologischen Wissens im Rahmen der Ausbildung an Gymnasien, Fachschulen und Berufsbildenden Schulen. Heute wird Psychologie in Deutschland an 44 Universitäten im Hauptfach und an über 40 weiteren Hochschulen im Nebenfach gelehrt. Die Zahl der Studierenden liegt bei etwa 25.000. Dabei sind die Frauen mit über 60 % in der Überzahl mit steigender Tendenz. Für die 13.000 Bewerber für das Studium der Psychologie standen zum Wintersemester 1997/98 nur 3.700 Studienplätze zur Verfügung. Eine neue Entwicklung ist gegenwärtig mit der Einrichtung spezieller sehr anwendungsbezogener Studiengänge und kürzerer Gesamtstudienzeit an Fachhochschulen zu beobachten, so mit Akzent auf Internationaler Psychologie in Bremen, auf Wirtschaftspsychologie in Lüneburg und auf Kommunikationspsychologie in Görlitz. Die Absolventen werden wegen der stärkeren Praxisanbindung des Studiums und niedrigerer Gehälter am Arbeitsmarkt ihre Chancen bekommen, womit eine weitere Berufsgruppe mit den Diplompsychologen in den Betätigungsfeldern scharf konkurrieren wird.

Die Sparte »Forschung und Lehre« wird, wie schon erwähnt, durch die DGPs repräsentiert. Die Verteilung ihrer 1.900 Mitglieder zeigt **Übersicht 8,** die sehr genau Schwerpunkte des derzeitigen wissenschaftlichen Engagements zu erkennen gibt.

Übersicht 8: Mitgliederzahlen in der Deutschen Gesellschaft für Psychologie e.V. *(Stand: 1.2.1999)*

Gesamtmitgliederzahl DGPs	**1911**
Mitgliederzahlen in den Fachgruppen *(Mehrfachmitgliedschaften möglich)*	
Allgemeine Psychologie	149
Arbeits- und Organisationspsychologie	221
Biologische Psychologie	145
Differentielle Psychologie, Persönlichkeitspsychologie und Psychologische Diagnostik	168
Entwicklungspsychologie	256
Geschichte der Psychologie	64
Gesundheitspsychologie	155
Klinische Psychologie	301
Methoden	118
Pädagogische Psychologie	226
Rechtspsychologie	69
Sozialpsychologie	258
Umweltpsychologie	86

Übersicht 9: Die 14 Divisions der IAAP

1. Organizational Psychology
2. Psychological Assessment and Evaluation
3. Psychology and National Development
4. Environmental Psychology
5. Eductional, Instructional and School Psychology
6. Clinical and Community Psychology
7. Applied Gerontology
8. Health Psychology
9. Economic Psychology
10. Psychology of Law
11. Political Psychology
12. Sport Psychology
13. Traffic and Transportation Psychology
14. Applied Cognitive Psychology

Viele dieser Psychologen sind auch Mitglied in der IAAP, der International Association of Applied Psychology. Sie wurde 1920 gegründet und ist die älteste und mit 3.000 Mitgliedern aus 90 Ländern die größte psychologische Gesellschaft mit individueller Mitgliedschaft. Sie gliedert sich in 14 Divisions, die den Fachgruppen der DGPs zwar inhaltlich ähnlich konzipiert, aber nicht deckungsgleich sind (vgl. **Übersicht 9**).

Die IAAP fördert die internationale Kooperation unter angewandt arbeitenden Psychologen durch Personalaustausch, Trainings, Regionalkonferenzen und wissenschaftliche Projekte. In vierjährigem Turnus organisiert sie den weltweit besetzten Internationalen Kongreß für Angewandte Psychologie, deren 24ster 1998 in San Francisco stattfand.

Bislang sind exakte statistische Informationen darüber, wie sich die fast 40.000 zur Zeit berufstätigen Diplompsychologen auf die verschiedenen Einsatzgebiete verteilen, noch rar. Zumindest für

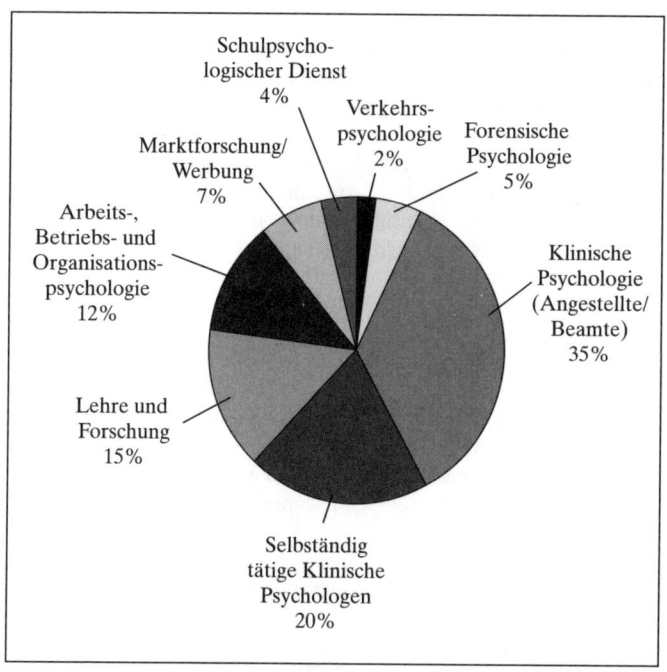

Abb. 5: Berufliche Einsatzgebiete von Psychologen

die »klassischen« Arbeitsfelder hat der BDP 1991 jedoch in einer internen Mitteilung eine plausibel scheinende Schätzung vorgenommen, die von der derzeitigen Realität nicht sehr weit entfernt sein dürfte (**Abb. 5**).

Eine Frage soll allerdings nicht ungestellt bleiben: Wie steht es um die Arbeitslosigkeit der Psychologen? – Ein Arbeitslosenschicksal ist für fast jeden, der davon betroffen wird, in materieller wie in psychologischer Hinsicht schlimm. Insofern relativiert sich die im Grunde positive Nachricht, daß die Zahl der arbeitslosen Psychologen von ihrem Höchststand von über 4.000 im Jahre 1988 auf einen Stand von etwa 3.000 im Jahre 1996 zurückgegangen ist. Seitdem liegt die Arbeitslosenquote trotz der etwa 2.500 Hochschulabgänger, die jährlich auf den Arbeitsmarkt strömen, mit etwa 9 % deutlich unter der vieler anderer akademischer Berufe und sogar leicht unter der von Ingenieuren.

2.4.2 Standesethische Normen

Ein ebenfalls tätigkeitsfeldunabhängiger Aspekt berufspraktischer Tätigkeit ist die Verantwortung, die der Psychologe übernimmt, wenn er in Anwendung psychologischer Verfahren und Kenntnisse einen oft erheblichen Einfluß ausübt. In Ermangelung normativer Regelungen in Form eines einheitlichen Berufsrechts unterwerfen sich die im BDP zusammengeschlossenen Psychologen freiwillig einer »Berufsordnung für Psychologen«, einem Kanon berufsethischer Verpflichtungen, der am 1. April 1986 die bis dahin geltenden »Berufsethischen Verpflichtungen für Psychologen«, die seit 1967 Bestand hatten, ablösten. Es handelt sich dabei um eine Selbstverpflichtung der Mitglieder des Berufsverbands, soweit nicht ohnehin verbindliche Rechte und Pflichten darin angesprochen sind, die gesetzlich oder höchstrichterlich geregelte Verhaltensvorgaben betreffen. Mit ihnen sollten sich auch die nichtorganisierten Berufskollegen identifizieren können. So rechtfertigen sie das Vertrauen ihrer Klienten.

Zur Veranschaulichung seien einige dieser Verpflichtungen genannt.
– Vorrang des Wohls des Klienten
– Pflege eines besonderen Vertrauensverhältnisses zum Klienten
– Verschwiegenheit über ihm anvertraute Geheimnisse gegenüber Dritten (auch im § 203 StGB geregelt!)
– Durchführung psychodiagnostischer Untersuchungen

- Keine Verfahren anzuwenden, die die Würde der Person verletzen könnten
- Weitergabe psychologischer Aufzeichnungen nur mit Zustimmung des Klienten
- Verpflichtung zur Sachlichkeit
- Ablehnung von Aufträgen, die dem berufsethischen Kanon zuwiderlaufen
- Unterlassen irreführender Werbung
- Verpflichtung zur Erfolgskontrolle des eigenen Tuns
- Verpflichtung zu fachlicher Fortbildung
- Kooperatives Verhalten zu Fachkollegen
- Mithilfe bei der Unterbindung inkompetenter Ausübung psychologischer oder angeblich psychologischer Tätigkeiten
- Verantwortung für die wissenschaftlichen und außerwissenschaftlichen Konsequenzen eigener Forschung
- Anerkennung der Schieds- und Ehrengerichtsordnung des BDP

Die Berufsordnung soll dem in Praxis, Lehre und Forschung tätigen Psychologen als Richtschnur für sein Handeln dienen. Daneben soll sie zu einem zuverlässigen Bild vom Berufsstand des Psychologen in der Öffentlichkeit beitragen und gleichzeitig einen Maßstab für die Einsetzung verschiedenster, von Scharlatanen innerhalb und außerhalb des eigenen Lagers als »psychologisch« ausgegebener Aktivitäten abgeben. Schließlich sollen Arbeitgeber, die Psychologen für ihre besonderen Zwecke beschäftigen möchten, eine gültige Orientierung darüber erhalten, nach welchen Prinzipien der Psychologe seinen Beruf auffaßt, um von vornherein unnötige Konflikte zu vermeiden.

Nach 13 Jahren Geltungsdauer wird diese Berufsordnung aller Voraussicht nach noch vor dem Jahr 2000 durch eine neue abgelöst werden, die den Veränderungen der beruflichen Realität angepaßt sein wird. Sie wird insbesondere mit der Zäsur gerechtfertigt, die durch das neue Psychotherapeutengesetz zum 1.1.1999 gesetzt wurde. Dieses regelt für den Bereich heilkundlicher Tätigkeit fast alles das gesetzlich, was im Prinzip in einem noch nicht vorhandenem allgemeinen Berufsrecht für alle Psychologen zu regeln wünschenswert wäre, – aber dahin ist wohl noch ein weiter Weg!

In Zusammenarbeit mit dem Bundesausschuß Berufsethik des BDP hat die Ethikkommission der DGPs Ethische Richtlinien erarbeitet, die primär verbindliche Regeln für das offizielle Verhalten von Psychologen vorgeben. »Sie finden aber nicht nur auf berufliche Kontexte im engeren Sinne Anwendung, sondern haben für die Berufsangehörigen in ihrer Eigenschaft als Psychologen in allen Lebenslagen bindenden Charakter«, so wird es in der Präambel heißen. Insofern wird es sich um ein Regelwerk von ganz außerordentlicher Bedeutung handeln (vgl. Amelang 1999, S. 53). Der Name der neuen Richtlinie ist schlicht und prägnant. Sie wird heißen: »Ethische Richtlinien der DGPs e.V. und des BDP e.V.« Warten wir auf sie und handeln wir danach!

2.4.3 Rechtsrahmen psychologischer Tätigkeiten

Wir haben schon mehrfach bedauernd darauf hingewiesen, daß es zwar kein Berufsrecht für Psychologen gibt, wie dies beispielsweise für Rechtsanwälte, Wirtschaftsprüfer oder Ärzte der Fall ist. Dennoch gibt es neben der erwähnten selbstauferlegten Berufsordnung für Psychologen eine ganze Reihe rechtlicher Bestimmungen, die die Ausübung der Tätigkeiten des anwendenden Psychologen nicht völlig seinem Ermessen überlassen. Für eine kompetente und erfolgreiche Ausübung dieses Berufs ist die Kenntnis und die Beachtung der rechtlichen Rahmenbedingungen von großer Bedeutung. Damit dieser besonders in der Ausbildung von Psychologen häufig vernachläßigte rechtsnormative Aspekt jedoch nicht auch in dieser Einführung elegant ausgeklammert wird, sei die Rechtsproblematik für einige wichtige Belange psychologischer Tätigkeit aufgezeigt.

Unmittelbar betroffen, weil in den Gesetzen ausdrücklich genannt, sind zum Beispiel die *Klinischen Psychologen* im Gesetz über die Berufe des Psychologischen Psychotherapeuten und des Kinder- und Jugendlichentherapeuten (Psychotherapeutengesetz-PsychThG), das vor allem die Approbation (das Recht zur Führung des Titels »Psychotherapeutin«/»Psychotherapeut«) und die »Niederlassung« (das Recht zur direkten kassenärztlichen Abrechnung) einschließlich der Ausbildungs- und Weiterbildungsvoraussetzungen regelt.

Der Verkehrspsychologe Winkler hebt hervor, was die vielfältigen Aktivitäten der Sektion *Verkehrspsychologie* insbesondere auf dem Gebiet der Kraftfahreignungsuntersuchung und der Rehabilitation auffällig gewordener Kraftfahrer durch Beharrlichkeit bewirkt haben. Hier wird beispielhaft deutlich, wie durch kontinuierliche Fort- und Weiterbildung ihrer Mitglieder, durch intensives Zusammenwirken von Forschung und Praxis, durch nachdrückliche Auseinandersetzung mit anderen Berufsständen, die in diesen Gebieten arbeiten, »insbesondere Ärzte und Juristen, und durch sensible Kontakte mit Behörden und Verbänden die Durchsetzung inhaltlicher und berufsständischer Zielsetzungen möglich ist, die schließlich zur amtlichen Anerkennung des Verkehrspsychologen als Fahreignungsgutachter und Moderator von verkehrspsychologischen Rehabilitationsmaßnahmen geführt haben« (1997, S. 116). Dies hat erstmalig seine gesetzliche Verankerung in den §§ 11, 13, 38, 70 und 71 der Fahrerlaubnisverordnung (FeV) vom August 1998 gefunden. Hierin ist nicht nur explizit geregelt, in welchen Fällen der Psychologe als Gutachter zuständig ist (z.B. bei der Befreiung von Vorschriften über das Mindestalter, bei erheblichen Auffälligkeiten im Rahmen einer Fahrerlaubnisprüfung, bei Straftaten in Zusammenhang mit dem Straßenverkehr, bei Anhaltspunkten für ein hohes Aggressionspotential). Sie regelt auch die grundlegende und regelmäßig wiederkehrende Nachweispflicht seiner Qualifikation als Gutachter, nach der er alle zwei Jahre eine Bescheinigung über die erfolgreiche Teilnahme an einem Qualitätssicherungssystem und der regelmäßigen Teilnahme an Fortbildungsveranstaltungen vorlegen muß. Diese Maßnahmen und Kontrollen finden in der Regie der Sektion statt, die nur bei Nichterfüllen der Voraussetzungen der zuständigen Behörde rapportpflichtig ist. Zur systematischen Weiterqualifikation wird in der Sektion an einem Weiterbildungscurriculum gearbeitet.

In der FeV wird als Voraussetzung für die amtliche Anerkennung von Begutachtungsstellen für Fahreignung, auch in anderer Trägerschaft als – wie bisher die Regel – dem TÜV, definiert, daß in ihnen nur dafür qualifizierte Diplompsychologen tätig werden (Anlage 14 zu § 66, Abs. 2). Die Anerkennung durch die zuständigen Landesbehörden ist unter anderem abhängig davon, daß die erforderliche personelle Ausstattung mit einer ausreichenden Anzahl von Ärzten und Psychologen sichergestellt ist.

Über die »Anforderungen an den Psychologen« wird in dieser Anlage 14 definiert: Diplom in der Psychologe, mindestens zweijährige Berufstätigkeit (in der Regel in der Klinischen Psychologie, Arbeitspsychologie) und mindestens eine einjährige Praxis in der Begutachtung der Eignung von Kraftfahrern in einer Begutachtungsstelle für Fahreignung (vgl. Schneider 1999, S. 59). Dies ist unzweifelhaft ein großer Fortschritt, wird doch auch hier eine offizielle Anerkennung dieser Disziplin offenkundig und ihre Gleichrangigkeit mit den Tätigkeiten der Mediziner und der sachverständigen Ingenieure bestätigt.

Außer diesen berufsständisch außerordentlich wichtigen neuen Rechtsnormen gibt es aber noch viele weitere, in denen der Psychologe zwar nicht namentlich genannt wird, die aber für seine Tätigkeit regulierend sind:

Das *Betriebsverfassungsgesetz* von 1952 (BetrVerfG), neu gefaßt 1972, besteht aus 132 Paragraphen und regelt in Wirtschaftsunternehmen u.a. die *Mitwirkung und Mitbestimmung des Betriebsrats* bei personellen und sozialen Maßnahmen, bei der Arbeitsgestaltung, beim Arbeitsschutz und bei der beruflichen Bildung. Hier ergeben sich starke Berührungspunkte zur organisationspsychologischen Tätigkeit im weiteren Sinn. Der Betriebsrat hat ein Mitwirkungsrecht bei der Personalplanung, der Durchführung von Personalbefragungen, der Erstellung von Beurteilungsgrundsätzen und von Richtlinien für die Personalauswahl, bei der Neueinstellung, der Eingruppierung, der Versetzung und der Kündigung von Mitarbeitern. Entscheidungen in diesen Angelegenheiten bedürfen seiner Zustimmung. Die *Mitarbeiter* haben das Recht zur Einsicht in ihre Personalakte, das Recht, sich zu beschweren und angehört zu werden.

Nach den langjährigen Erfahrungen läßt sich aus psychologischer Sicht sagen, daß durch diese Mitwirkungs- und Mitbestimmungsrechte innerbetriebliche Auseinandersetzungen weithin vermieden oder zumindest in sachliche Bahnen des Verhandelns mit dem Gebot zum Kompromiß gelenkt werden konnten. Insofern bedeutet dieses Gesetz nicht nur Einschränkung psychologischer Tätigkeit, sondern es hat durch seinen Beitrag zur Versachlichung auch positive Rückwirkungen.

Besonders wichtig ist der § 90, in dem Arbeitgeber und Betriebsrat ausdrücklich darauf hingewiesen werden, bei der Gestaltung von Arbeitsplatz, Arbeitsablauf und Arbeitsumgebung »die gesicherten arbeitswissenschaftlichen Erkenntnisse über die menschengerechte Gestaltung der Arbeit (zu) berücksichtigen«. Der Arbeitspsychologe bezieht von hier seinen mitarbeiterorientierten Auftrag, wie er der Beschreibung der Arbeitsziele und dem Katalog seiner Arbeitsaufgaben zugrundeliegt. Von diesem Gesetzesausschnitt leiten sich auch alle staatlichen Programme und Aufträge zur »Humanisierung der Arbeitswelt« her, in denen Psychologen in einem nicht unerheblichen Ausmaß beteiligt waren und sind.

Das Gesetz über Betriebsärzte, Sicherheitsingenieure und andere Fachkräfte für Arbeitssicherheit von 1973, kurz *Arbeitssicherheitsgesetz* (AsiG) erwähnt die arbeitspsychologische Beratung der Arbeitgeber als *ärztliche* Aufgabe. Arbeits- und Organisationspsychologen (i.e.S.) sind nicht ausdrücklich miteinbezogen. Dieses Gesetz mißt den Betriebsärzten auch eine (wo erworbene?) Kompetenz zu, über die der arbeitspsychologische Spezialist weit besser verfügt. Diese Benachteiligung und nicht zuletzt die reduzierte Kompetenzzuschreibung hat seitens des Berufsverbands Deutscher Psychologen zu Initiativen geführt mit dem Ziel einer Anpassung des Gesetzes an die real gegebene Kompetenzverteilung.

Das *Berufsbildungsgesetz* (BBiG) von 1969 regelt die *Aus-, Fort- und Weiterbildung* sowie die *Umschulung der Mitarbeiter*. Es verlangt für die Ausbilder eine besondere Eignungsprüfung. Im Rahmen von deren ›Ausbildung zum Ausbilder‹ arbeiten viele Organisations-, Verkehrs- und Psychologen in freier Mitarbeit bei der Unterrichtung über entwicklungspsychologische, lernpsychologische und sozialpsychologische Fragen mit, so ähnlich wie dies nach bundeseinheitlichen Vorschriften auch bei der Industriemeisterausbildung der Fall ist.

Im *Strafgesetzbuch* (StGB) von 1871 in seiner Faßung von 1975 ist besonders der § 203 »Verletzung von Privatgeheimnissen« von Bedeutung, der für die Psychologen eine *Schweigepflicht* festlegt. Die entscheidenden Passagen lauten: »Wer unbefugt ein fremdes Geheimnis, namentlich ein zum persönlichen Lebensbereich gehörendes Geheimnis oder ein Betriebs- oder Geschäftsgeheimnis, offenbart, das ihm als ... Berufspsychologen mit staatlich anerkannter wissenschaftlicher Abschlußprüfung ... anvertraut oder sonst bekannt geworden ist, wird mit Freiheitsstrafe bis zu einem Jahr oder mit Geldstrafe bestraft. ... Den ... genannten stehen ihre berufsmäßig tätigen Gehilfen und die Personen gleich, die bei ihnen zur Vorbereitung auf den Beruf tätig sind. ... Mit der Bezeichnung ›Berufspsychologe‹ ist hier im Gegensatz zu unserer Verwendung, der ›berufstätige Psychologe‹ gemeint. Zu den ›Gehilfen und Personen‹ zählen seine Mitarbeiter. Ist der Psychologe als Forscher und Lehrer an Hochschulen tätig und beteiligt er Studenten zu Lehrzwecken oder als Hilfskräfte an der Bearbeitung konkreter Beratungsfälle oder der Vorbereitung und Erstellung von Gutachten, so gilt die Pflicht zur Verschwiegenheit auch für diesen Personenkreis. Der Psychologe hat allerdings *kein generelles Zeugnisverweigerungsrecht* für den Fall, daß eine Rechtsinstanz, z.B. ein Gericht ihn als Zeuge zur Preisgabe seines Wissens auffordert.

Das *Bundesdatenschutzgesetz* (BDSG) von 1977 regelt die *Verwendung persönlicher Daten*. Die Speicherung und Weitergabe solcher Daten ist in Organisationen stark eingeschränkt. Konsequenzen für den Psychologen ergeben sich besonders im Bereich der *Eignungsdiagnostik*, wenn es um die Frage geht, inwieweit er den Arbeitgeber bzw. den Auftraggeber über die Befunde und die Ergebnisse seiner psychodiagnostischen Untersuchung informieren darf.

Am 1.1.1994 ist das Monopol der Bundesanstalt für Arbeit für die Arbeitsvermittlung durch das neue *Beschäftigungsförderungsgesetz* (BeschfG) gefallen. Seitdem können auch private Vermittler ihre Dienste anbieten. Deshalb haben jetzt auch *freiberuflich* in der Personalberatung *tätige Psychologen* die Möglichkeit, sich auf diese Tätigkeit zu spezialisieren. Dem ist allerdings ein Überprüfungs- und Genehmigungsverfahren beim zuständigen Landesarbeitsamt vorgeschaltet, das sich auf den Nachweis der Unbescholtenheit, der Freiheit von Vorstrafen und den Nachweis von Erfahrungen in der Personalarbeit erstreckt. Wir haben in einem anderen Zusammenhang bereits vermerkt, daß die Startchancen wegen geringer Nachfrage der Arbeitgeber und der hohen Arbeitslosenzahlen in 1994 eher schlecht waren, das Konkurrenzverhältnis zur kostenlos vermittelnden Arbeitsverwaltung ungünstig. Das heißt aber nicht, daß sich Psychologen nicht kreativ einen neuen Markt durch besonders qualifizierte und originelle Angebote erschließen könnten (vgl. Kapitel 2.2.1).

Fragen der *Eignungsdiagnostik*, speziell die Anwendung von Tests im Personalbereich, die Konstruktion von *Tests* und die Erstellung von *Gutachten* haben in der angewandt psychologischen Praxis von Anfang an eine herausragende Rolle gespielt. Heute verwenden etwa 90 % der mittleren und größeren Unternehmungen psychologische Tests. Dennoch gibt es erhebliche Unsicherheit bei Personalleitern, Psychologen und Juristen, wenn es um die Anwendung psychologischer Tests bei Bewerbern und Mitarbeitern geht. Den neuesten Stand hierzu referieren Kühne (1987), Liebel (1996, S. 352 ff.), Pulverich (1996) und Uertz (1997).

Dieser kurze und bei weitem nicht vollständige Überblick über wichtige gesetzliche Bestimmungen sollte die Rechtsschranken aufzeigen, die der Arbeit des Psychologen im Berufsalltag gesetzt sind, die ihm aber auch einen sicheren Rückhalt für sein Tun geben. An der Schwelle zum Übertritt von der Universität in die Berufspraxis und für die Zeit sehr bald nach diesem Schritt bietet die Deutsche Psychologen Akademie, die Fortbildungs-GmbH des BDP, aktuelle Seminare für Berufseinsteiger zur Einführung in das Berufsrecht an. Sie will damit eventuelle Versäumnisse der Ausbildung ausgleichen und die Berufsanfänger vor dem oft folgenreichen Tritt in die vielfältigen Fettnäpfchen bewahren.

3. Ausgewählte Teilgebiete der Angewandten Psychologie

Nachdem wir uns diesen Überblick über wichtige Inhalte, Probleme und Fragestellungen der Angewandten Psychologie verschafft haben, wollen wir nun im zweiten Hauptteil des Bandes einige Teildisziplinen mit erkennbarem Wachstumspotential für die Zukunft gründlicher behandeln und vorstellen.

3.1 Architekturpsychologie
(unter Mitwirkung von Karola Haupt und Judith Krämer)

3.1.1 Wozu Architekturpsychologie?

Der bekannte Kunsthistoriker Heinrich Wölfflin (1864–1945) hat schon vor genau 100 Jahren mit seinen »Prolegomena zu einer Psychologie der Architektur« 1899 die weitsichtige Frage gestellt, ob es möglich sei, daß architektonische Formen Ausdruck einer seelischen Qualität von Stimmungen, Gefühlen oder Affekten sein könnten. Man braucht nicht einmal an die Bauten der Stalin-Ära, des nationalsozialistischen Regimes oder der rumänischen Diktatur zu erinnern, um zu erkennen, daß damit eine besonders wichtige gesellschaftsrelevante Frage aufgeworfen wird, die von den kulturwissenschaftlichen Fächern zur Erforschung und Beantwortung ansteht. Ob man sich in einem Bau sehr, mehr, weniger oder gar nicht wohlfühlt, ist für das häuslich-private Wohnmilieu wie für das Betriebsklima bei der Arbeit ebenso erheblich.

Seit sich die früheren Höhlenbewohner auf anspruchsvolleres Wohnen besonnen haben, gibt es gebaute Wohnumwelten. Zuerst bauten sie nur einfache Schutzhütten aus Holz, Laub und Fellen. Später differenzierte und verfeinerte sich die Architektur immer mehr. Es entstanden Wohnhäuser, Verwaltungsbauten, Schulen, Krankenhäuser, Industriebauten, Wolkenkratzer usw. Eines haben die frühzeitlichen Schutzhütten und die modernsten Bauten aber gemeinsam: Die gebaute Umwelt war und ist mehr als bloßer Schutz vor Witterungs- und sonstigen Umwelteinflüssen.

Sie gibt Zeugnis über das menschliche Selbstverständnis und zeit-
aktuelle Bedürfnisse, Wünsche und Nöte. Menschliches Erleben
und Verhalten prägte stets die Funktion und Gestaltung der
gebauten Umwelt. Die wichtigsten Lebensvollzüge des Menschen
spielen sich in gebauten Umwelten ab, nur vergleichsweise selten
finden wir uns in von Menschenhand unberührter Natur. Selbst
wenn wir schlafen, wirkt Architektur durch die Gestaltung der
Inneneinrichtung der Räume oder in den Belüftungs- und Ver-
dunklungsmöglichkeiten auf uns ein. Menschen gestalten Architektur nach eigenen und teils eigenwilligen Vorstellungen und
sind dann den Einflüssen dieser räumlichen Gebilde auf ihr und
anderer Verhalten und Erleben ausgesetzt. Ein Architekt soll
nicht nur möglichst ästhetische und innovative räumlich-mate-
rielle Gebilde entwerfen, sondern gebaute Umwelt für Menschen
planen und realisieren, die in dieser Umwelt bedürfnisgerecht
leben und handeln können; er schafft Verhaltensräume und Ver-
haltensbedingungen. So ist es sicher zutreffend, wenn der Neue
Brockhaus Architektur als »Baukunst« definiert, und der Architekt beschrieben wird als jemand, dessen Aufgabe in der Gestaltung der baulichen Umwelt besteht, und von dem die Fähigkeit
gefordert wird, individuelle und gesellschaftliche Ansprüche in
ein technisch und wirtschaftlich realisierbares Ordnungskonzept
umzusetzen und diesem auch eine künstlerisch befriedigende
Form zu geben (Brockhaus 1987). Die Bedeutung, die die gebaute
Umwelt auf das menschliche Verhalten und Erleben hat, und die
Verantwortung, die sich daraus für den Architekten ergibt, wird in
vielen anderen Büchern und Nachschlagewerken über Architektur, in denen der Mensch als Nutzer gar nicht vorkommt, vernach-
lässigt.

Im zwanzigsten Jahrhundert zwang das weltweite Bevölkerungswachstum zu einer immer weiteren Bebauung bislang naturbelassener Flächen. Der Bauboom führte zu rationelleren Bau-
verfahren und Gebäudetypen. Immer mehr Menschen zogen aus
Dörfern in die Städte, und der Trend zur Kleinfamilie und zum
Singledasein – mit dem Wunsch, trotzdem genügend Wohnraum
zur Verfügung zu haben – führte zu Wohnungsknappheit. Häuser
wurden zu Renditeobjekten, ganze Stadtteile schossen aus dem
Boden. Alexander Mitscherlich resümiert in seinem Pamphlet
über »Die Unwirtlichkeit unserer Städte«: »Die Unwirtlichkeit,
die sich über diesen neuen Stadtregionen ausbreitet, ist nieder-
drückend« (1972, S. 9). Wer ist für diese Situation verantwortlich?
Sind es die Architekten, die durch falsche Innovationsfreudigkeit,
Gedankenlosigkeit, mangelndes Können oder fehlendes Wissen

über die Zusammenhänge zwischen dem Menschen und der gebauten Umwelt diese Entwicklung zu verantworten haben? Oder sind es die Sachzwänge, wie Bevölkerungswachstum, Landflucht, Wohnungsknappheit, fehlende finanzielle Mittel und anderes? Fest steht, daß es vielfach nicht gelingt, die komplexen Anforderungen der heutigen Umwelt mit den menschlichen Bedürfnissen abzustimmen. Denn obwohl Architekten und Städteplaner die räumlichen Strukturen technisch bereits gut erforscht haben, verlassen sie sich bei den psychischen Wirkungen der von ihnen geplanten Bauten weitgehend auf ihre Intuition.

Nun stellt sich die Frage, ob psychologisches Wissen dem Architekten helfen kann, die Aufgaben und Probleme der gebauten Umwelt besser zu bewältigen. Ist es für einen Psychologen als »Fachmann« für menschliches Erleben und Verhalten möglich, dem Architekten Kriterien für eine menschenfreundlichere Bauplanung zu liefern?

Die Architekturpsychologie will auf diese Fragen Antworten geben und wendet Erkenntnisse und Methoden der Psychologie auf Gegenstand und Zielsetzung der Architektur an, um die Beziehungen zwischen gebauter Umwelt und menschlichem Verhalten und Erleben zu untersuchen. Sie will klären, ob eine Zusammenarbeit von Architekten und Architekturpsychologen sinnvoll und möglich ist, damit menschengerecht gebaut werden kann.

3.1.2 Arbeitsfeld »Gebaute Umwelten«

3.1.2.1 Umweltpsychologische Aspekte

Da die Psychologie von Anfang an eine eher individuumsorientierte Wissenschaft war, beschäftigte sie sich lange Zeit kaum mit Themen der (gebauten) Umwelt und deren Einfluß auf das menschliche Erleben und Verhalten. Soziale und dingliche Umwelt schienen zu komplex, als daß man sie in der Psychologie erforschen könnte. Sie wurden nur als pauschale Wirkgrößen gesehen, welche auf den Menschen Einfluß nahmen. Architektur wurde von der psychoanalytischen Schule als Sublimierung der unbewußten Wünsche des Menschen verstanden. Der Behaviorismus dagegen sah die Umwelt als ein Reservoir positiver und negativer Verstärker (Skinner 1966). Erst allmählich entwickelte sich die Umwelt- oder Ökopsychologie, die Lehre von den Wechselbeziehungen zwischen sozio-physischer Umwelt und menschlichem Verhalten und Erleben. Die Charakteristika der Umweltpsychologie sind durch die ›Eigenarten der Umwelt‹ bestimmt: Umwelt ist sehr komplex und nicht in Laborexperimenten nachstellbar, deshalb müsse nach Kaminski eine Umweltpsychologie sich an natürlichen Lebenssituationen orientieren, langsam Erkundungsarbeit leisten, da noch zu wenig theoretische Ansätze vorhanden seien und praktisch in Kooperation mit Nachbarfächern an spezifischen Fragen und Problemstellungen der Umwelt arbeiten (1976, S. 11). Einer der ersten Psychologen, der sich mit Umweltpsychologie auseinandersetzte, war Hellpach, der u. a. die Probleme der Großstädte, des Großstadtlebens und der Charakterologie des Großstädters beschrieb und viele wichtige Impulse auf dem Gebiet der Umweltpsychologie gab (1952). Barker (1968) beschäftigte sich in Analogie zur biologischen Ökologie, welche die Beziehungen der Tiere und Pflanzen in ihrer natürlichen Umwelt untersucht, mit dem Behavioral Setting. Ein Behavioral Setting ist eine räumlich und zeitlich genau lokalisierte Einheit, bestehend aus Personen und nichtpsychologischen Objekten. Solche Behavioral Settings können beispielsweise Sportveranstaltungen, Konzert- und Theatervorstellungen oder Gottesdienste sein. Barker entwickelte genaue Meßverfahren, mit denen man ein Behavioral Setting identifizieren und beschreiben kann. Er erkannte, daß innerhalb derartiger Settings eine Strukturgleichheit von Verhaltensmustern sowie sozialen und physischen Umgebungsaspekten existiert. Darin entwickeln sich, ausgehend von bestimmten räumlichen Merkmalen und sozialen Faktoren (Regeln, Normen etc.), ganz spezifische Verhaltensweisen (vgl. auch Miller 1986). Im Gegensatz zu Barkers Theorie einer räumlich und zeitlich begrenzten Einheit von Mensch und Umwelt, gehen viele zeitgenössische psychologische Ansätze von einer interaktionistischen Mensch-Umwelt-Beziehung aus und betrachten Mensch und Umwelt nicht als Einheit, sondern als voneinander getrennte Gegebenheiten, die miteinander in Wechselwirkung stehen. Miller (1986, S. 19 f.) gibt einen Überblick über die Entwicklung der Umweltpsychologie, wobei er betont, daß es sich bei dieser nicht um eine bestimmte Schule oder Theorie handelt, sondern eher um eine Sichtweise, die in allen psychologischen Disziplinen immer stärker einbezogen wird. Architekturpsychologische Forschung deckt einen großen Teil der wesentlich weiter ausgreifenden Umweltpsychologie ab (vgl. Kapitel 2.2.6). Sie kümmert sich um Themen wie die Wohnbereichs- und Wohnortgestaltung, die Wirkung von Wohnumwelten, die Wahrnehmung von Wohnumwelten, die Wohnzufriedenheit, Wohnprobleme oder

Sozialisation durch Wohnen. Umweltpsychologie auf Architektur-psychologie zu beschränken, wäre angesichts der notwendigen psychologischen Erforschung naturbelassener Umwelten wie Meere, Gebirge, Urwälder oder der Themen des Umweltschutzes und anderer eine unzulässige Verkürzung.

Unser Leben spielt sich in räumlicher Umwelt ab. Menschliches Verhalten und Erleben bestimmen zum Teil, wie diese räumliche Umwelt auszusehen hat und aussieht, werden aber auch selbst wieder von ihr geprägt. Mehrabian bezeichnet diese Räume als »Alltagsräume« (1978, zit. nach Miller 1986, S. 148). Oftmals sind diese Alltagsräume nicht mehr natürlich, sondern künstlich, das heißt von Menschenhand geschaffen. Sie sind letztlich immer Manifestationen einer Kultur und dienen dem menschlichen Zusammenleben. Der private Raum hat dabei einen besonderen Stellenwert. Das Konzept der Individualität und des privaten Raumes spiegelt sich wider in der kulturspezifischen Auffassung vom Stellenwert des Individuums. Auch im Hinblick auf das Bedürfnis nach Privatsphäre gibt es kulturelle Unterschiede. Die Privatsphäre ermöglicht persönliche Selbständigkeit, emotionale Entspannung und eine selbstbestimmte Kommunikation; sowohl Distanz als auch Intimität können erlebt werden. Ob ein Mensch seine Privatsphäre in einem für ihn ausreichenden Maß erleben kann, hängt jedoch nicht nur von ihm selbst ab: mangelnde Schall-isolierung oder die Gestaltung der Fenster so, daß die Öffentlich-keit ohne weiteres Einblick hat, können die Privatheit stark ein-schränken und somit die gesamte Wohn- und Lebensqualität beeinflussen. Im Gegensatz zum privaten Raum ist der öffentliche Raum der individuellen Gestaltung kaum zugänglich. Auch spielen hier normative Verhaltensweisen eine wesentliche Rolle; der Raum verlangt nach bestimmten ritualisierten Verhaltensweisen, die dem Inhalt des jeweiligen öffentlichen Raums angepaßt sind. Sowohl im öffentlichen wie im privaten Raum spielt der Begriff des Territoriums eine Rolle. Abgrenzendes menschliches Verhal-ten in sozialen Räumen kann als Territorialverhalten bezeichnet werden. Der Begriff des Territorialverhaltens stammt ursprüng-lich aus der Biologie und wurde Ende der fünfziger Jahre in die Psychologie übernommen. Goffman, Lyman und Scott (alle zit. nach Miller 1986, S. 154) untersuchten menschliches Territorial-verhalten und entwarfen vier Kategorien des Territoriums:

1. Das öffentliche Territorium als Raum freier Verfügung für alle,
2. das Heimatterritorium als Raum des sich Zuhause-Fühlens,
3. das Interaktionsterritorium und

4. das Eigenleibterritorium, welches den engsten, persönlichsten Raum bezeichnet.

Befindet sich z. B. ein Mensch unfreiwillig über einen gewissen Zeitraum hinweg in einer Menschenmasse, so wird sein engster persönlicher Raum überschritten, er hat keine Rückzugsmöglichkeit mehr und erlebt so das sehr negative Gefühl des Beengtseins oder des Crowding, wie der spezielle Fachausdruck dafür heißt. Wird ein Raum als beengt wahrgenommen, entstehen Gefühle wie Beklemmung, Angst, Feindseligkeit und Unzufriedenheit. Crowding bezieht sich dabei auf das persönliche Wahrnehmen und Bewerten von Enge und Dichte. Der Begriff des personalen Raumes stammt ebenso wie der des Territoriums aus der Biologie und wurde von dort in die Psychologie übernommen. Den personalen Raum kann man sich als eine unsichtbare Zone vorstellen, die den Körper einer Person gleichsam wie eine Raumblase umgibt. Diese Zone dient der Distanzwahrung, dem Schutz vor unfreiwilliger Intimität. Wie einzelne Menschen Räume erleben hängt zwar von sehr vielen Faktoren ab, doch kann allein schon die Berücksichtigung der oben genannten Faktoren des Raumerlebens bei der Planung von Gebäuden grobe Fehler vermeiden helfen.

3.1.2.2 Wohnbedürfnisse und Wohnumwelt

Wir verbringen im Durchschnitt 17,2 Stunden des Tages mit Wohnen im Sinne von Zuhause sein. Das brachte eine Zeitbudget-Studie zutage (Grau 1989). Aber nicht nur dieser zeitliche Aspekt zeigt die Bedeutung, welche das Wohnen für den Menschen hat. Wohnen ist:
– »eine vergleichsweise enge Beziehung des Menschen zu seiner Umwelt,
– eine Interaktion zwischen Mensch und Wohnumgebung,
– eine zentrale menschliche Tätigkeit,
– eine Rahmenbedingung für die Sozialisationsleistungen der Familie,
– ein emotionales Verbundensein mit einem Ort.« (Flade 1993, S. 45 f.)

Nach Harloff und Ritterfeld (1993, S. 32 f.) ist Wohnen durch drei Definitionsmerkmale bestimmt: »Zum ersten sind es bestimmte Handlungen (und das zugehörige Erleben), die zweitens an einem besonderen Ort, in der Wohnung und der Wohnungsumgebung, praktiziert werden. Zum dritten geht es um Handlungs- und Erlebnisweisen, die diese Räume in solcher Weise aneignen, daß ihnen je individuell Bedeutung verliehen wird, man sich mit ihnen identifiziert bzw. sie als seine Räume betrachtet und als solche für andere kenntlich macht (= Personalisierung).« Eine Trennung von Bewohner und Wohnumwelt ist allenfalls theoretisch denkbar.

Wird Wohnen als eine zentrale Tätigkeit betrachtet, so ist die Frage nach der Wohnqualität ausschlaggebend. Zur Beurteilung der Wohnqualität ist es wichtig, Wohnbedürfnisse zu erforschen. Eine nutzergerechte Wohnung und Wohnumgebung wäre demnach ein Bereich, in dem diese Bedürfnisse weitgehend erfüllt sind. Daß so oft an den Bedürfnissen der Nutzer vorbeigebaut wird, liegt zu einem beachtlichen Teil daran, daß Erbauer und Nutzer nicht dieselben sind. Nach der oben zitierten repräsentativen Zeitbudgetstudie von Grau, die sich auf die erwachsene Bevölkerung konzentriert, verbringen Bewohner im Durchschnitt 74 % des Tages in ihrer Wohnumgebung (Schlafzeiten mit eingerechnet), wobei Frauen 9 % mehr ihrer Zeit dort verbringen als Männer. Wird nun der Aspekt betrachtet, daß der Erbauer nicht nur ein anderer ist als der Nutzer, sondern außerdem zumeist männlich, die intensivsten Nutzer jedoch weiblich sind, so liegt die Vermutung nahe, daß Wohnungen und Wohnumgebungen tendenziell auf männliche Lebenszusammenhänge zugeschnitten sind. »Daß in Wohnungen auch gearbeitet wird, wird nur ›am Rande‹, nämlich in Form abseits gelegener kleiner Küchen, berücksichtigt. Auch anderen Formen der Arbeit, wie z. B. der Kinderbetreuung – meistens von Frauen geleistet – wird in der Wohnbauplanung zu wenig Rechnung getragen« (Flade 1993, S. 52 f.). Diskrepanzen zwischen den Auffassungen von Erbauern und Nutzern können für diese von erheblichem Nachteil sein, vor allem dann, wenn sie vorher nicht nach ihren Bedürfnissen gefragt werden oder dies nur zum Schein geschieht.

Nach Mehrabian (1978) reagieren wir auf unsere Umwelt in drei grundlegenden Gefühlsdimensionen: Erregung – Nichterregung, Lust – Unlust, Dominanz – Unterwerfung. In seinem Sinne sollten alle Räume eines Gebäudes »lustbetont« sein, der Mensch sollte gerne in ihnen wohnen wollen. Räume, in denen wir arbeiten oder schlafen, sollten zwar lustbetont, aber gleichzeitig auch reizarm im Sinne sparsamer Ausstattung sein. Weiterhin solle in jeder gebauten Umwelt ein bestimmter Grad an Neuheit und Komplexität vorhanden oder herstellbar sein, zum Beispiel durch gelegentliches Umräumen und den Einsatz von Wohnaccesoires (Pflanzen, Spiegel, Farbe, Licht …). Durch Gestaltung der

Umwelt müsse das diffizile Gleichgewicht zwischen Abgeschlossenheit, Nichterregung und Anregung sowie der Möglichkeit zur sozialen Interaktion eingehalten werden. Gerade bei Stadtbewohnern kann dieses Gleichgewicht jedoch gestört sein, da sie durch die massive Reizüberflutung der großstädtischen Umgebung mit all ihren Unlust bewirkenden Elementen (Straßenlärm, Hektik …) in ihren eigenen vier Wänden Ruhe und Abgeschlossenheit suchen, was sich aber negativ auf die Pflege sozialer Beziehungen auswirkt und Einsamkeit, Langeweile und Entfremdung hervorruft. Obgleich dieser Ansatz sehr einleuchtend und logisch scheint, entbehrt er jedoch weitgehend der empirischen Grundlage. So sind sich die Emotionsforscher selbst im Hinblick auf Definition und Funktionsweise von Emotionen uneinig. Nach Dörner gibt es eine Emotion als selbständigen psychischen Prozeß gar nicht, vielmehr handele es sich bei einer Emotion um eine »spezifische Ausformung von Wahrnehmungs-, Denk- und Motivationsprozessen« (1992, S. 11). Emotionen sind demnach Formmerkmale psychischer Prozesse und nicht durch Reize hervorgerufene Gefühlsdimensionen, welche ein Verhalten auslösen. Fest scheint jedoch zu stehen, daß es die Architekturpsychologie im Rahmen der Mensch-Umwelt-Beziehung mit sehr komplexen Emotionen zu tun hat. Trotz dieser Kompliziertheit und Vielschichtigkeit ist es für die Architekturpsychologie durchaus wichtig, sich auch in Zukunft mit der emotionalen Komponente der gebauten Umwelt auseinanderzusetzen.

Die Frage, warum wir an einem bestimmten Ort wohnen, hängt eng mit unserer emotionalen Anbindung an unsere Wohnumgebung zusammen. Fuhrer et al. betonen, daß Orte »je nach individueller Interaktion unterschiedliche emotionale Bedeutungen erhalten« (1993, S. 65). Positiv bedeutsam wäre zum Beispiel, sich sicher zu fühlen oder negativ die Verminderung von Selbstbestimmung durch das Wohnen in einem bestimmten Haus zusammen mit bestimmten Leuten. Welche emotionalen Bedeutungen sind wesentlich für die Ortsbindung? Sind wir deshalb so sehr an einen Ort gebunden, weil er für uns wichtige emotionale Bedeutungen gleichzeitig erfüllt? Die Ursachen des Wohnens sind nach Fuhrer et al. identisch mit den generellen Ursachen der Ortsbindung. »Unter Ortsbindung verstehen wir dabei, (1) die Möglichkeit, sich in seiner Wohnumwelt zu versichern, wer man ist und wer man war; (2) die Möglichkeit, andern Menschen durch die Wohnumwelt etwas mitzuteilen; (3) das differenzierte Wissen (Handlungsmöglichkeiten) über die eigene Wohnumgebung; und (4) die Möglichkeit, den eigenen Zustand durch die Wohnumgebung zu regulieren.

Diese Ursachen der Ortsbindung sind nicht als sich additiv ergänzende Ursachen zu verstehen. Sie bilden vier verschiedene Erklärungsperspektiven der Ortsbindung« (1993, S. 65).

Hieraus ergibt sich für die praktische architekturpsychologische Wohngestaltung zu bedenken, welche baulichen Strukturen eine bestmögliche Ortsbindung gewährleisten. Aufgrund der komplexen und bedingungsreichen Wirkung der Wohnumwelt gibt es keine rezepthafte Antwort auf eine derart generelle Frage.

Wie muß eine Wohnung beschaffen sein, um darin angenehm zu wohnen? Wie läßt sich Wohnqualität bewerten? – Um diese Fragen beantworten zu können, muß man sich die menschlichen Wohnbedürfnisse betrachten, da der Grad der Bedürfniserfüllung einen guten Indikator für eine nutzergerechte Wohnung darstellt. Bedürfnisse sind Mangelzustände mit dem Verlangen, sie zu beheben. Nach Flade (1993) sind die allgemeinen Wohnbedürfnisse weitgehend äquivalent zu den Grundbedürfnissen des Menschen. Er teilt in Anlehnung an das bekannte hierarchische Modell von Maslow die Wohnbedürfnisse ein in:

– Physiologische Bedürfnisse nach Wärme, Licht, Ruhe, Erholung und Schlaf
– Bedürfnis nach Sicherheit und Beständigkeit
– Bedürfnis nach selbstkontrollierbarer Privatheit und Öffentlichkeit
– Bedürfnis nach sozialer Anerkennung, Prestige, Status und Ansehen
– Bedürfnis nach Selbstentfaltung

Bei den Maslowschen Bedürfnissen handelt es sich um solche, deren Befriedigung eine harmonische intrapsychische Ausgeglichenheit erzeugt, um Bedürfnisse, welche zumindest kurzfristig zu existieren aufhören, sobald sie erfüllt sind. Nur das Bedürfnis nach Selbstentfaltung ist ein Wachstumsbedürfnis, welches nicht an der Aufrechterhaltung eines bestimmten Zustandes orientiert ist, sondern ständig wirksam eine Veränderbarkeit der Wohnumgebung voraussetzt. Nach Maslow befriedigt ein am Wochenende in seinem Sessel eingeschlafener Bauarbeiter nur ›niederste Mangelbedürfnisse‹, während der gleichzeitig an seinem Schreibtisch mit knurrendem Magen und vernehmlich gähnend über seiner Diplomarbeit brütende Sohn in Erfüllung seines ›Wachstumsbedürfnisses‹ auf dem Weg zur ›Selbstverwirklichung‹ ist. Dörner (1987) kritisiert die starre Hierarchie der Maslowschen Bedürfnisse, wo das nächstgenannte erst nach der Befriedigung des vorherigen aktiviert wird, und geht von einem System wechselseitiger

Hemmungen aus. Je nach Situation sei immer ein Motiv dominant und hemme die anderen so lange, bis ein anderes Bedürfnis stärker werde.

In der einschlägigen Literatur werden im Wesentlichen folgende Wohnbedürfnisse erwähnt: Schutz, Stabilität, Unabhängigkeit, Umweltkohärenz und Kontakt, Bewegungs- und Gestaltungsfreiheit, Ordnung und Orientierung, Tätigkeitsförderlichkeit der Wohnung, Naturverbundenheit des Wohnens, Ausblick und natürliches Licht, Sauberkeit und psychischer Appell an Besucher. Diese Wohnbedürfnisse, auf den ersten Blick recht differenziert und plausibel, sind letztlich nichts anderes als eine addivite Ausdifferenzierung der Maslowschen Bedürfnissammlung. Der Nutzen des Blicks auf bedürfnistheoretische Überlegungen für die Planung von Wohnungen und Wohnumgebungen liegt darin, daß unter Einbeziehung von Bedürfniskatalogen Wohnstrukturen in Bezug auf ihre Nutzerorientiertheit bewertet und die entsprechenden Schlüsse daraus gezogen werden können. Die Einbeziehung grundlegender, d. h. immer wiederkehrender Bedürfnisse in den Bauplanungsprozess ist sicher eine gute Basis. Um konkrete Vorstellungen für eine optimal gebaute Umwelt zu erhalten, ist jedoch in jedem Fall eine spezielle Analyse durch die Befragung potentieller Nutzer unumgänglich!

3.1.2.3 Forschungsthemen

Von der gebauten Umwelt gehen sehr starke visuelle Stimuli aus. Deshalb entwickelte sich auf dem Gebiet der Wahrnehmungspsychologie schon recht früh eine rege architekturpsychologische Forschungstätigkeit. Eine aktuelle Zusammenfassung von wahrnehmungspsychologischen Veröffentlichungen auf dem Gebiet der Architektur und Städteplanung findet sich bei Dahle »Wahrnehmung in Architektur und Stadtplanung« (1992), so daß an dieser Stelle nur kurz auf zwei interessante Aspekte eingegangen werden soll, nämlich auf die Farbpsychologie und auf die Ästhetikforschung.

Farben spielen bei der Gestaltung unserer Wohnumgebung eine besondere Rolle. Beim Betreten eines Raumes ist es oft die farbliche Gestaltung, welche den ersten Eindruck maßgeblich bestimmt. Aus diesem Grunde beschäftigt sich auch die Architekturpsychologie mit Fragen der Wirkung von farblicher Gestaltung. Christow gibt eine allgemeine Einführung in die Farbpsychologie und beschreibt die psychologischen Wirkungen der Grundfarben und ihre Effekte im architektonischen Raum. Beispielsweise erzeuge orange »eine belebende, heitere, gelöste Atmosphäre ... Die Farbe orange wirkt lichthaft und temperaturmäßig kompensatorisch z. B. in Nordzimmern bzw. Räumen mit weniger Sonneneinstrahlung, möglicherweise auch im Eßbereich, im Kinderzimmer u. a.« (1991, S. 287). Im Bereich der Architekturpsychologie wären weitere empirische Untersuchungen über die Wirkung von farbig gestalteter Umwelt wichtig vor allem wegen des Wandels von Farbvorlieben im Lauf der Zeiten.

Ästhetik, die Lehre vom Schönen, beschäftigt sich mit dem Ziel, die allgemeinen und individuellen Ursachen des Gefallens bzw. Mißfallens zu klären (vgl. Dorsch 1996). Die experimentelle Ästhetik erforscht Fragen der Wohlgefälligkeit von Gegenständen, Raumverhältnissen, Figuren, Farbenzusammenstellungen, Gesetzen der Aufteilung oder der baulichen Raumgrößen. Von architekturpsychologischem Interesse sind vor allem Fragen wie: Wann werden Gebäude als schön und ästhetisch empfunden? Wie genau hängt die Ästhetik von gebauter Umwelt mit Wohnzufriedenheit zusammen? Ist wirklich alles auch gut, was schön ist? – Kiemle (1967) beschreibt, ausgehend von der Informationsästhetik, wichtige Schönheitskriterien für die Bewertung von Gestaltstrukturen und Gebäuden. So dürfe ein Bau von außen nicht zu kahl und informationsarm, sein Aufbau nicht starr determiniert, vorhersehbar oder ableitbar, sondern – in Grenzen – originell sein. Auch Berlyne (1974) beschäftigte sich mit der Frage der Ästhetik. Dem Menschen liege seiner Meinung nach ein Kontrollbedürfnis zugrunde, welches sich in suchendem Erkunden seiner Umwelt zeige. Es sei zunächst am höchsten bei hoher Variabilität, scheinbarer Regellosigkeit, Mehrdeutigkeit und Neuheit von Wahrgenommenem und nähme mit deren Reduktion kontinuierlich ab. Es steige dann mit zunehmendem Umweltaufschluß und wachsender Erkenntnis von (oft nur vermeintlicher) Stabilität, Regelhaftigkeit, Eindeutigkeit und Bekanntheit wieder an, man hat die Umwelt sozusagen wieder wertend im Griff. Das Kontrollbedürfnis zeige also einen u-förmigen Verlauf. Empirische Ergebnisse zeigten jedoch, daß das überaus komplexe Umwelterleben mit dieser reduktionistischen Hypothese nicht vollständig erfaßt werden kann, da, neben der Wahrnehmung der Struktur eines Gegenstandes, auch bisheriges Wissen, kulturelle, soziale und monetäre Werte und schließlich auch ganz individuelle Assoziationen mit in das ästhetische Erleben einfließen (vgl. Schuster 1985). Immerhin fand Westermann (1977) heraus, daß solche Gebäude als schön erlebt werden, die das in Bezug auf ihre Entstehungszeit Höchstmögliche an Ausgewogenheit, Geordnetheit und Plastizität (Reichtum der Modellierung) aufweisen.

Auch in der Entwicklungspsychologie findet man ein zunehmendes Interesse an architekturpsychologischen Themen. Die traditionelle Lehrmeinung, daß zuerst Mutter und Vater, später die ›Peers‹, also gleichaltrige Freunde, den größten Einfluß auf die Entwicklung des Kindes hätten, wird stetig von einer systemischeren Sichtweise, welche auch die Umwelt miteinschließt, abgelöst. Gebaute Umwelt ist der Ort, an dem erste soziale Beziehungen entstehen. Bei sehr vielen Menschen scheinen die ältesten Erinnerungen an Wohneindrücke gebunden zu sein. Häufig vermengen sich dabei menschliche, insbesondere intrafamiliäre Kontakterlebnisse. Für die Sozialisation eines Heranwachsenden spielt die engere und weitere Wohnumgebung eine große Rolle. Die gebaute Umwelt bietet Gelegenheit zur aktiven Auseinandersetzung und ist ein Ort, an dem Lernprozesse in nicht unerheblichem Maße stattfinden. Hier stellt sich die Frage nach der Gestaltung von Lernanreizen zwischen Reizdeprivation und Reizüberflutung. So beeinflußt die Art der Umweltgestaltung, ob diese von den Kindern als monoton oder eher abwechslungsreich erlebt wird, wesentlich die Behinderung oder Förderung von Kreativität (vgl. Schwickerath 1983). Ein für das Kind sehr wichtiger Teil der gebauten Umwelt ist sein Kinderzimmer. Nach Keller zeigt sich, *»daß das Kinderzimmer in deutschen Wohnungen in Abhängigkeit von der sozialen Schicht, dem Alter der Kinder und dem Geschlecht steht. Es kann als von den Eltern gestalteter Sozialisationsraum bezeichnet werden. In diesem Sinne wird darin auch sicherlich ein gesellschaftlich definiertes Kindheitskonzept gespiegelt, das den Alltag der Kinder grundsätzlich von den Erwachsenen trennt. Ausschlaggebend für diese Trennung sind die Wohn- und Lebensbedürfnisse der Erwachsenen«* (1993, S. 126).

Im Hinblick auf die Gestaltung von Kinderzimmern stellt Keller drei entwicklungspsychologische Thesen vor, welche hier in geraffter Form wiedergegeben werden:

1. Rückzug statt Multifunktionalität: Kinder brauchen die Möglichkeit sich zurückzuziehen und Ruhe zu haben. Eine Lösung wäre die Trennung von Kinderschlafzimmer und Kinderspielzimmer.

2. Ästhetische Entwicklung statt ästhetischer Erniedrigung: Ästhetik bedeutet für Kinder Individualität. Eine mögliche Lösung für Kinderzimmer wäre eine feste Grundstruktur, die dennoch Möglichkeiten für die Kinder läßt, kreativ zu sein.

3. Keine Vermischung von Außen und Innen: Die Autorin wendet sich dagegen, das Kinderzimmer als Höhle zu gestalten und mit Klettergerüsten auszustatten, da dies möglicherweise verhindere, daß die Kinder diesen Tätigkeiten im Freien nachgingen.

Eine weitere Frage, welche sich im Hinblick auf die Wechselwirkung von gebauter Umwelt und Entwicklung ergibt, lautet, wie Kindergärten, Kinderhorte, Spielplätze, Schulen, Hochschulen aber auch zum Beispiel Seniorenheime gestaltet werden sollten. Einzelne Studien zu diesem Themenkreis sind vorhanden. So untersuchte Schmittmann (1981) die Vor- und Nachteile von Großraumschulen. Aber auch der schädliche Einfluß der gebauten Umwelt auf Kinder wurde thematisiert. Piperek (1975) stellte fest, daß durch die Wohnumwelt bei Stadtkindern zahlreiche psychische Schäden aufträten. An die Heranwachsenden, die sich in einer Prägungsphase befänden, entstünden durch die negativen Folgen der Großstadt zahlreiche Zivilisationsschäden wie Konzentrationsschwäche, Phantasiemangel, Depression, Angst, neurotische Reaktionen oder Kontaktarmut. Seine Behauptungen stützt er auf Versuche, bei denen er die psychische Reaktion auf Lichtbilder des Großstadtmilieus und des Naturmilieus testete und verschiedene Störfaktoren der gebauten Umwelt ermittelte. Obwohl seine Untersuchung wegen ihres künstlichen Laborcharakters methodisch zu kritisieren ist, zeigt sie doch, daß in der gebauten Umwelt weiter nach Ursachen für psychische Schäden bei Kindern und Jugendlichen gesucht werden sollte. Auch bestätigt eine Untersuchung der Forschungsgesellschaft für Wohnen, Bauen und Planen aufgrund umfangreichen Datenmaterials, daß die Wohnbedingungen der frühen Kindheit einen wesentlichen Einfluß auf die psychische Gesundheit darstellen (Wien o.J.). Diese Tatsache ist wichtig im Hinblick auf die Konzeption von Kindergärten oder Heimen, wo mit Hilfe von architekturpsychologischem Wissen gebaute Strukturen entstehen können, die positive Auswirkungen auf die jeweiligen Nutzergruppen haben. Trotz vieler Ansätze fehlt jedoch eine umfassende, systematische Analyse der Bedeutung der Architektur für die unterschiedlichen Phasen der menschlichen Entwicklung.

Nach einer Untersuchung der Forschungsgesellschaft für Wohnen, Bauen und Planen (1977) beeinflussen die Wohnverhältnisse in erheblichem Maße das Wohlbefinden und damit die psychische Gesundheit. Sie kommt zu dem Ergebnis, daß durch Nichtbeachtung der Wohnbedürfnisse psychische Störungen entstehen. Die Zusammenhänge zwischen Wohnmilieu und dem Auftreten bestimmter Störungsbilder sind jedoch empirisch noch nicht hinreichend geklärt. Die Wohnmedizin beschäftigt sich ebenfalls mit Fragen der Gesunderhaltung und dem Zusammenhang zwischen Krankheit und Architektur (Christow 1991). Wünschenswert wäre eine Zusammenarbeit in interdisziplinären Projekten, um die pathogenen Auslöser der gebauten Umwelt und ihre Auswirkungen genauer zu untersuchen, aber auch den Fragen nachzugehen, ob und wie Architektur therapeutische Wirkungen entfalten könnte.

Welche Persönlichkeitsmerkmale sind bestimmend dafür, wie ein Mensch gerne wohnt und welche Wohnumgebung für ihn die richtige ist? Gibt es bestimmte Persönlichkeiten, die auf bestimmte Wohnbedingungen besonders aversiv reagieren? Was sagen Wohnungen über ihre Nutzer aus? Wie können spezifische Persönlichkeitsmerkmale bei der Planung berücksichtigt werden?

Da das Konstrukt ›Persönlichkeit‹ schwer zu fassen und zu operationalisieren ist, und der Zusammenhang zwischen Persönlichkeit und Architektur bislang kaum untersucht wurde, gibt es noch nicht viele und kaum befriedigende Antworten auf all diese Fragen. Von Piperek stammt der Versuch einer Typologie von Wohnungsnutzern, die jeweils durch ein hervorstechendes Merkmal gekennzeichnet seien. So nennt er den Nützlichkeitstyp, den Ästhetischen, den Geselligen, den Individualisten, den Naturverbundenen, den Repräsentationstyp, den tätigkeitsbezogenen Typ, den mobilen Motoriker, den Sicherungstyp, den Störungsempfindlichen, den konservativen Typ, und den Gesundheitsfanatiker, die alle jeweils unterschiedliche Wohnbedürfnisse hätten. So wolle zum Beispiel der Individualist seine Wohnung möglichst persönlich gestalten und sich darin zurückziehen können, während der Repräsentationstyp die Wohnung als Bühne und als Statussymbol brauche. Obgleich die Möglichkeit, Menschen in konkrete Wohntypen einzuteilen, für die praktische Anwendung einer Architekturpsychologie sehr handlich und ökonomisch wäre, sind solche Überlegungen eher spekulativer Art und entbehren leider jeglicher empirischer Überprüfung.

Innerhalb der räumlichen Umwelt spielt sich vielfach auch das soziale Leben des Menschen ab. Die Planer von gebauten Strukturen müssen sich deshalb der physikalischen Einbettung sozialen Verhaltens besonders bewußt sein. Der Einfluß von Architektur auf menschliche Interaktion wurde im Rahmen vieler Studien nachgewiesen und untersucht. So zeigten schon Festinger et al. (1967), wie die baulichen Strukturen einer Wohnanlage das Entstehen von Freundeskreisen beeinflussen können. Harloff und

Ruff (1993) erforschten das Nachbarschaftsverhalten in Abhängigkeit von der Wohnlage in einer Reihenhaussiedlung. Eine weitere Erörterung des Einflusses der physikalischen Umwelt auf die menschliche Interaktion findet der interessierte Leser bei Forgas (1995).

3.1.3 Anwendungsfelder

Gerade in neuerer Zeit finden sich in der Fachliteratur vermehrt Studien, die sich mit architekturpsychologischen Fragestellungen beschäftigen. Fritsch (1993) nennt allein 50 deutschsprachige Veröffentlichungen, welche sich mit psychologischen Themen der gebauten Umwelt auseinandersetzen. Nach konkreten zukunftsweisenden Anwendungsaufgaben für Psychologen sucht man jedoch noch vergeblich. Meist bleibt es bei vagen Forderungen nach einer vermehrten Einbeziehung von Psychologen in Bauplanungen. Wie das im einzelnen zu geschehen hat, wird jedoch nicht präzisiert. Vielleicht liegt dies daran, daß es den praktisch tätigen Architekturpsychologen als Anbieter von Dienstleistungen noch kaum gibt. Theoriendefizite der Architekturpsychologie (Komplexität der Mensch-Umwelt-Interaktion) und Sachzwänge (monetäre Mittel, komplizierter Bauprozeß) in der Praxis des Architekten hielten die Planer von gebauter Umwelt meistens davon ab, psychologischen Rat mit einzubeziehen.

Im folgenden sollen Möglichkeiten aufgezeigt werden, wie und wo Psychologen im Bereich der gebauten Umwelt tätig werden könnten.

3.1.3.1 Architekturpsychologie in Lehre und Forschung

An den Universitäten und Fachhochschulen werden die zukünftigen Psychologen, Architekten, Städteplaner, Geowissenschaftler und Ingenieure ausgebildet. Leider ist es momentan noch keinesfalls üblich, daß man das Fach Architekturpsychologie in den Vorlesungsverzeichnissen deutscher Hochschulen findet. Wenn ein Bedarf zu identifizieren ist, über die Zitierung in der Fachliteratur hinaus architekturpsychologisches Wissen auch praktisch zu verwenden, so muß schon beim Nachwuchs das Verständnis für den Zusammenhang zwischen Architektur und Psychologie geweckt werden. Ein Architekt, der während seiner Ausbildung die Zusammenhänge zwischen gebauter Umwelt und menschlichem Erleben und Verhalten erkannt hat, wird später in der Praxis wohl eher architekturpsychologischen Rat suchen und annehmen.

Gleichzeitig ist die Lehre ein mögliches Anwendungsfeld für den Architekturpsychologen, der zukünftigen Praktikern sein Wissen im Rahmen von Lehrveranstaltungen vermitteln kann. Bei entsprechender Aufgeschlossenheit von Lehrstuhlinhabern für Angewandte Psychologie an den Universitäten oder den ingenieurwissenschaftlichen Fakultäten auch der Fachhochschulen müßte dies über die Einrichtung von Lehraufträgen machbar sein. Mögliche Inhalte derartiger Veranstaltungen für Psychologiestudierende wären umweltpsychologische und planungstheoretische Themen sowie rechtliche und ökonomische Grundlagen des Bauprozesses. Aber auch praktische projektorientierte Arbeit wäre denkbar. So könnten die Studierenden lernen, Baupläne zu lesen, und im Rahmen von Praxisseminaren kleine empirische Untersuchungen mit anschließenden Architekten- und Bauträgerberatungen durchführen. Architekturstudierende, zukünftige Hochbauingenieure etc. würden durch das Fach Architekturpsychologie einen Einblick in umweltpsychologische Themen, Methoden empirischer Sozialforschung und Spezialthemen wie ›Umwelt als Lernfaktor‹, ›Umwelt als pathogener Faktor‹ bekommen. Architekturstudenten fertigen während ihrer Studienzeit wiederholt Pflichtentwürfe an. Warum sollte es nicht machbar sein, psychologische Komponenten beim Anfertigen dieser Entwürfe mitzuberücksichtigen?

Wünschenswert wäre auch, da bei der praktischen Erarbeitung und Umsetzung architekturpsychologischer Erkenntnisse interdisziplinäre Zusammenarbeit zwischen Psychologen, Architekten, Ingenieuren etc. eine Grundvoraussetzung für erfolgreiches Arbeiten ist, wenn schon während des Studiums Studierende der verschiedensten Disziplinen fachübergreifend zusammenarbeiten würden. Diese Form der Zusammenarbeit würde alle auf die spätere Berufspraxis besser vorbereiten, gegenseitige Vorurteile abbauen und hätte außerdem den Vorteil, daß man – da gemeinsam kompetenter – sogar schon kleinere Auftragsarbeiten durchführen könnte. Dies könnte auch zur Keimzelle für eigene Existenzgründungen der Hochschulabgänger mit einem originellen Dienstleistungsangebot für die verschiedensten Interessenten in der Baubranche werden. Viele mittlere und kleine Firmen, die sich keinen Vollzeitpsychologen leisten können oder wollen, könnten dadurch ihre eigenen Angebote am Markt für ihre Kunden attraktiver gestalten. Als praktizierender Architekturpsychologe will man jedoch sein architekturpsychologisches Know-how verkaufen. Wie bei einem Geschäft funktioniert dies nur, wenn man dem Interessenten und ›Einkäufer‹ die ›Ware‹, in dem Fall das architekturpsychologische Angebot, schmackhaft macht und ihn überzeugen kann, daß durch die Inanspruchnahme architekturpsychologischer Leistungen nachweisbare Vorteile für ihn entstehen. Aus diesem Grunde ist es unerläßlich, daß an Hochschulen und privaten Forschungsinstituten intensiv weiter geforscht wird. Es muß architekturpsychologische Grundlagenforschung betrieben werden, um die interaktive Einheit von Mensch und Umwelt noch genauer zu erfassen und zu erklären. Hierzu gehört auch die Entwicklung von Forschungsmethoden, welche den komplexen Anforderungen architekturpsychologischer Forschung gerecht werden.

In der Klinischen Psychologie werden in jüngster Zeit vermehrt Kosten-Nutzen-Analysen durchgeführt. Durch das Erfassen aller Kostenstellen und den zahlenmäßigen Nachweis von Kostensenkungen kann der monetäre Wert einer Psychotherapie ermittelt werden. Gerade in der Architekturpsychologie wären derartige Studien von enormem Nutzen: Warum stehen völlig neue Wohnanlagen trotz Wohnungsmangels leer? Warum müssen Gebäude nach einigen Jahren komplett renoviert werden? Weil ihre Nutzer achtlos mit ihnen umgegangen sind und vielleicht sogar Gebäudeteile mutwillig beschädigt haben? Könnte man Fehlinvestitionen vermeiden, wenn man bei der Planung derartiger Anlagen auch Psychologen zu Rate ziehen würde?

In der Pruitt-Igoe-Anlage im amerikanischen Pittsburgh, eine Wohnanlage, die von großem architektonischen Reiz war, erwuchsen durch die fehlenden Möglichkeiten zur sozialen Kontaktaufnahme derartige Probleme, daß die gesamte Anlage, mehr als vierzig elfgeschossige Hochhäuser, abgerissen werden mußte (vgl. Yancey 1972; Forgas 1995). Was hätte man sich an Ärger, Geld und anderen Lasten sparen können, wenn man – und das wäre bei einem Projekt dieser Größenordnung wohl finanzierbar gewesen – psychologische Hilfe beim Planungsprozeß miteinbezogen hätte? Leider fehlt es bisher an monetären und personellen Mitteln, um derartige Forschungsprojekte durchzuführen; um so mehr müssen auf diesem Gebiet künftig Praktiker und Theoretiker enger zusammenarbeiten.

Eine Architekturpsychologie, die sich mit Themen der gebauten Umwelt auseinandersetzt, muß schließlich die stetigen sozialen, kulturellen und gesellschaftlichen Veränderungen des Wohnens im Auge behalten. Wohnbedürfnisse ändern sich je nach Werten, Normen und äußerlichen Gegebenheiten einer Gesellschaft. So ist in den letzten Jahrzehnten der Wunsch nach Erwerb von Wohneigentum ungebrochen. Aufgrund der heutigen hohen Scheidungsrate werden aber auch vermehrt zweckmäßige Single-Wohnungen nachgefragt. Ein weiteres Beispiel wäre die immer bessere medizinische Versorgung und die damit verbundene Erhöhung des Lebensalters, die dazu führt, daß immer mehr altengerechte Wohnungen und Seniorenheime benötigt werden. Architektur muß diese veränderten Bedürfnisse berücksichtigen, um nutzergerechten Lebensraum zu bieten. Der psychologischen Forschung stehen zahlreiche sozialwissenschaftliche Methoden zur Verfügung, die nötigen Informationen bereitzustellen; zugleich muß an neuen Verfahren und dem Ausfeilen der vorhandenen gearbeitet werden.

3.1.3.2 *Architekturpsychologische Praxis*

Leider schlagen sich architekturpsychologische Beiträge eher in der Literatur als in der Praxis nieder. Praktisch tätige Architekturpsychologen findet man kaum und wenn, dann dient ihre psychologische Mithilfe oft nur als ›Fassadenkosmetik‹. So wird gelegentlich – nach verfehlter Planung und Ausführung – einem Gebäude ein architekturpsychologisches Alibi verpaßt, indem man es nach farbpsychologischen Grundsätzen anstreichen läßt. Das liegt zum einen sicherlich daran, daß das Berufsbild des Architekturpsychologen noch nicht profiliert genug ist. Durch geschickte Öffentlichkeitsarbeit und gute Selbstdarstellung der Psychologen könnte dieser Mangel sicherlich behoben werden. Architekten würden es begrüßen, wenn die Psychologen einen Leistungskatalog anbieten könnten. Ein solches Dokument, welches Listen aller Größen, Formen und Beziehungen enthielte, die in Gebäuden möglich sind, und am besten gleich daneben stehend die Reaktionen der Nutzer darauf genau nach DIN klassifiziert, wäre sicher ein Wunschtraum für jeden Architekten …

Die Tatsache, daß die Architekturpsychologie im Gegensatz zu den architektonischen Forschungsdisziplinen, die die technische Umwelt mittlerweile recht gut erforscht haben, die Frage der psychischen Wirkung dieser technischen Umwelt noch nicht *umfassend* beantworten kann, sollte nicht dazu führen, daß sich die Architekten weiterhin doch lieber alleine auf ihre Intuition verlassen. Dieses Vorgehen ist nur scheinbar billiger und zeitsparender als psychologische Aspekte in die Bauplanung einzubeziehen.

Welche Ziele sollte der anwendende Architekturpsychologe verfolgen? – Soll er allgemeine architekturpsychologische Regeln in den Bauprozeß einbringen, soll er also planen für den Durch-schnittsnutzer? Die Tatsache, daß der Erbauer eines Gebäudes fast nie auch der Nutzer desselben ist, und im Laufe der Jahre unterschiedliche Bewohner das Gebäude nutzen werden, spricht zwar für diese Planungsmethode. Fuhrer und Kaiser (1993) favo-risieren dagegen die einzelfallorientierte Nutzeranalyse, da die Wohnbedürfnisse sehr individuell sind. Das eine tun und das andere nicht lassen, wäre hier optimal.

Der Planungs- und Bauprozeß gestaltet sich in der Praxis sehr kompliziert. Meist ist es nicht nur ein Architekt, der für einen konkreten Bauherrn etwas entwirft und baut. Vielmehr sind es meist mehrere Auftraggeber (Stadt, Bund, Länder, private Auf-traggeber, ...) und verschiedene Architekturfirmen (Fassadenar-chitektur, Innenarchitektur, Gartenarchitektur, ...) oder Consul-tingfirmen. Weiterhin sind während des Bauprozesses viele gesetzliche Vorgaben und Auflagen zu beachten (Raumordnungs-gesetz, Landesplanungsgesetz, Bundesbaugesetz, Baunutzungs-verordnung, Naturschutzgesetz, Denkmalschutzgesetze und viele andere). Direkt oder indirekt an Bauprozessen Beteiligte wie politische Parteien, Interessenverbände, Medien etc. tragen eben-falls zur Komplizierung des Bauplanungsprozesses bei. Für den Architekturpsychologen stellen sich die Fragen, wann, wo und wie er sich in den Bauprozeß einklinken kann und wer als sein Auf-traggeber fungiert: der Bauträger selbst oder die planenden Con-sulting- und Architekturfirmen? Ein Architekturpsychologe steht also vor einer Fülle von Fragen und Problemen teils theoretischer, methodischer, teils aber auch wirtschaftlicher und politischer Art.

Die folgenden Vorschläge und Beispiele sollen Denkanstöße geben, wie man die interessante und wichtige Thematik der Archi-tekturpsychologie in der Berufspraxis stärker etablieren könnte:

Der Bauprozess setzt sich aus verschiedenen zeitlich aufein-anderfolgenden Phasen zusammen, welche dem Psychologen ver-schiedene Möglichkeiten zur Bereitstellung psychologischer Pla-nungshilfen geben. Geisler (1981) hat den Phasenverlauf des Bauprozesses beschrieben, der hier etwas vereinfacht wiederge-geben wird. Dabei werden zusätzlich Möglichkeiten angegeben, die im Rahmen dieses Prozesses in den Zuständigkeitsbereich eines Architekturpsychologen fallen können.

A. Entstehungsphase: Damit überhaupt ein Bauprozess eingelei-tet werden kann, müssen zuallererst Zustände und Probleme der Umwelt erkannt und formuliert werden, welche einer Verände-rung bedürfen. Bewohner eines Stadtteils erkennen beispielsweise, daß die Kinder und Jugendlichen keine Möglichkeiten haben, ihre Nachmittage sinnvoll zu verbringen. Deshalb bildet sich eine Bürgerinitiative, die neue Aufenthaltsmöglichkeiten für Kinder und Jugendliche fordert. Nun entstehen die ersten konkreten Schritte: Die ausformulierten Probleme (fehlender Raum für Jugendliche) werden an jene Institutionen weitergegeben, die als mögliche Bauträger in Betracht kommen. Bei öffentlichem Interesse übernimmt die Stadt sehr häufig die Funktion des Bauträgers. Sollte nun der Stadtrat beschließen, ein neues Jugendheim zu bauen, dann wird der jeweilige Referent für Stadtbauplanung das Bauvorhaben ausschreiben und ein oder mehrere Architekturbüros für die Bauplanung beauftragen. In dieser Phase kann der Architekturpsychologe helfen, die Problemstellungen, welche durch das Bauvorhaben gelöst werden sollen, zu beschreiben, zu präzisieren und zu ergänzen. Dies kann beispielsweise durch Befragungen und Interviews mit den Personen, die die Problematik offengelegt haben oder die von der Problematik betroffen sind, erfolgen. In unserem Beispiel wären das die Bewohner des Stadtteils, die Bürgerinitiative und die Jugendlichen selbst. Diese Befragungen können eine Hilfe sein, die Bedürfnisse, Wünsche und Sorgen der einzelnen Personengruppen zu erfassen, um bei der späteren Planung des Bauvorhabens darauf reagieren zu können.

B. Planungsphase: In der Planungsphase eines Gebäudes werden zuerst die spätere geplante Nutzung und die zugehörigen Nutzer definiert und die Ziele des in der Planung befindlichen Gebäudes bestimmt. Nach der Gewichtung dieser Ziele erfolgt die Aufstellung eines Zielkatalogs für die eigentliche Bauplanung und gleichzeitig wird deren Realisierung überprüft. Gerade hierbei müssen verschiedenste Rahmenbedingungen miteinbezogen werden, wie z. B. die erwähnten vielfältigen und komplizierten Gesetze, die beim Bau relevant sind. Nach der genauen Planerstellung erfolgt die Übertragung in einen Werkplan, der für die bauausführenden Instanzen genaue Handlungsanweisungen beinhaltet. In der Planungsphase finden sich für den Psychologen diverse Arbeitsmöglichkeiten: Der Architekturpsychologe hat die Aufgabe, die Findung, Strukturierung, Gewichtung und Synthese der einzelnen baulichen Ziele transparent zu machen. Hierzu muß er eine Analyse der Nutzeranforderungen aufstellen und die nutzungsspezifischen Handlungen erfassen. Um die Bedürfnisse und Anforderungen der Nutzer zu analysieren, muß der Architekturpsychologe zuerst die aktuellen Handlungen kennenlernen, indem er durch empirisches Vorgehen tatsächlich ablaufende Handlungsmuster in Gebäuden, die dem geplanten Gebäude weitgehend gleichen, untersucht. Dies kann durch Beobachtungsverfahren, Verhaltenskartierung oder Befragungen geschehen. Aufgabe des Architekturpsychologen ist es nicht nur, vorhandene Nutzungsstrukturen von Gebäuden empirisch zu erfassen. Um mögliche Ziele eines Bauvorhabens zu klären und zu strukturieren, sollten auch potentielle Handlungen erfaßt werden. Über die aktuelle Nutzung von Gebäuden Bescheid zu wissen, die dem aktuellen Bauvorhaben ähnlich sind, ist zu wenig, da die konkreten Wünsche, Bedürfnisse und Vorstellungen der Nutzer des zu planenden Gebäudes keineswegs schon deswegen als berücksichtigt gelten können, weil die dortigen Nutzer weitgehend zufrieden sind. Der Psychologe hat die Aufgabe, die Bedürfnisse der vorgesehenen Nutzer zu ergründen und während des Planungsprozesses zu vertreten. Wie das geschehen kann, davon soll etwas später die Rede sein.

C. Ausführungsphase: Nach der Planungsphase wird der eigentliche Bauablauf geplant und durchgeführt, es handelt sich also um die Phase des konkreten Bauens. Während dieser Zeit hat ein Psychologe die Möglichkeit, arbeits-, betriebs- und organisationspsychologische Kenntnisse einzubringen. Fragen der Arbeitszufriedenheit und der Unfallverhütung spielen hier eine wichtige Rolle.

D. Evaluation: Hierunter fallen alle Prüfungs- und Wertungsvorgänge, die das fertiggestellte Gebäude im Hinblick auf die Erreichung der Planungsziele betreffen und deren Ergebnisse in Form von expliziten Erfahrungen die Grundlagen neuer Planungen bilden.

Kriterien für eine Evaluation von Gebäuden können zum einen der Grad der Zielerreichung, gemessen am Gesamtziel und/oder an Einzelplanungszielen, vor allen Dingen aber der Grad der Zufriedenheit der eigentlichen Nutzer sein. Es muß also überprüft werden, ob ein neu gebautes Jugendheim den Jugendlichen den erforderlichen Freizeitraum auch wirklich bietet. Dazu müssen vor allen anderen die Nutzer, in diesem Beispiel also die Jugendlichen selbst, befragt werden wie schon zuvor bei der Bedarfsermittlung in der Entstehungsphase. Die Evaluation, welche für den Architekturpsychologen aufgrund seiner methodischen Kenntnisse ein fruchtbares Betätigungsfeld bieten könnte, findet man in der Baupraxis selten, da, sobald ein Projekt im Rohbau steht, das zuständige Planungsteam bereits an neuen Aufträgen arbeitet. Die Planer und Erbauer bekommen so in den seltensten Fällen die späteren Nutzer der Gebäude zu Gesicht. Auch fehlt es meistens an den finanziellen Mitteln angesichts der Tatsache, daß die veranschlagten Kosten eines Bauvorhabens den gegebenen Rahmen fast immer übersteigen. Dabei brächte die anschließende Auswertung von Bauvorhaben wertvolle Hinweise, ob die angestrebten Planungsziele auch tatsächlich verwirklicht worden sind. So gehen Erkenntnisse verloren, die für spätere Bauvorhaben von Nutzen hätten sein können.

Die erfolgreiche und lohnende Mitarbeit eines Psychologen während des Bauprozesses ist nur gewährleistet, wenn seine Hilfe zum frühstmöglichen Zeitpunkt in Anspruch genommen wird. Oftmals wird bei Schwierigkeiten während der eigentlichen Ausführungsphase, vor allem wenn Planungsfehler erkennbar werden, der Ruf nach einem Psychologen laut. Nach Ablauf der gesamten Planung ist es aber sehr schwierig, wenn nicht unmöglich, ohne erheblichen Mehraufwand an Zeit und Geld, diese Mängel zu beheben. Oft wird dann lediglich auf die schon erwähnte psychologische ›Fassadenkosmetik‹ zurückgegriffen.

Geisler (1981) beschreibt die architekturpsychologische Arbeitsweise während des Bauprozesses am Beispiel der Planung eines Heimes für Nichtseßhafte. Es ging hierbei um die Erweiterung eines bereits vorhandenen Heimes, in welchem auf die Resozialisierung der Bewohner großer Wert gelegt wird. Die Präzisierung der Bauaufgabe erfolgte durch Einzel- und Gruppengespräche mit den bisherigen Nutzern, die Wünsche wie die Möglichkeit zum Aufbau sozialer Beziehungen, zu mehr Eigenverantwortung, zu Außenkontakten und der Länge der Verweildauer zutage förderten. Die nachfolgende Analyse der Nutzerstruktur ermittelte lebensgeschichtliche Daten und erfaßte die derzeitigen Probleme im Heim sowie die darin ablaufenden Interaktionsmuster. Diese Daten wurden dem Architekten mitgeteilt. Durch eine Beurteilung, welche die Nichtseßhaften von speziell angefertigten Grundrissen aus Holz und passenden Puppenmöbeln abgaben, die mehrere Einrichtungsalternativen des späteren Heimes zuließen, konnten sinnvolle Gestaltungsvorschläge für die architektonische Planung gewonnen werden. Geisler betont, daß die kooperative Zusammenarbeit zwischen allen an der Planung Beteiligten, die kombinierte Anwendung von empirischer und partizipatorischer Vorgehensweise und schließlich der glückliche Umstand, daß der Psychologe sehr frühzeitig einbezogen wurde, maßgeblich das Gelingen dieses Projektes bewirkt hätten.

Für den Psychologen, der im Bereich der Architektur arbeitet, bieten sich in den verschiedensten Gebieten Möglichkeiten zur Mitgestaltung von gebauter Umwelt. Angesichts der »Unwirtlichkeit unserer Städte« (Mitscherlich 1972) wäre psychologische Mithilfe auf dem Gebiet des Städtebaus und der Städteentwicklung sehr wichtig. Aufgabenbereiche wären hier z. B. die Mithilfe bei der Planung und Gestaltung von Einrichtungen zur Verbesserung der physischen, psychischen und geistigen Lebensqualität (Sportmöglichkeiten, Volkshochschulen, Parkanlagen u.v.m.).

Ein weiteres Problem der Städte, nämlich die Verlagerung der Vitalität in die Außenbezirke, mit der Folge, daß Innenstadtbereiche, in denen nur noch Geschäfte und Bürobauten stehen, nach Laden- und Büroschluß wie ausgestorben sind, erfordert ebenfalls eine interdisziplinäre Zusammenarbeit. Die Revitalisierung der Innenstädte durch Schaffung attraktiver Wohn- und Freizeitangebote und die Anbindung von Neubaugebieten an bestehende Stadtstrukturen wären mögliche Ziele, bei denen Psychologen sicherlich auch ihre Kenntnisse einbringen könnten.

Gerade in letzter Zeit wird in den Medien vermehrt über negative Auswirkungen sozialer, kultureller und ethnischer Unterschiede in den Großstädten berichtet. Für den Architekturpsychologen wäre die Minderung dieser Diskrepanzen durch Mithilfe bei der Planung geeigneter architektonischer Strukturen ein weiterer lohnender Aufgabenbereich.

Die Planung von ländlichen Regionen, bei der aufgrund von zahlreichen Problemen wie Landflucht, Verlust der sozialen und kulturellen Identität die Mithilfe von Psychologen ebenfalls wichtig wäre, soll hier nur angedeutet sein.

Auch der Freizeit- und Erholungssektor könnte zum Anwendungsfeld für den Architekturpsychologen werden. Billion setzte sich schon 1981 mit der Planung bedarfsgerechter Freizeitangebote im Naherholungsbereich und damit verbundenen Aufgaben für Architekturpsychologen auseinander. Neben den fachlichen Aufgaben der Erhebung der Bedürfnisse, Motive, Interessen, der Nachfrage sowie der jeweiligen Defizite und Angebotslücken auf dem Gebiet der Freizeitangebote, müssen sie die freizeitpolitischen Zielsetzungen der Kommunen beachten. Nur bei einer wechselseitigen Rückkoppelung zwischen Politik, Wissenschaft und Planungspraxis sowie jeweiliger Transferleistungen ist eine Umsetzung der in den verschiedenen Bereichen entwickelten Grundlagen und Zielvorstellungen im Interesse der erholungssuchenden Bevölkerung zu gewährleisten (S. 598). Die Verlagerung der Erholungsangebote in den ländlichen Raum ist jedoch immer dann problematisch, wenn es hierbei zum Verlust ländlicher Identität und zu einer zusätzlichen Umweltbelastung durch Autofahrten in die Erholungsgebiete kommt.

Eine weitere große Herausforderung für den Psychologen ist die Mithilfe bei der Planung von bedarfsgerechter Architektur für bestimmte Bevölkerungsgruppen. Hierunter fällt die Gestaltung von Gebäuden für Kinder, Schüler, Senioren, Behinderte, aber auch die Gestaltung von Wohn- und Handlungsmöglichkeiten für bestimmte soziale Gruppen, ausländische Mitbürger oder religiöse Gemeinschaften. Dabei ist wichtig, daß die jeweiligen Bauten in ihrer Funktion und Gestaltung an die differenzierten Bedürfnisse ihrer Nutzer angepaßt werden, andererseits aber auch mehrfach nutzbar sein sollten, besonders wenn davon ausgegangen werden muß, daß die Nutzer der Gebäude wechseln. Viele dieser Projekte sind von großem kommunalpolitischen Interesse. Dabei kann es nun geschehen, daß unterschiedliche Interessengruppen auch emotional reagieren, z. B. Nutzer, Bürgerintiativen oder Verbände. Hierbei läuft psychologische Hilfe Gefahr, zwischen diese Interessen der beteiligten Institutionen und Gruppierungen zu geraten. Linneweber beklagt, daß Bürgerbeteiligung und Nutzerbefragung in der Regel erst zu einem Zeitpunkt realisiert würden, wenn bereits konkrete Planungen vorhanden sind und beispielsweise nur noch unter bestimmten Alternativen ausgewählt werden kann. Er stellt fest, daß die »User needs analysis« (UNA) meist von *dem* Planungsbüro durchgeführt würde, welches für das Bauvorhaben verantwortlich sei. Es ginge diesem nicht darum, »Mängel, Defizite, störende Bedingungen etc. aus Sicht der Betroffenen zu erfassen, um daraus Kriterien für die Planung abzuleiten (was ja dem, was unter UNA verstanden wird, entspräche). Vielmehr findet in der Regel lediglich eine Veröffentlichung von Änderungsabsichten und eine oberflächliche Erfassung der Einstellung von Betroffenen statt« (1993, S. 77). Hier stellt sich die Frage nach den Gründen für diese Geringschätzung der Nutzer- bzw. Bürgerbeteiligung als einer bloßen Alibifunktion. Nutzerbeteiligungen wurden bislang kontrovers diskutiert. Einerseits werden die Vorteile der Informationsgewinnung durchaus gesehen, andererseits werden die von Nutzern geäußerten Wünsche und Vorstellungen oft als klischeebeladen und zu wenig fachlich nicht ernst genommen. Da architektonische und städtebauliche Problemstellungen sehr komplex sind, müßten die Architekten und Psychologen zusammen dem Nutzer dazu verhelfen, Einsicht in die umfassenden baulichen Fragestellungen zu bekommen, um Bauprojekte zutreffend bewerten zu können. Dies könnte einmal durch die theoretische und methodische Entwicklung neuer Partizipationsformen geschehen, welche eine möglichst exakte Erhebung von Nutzerwünschen, -wissen, -verhalten und -erleben ermöglichen. Gleichzeitig wäre eine ›Emanzipation‹ der Nutzer durch Vermittlung von Wissen um bauliche Voraussetzungen nötig. Ziel der Nutzerpartizipation soll keineswegs eine anarchistische Architektur sein, in der der planende Architekt überflüssig wäre, da die jeweiligen Nutzer ihr Gebäude nach eigenen Wünschen und Vorstellungen kreieren. Planungsexperten sind durch ihr theoretisches und praktisch erworbenes Wissen bei der Gestaltung und Umgestaltung von baulicher Umwelt unverzichtbar. Allerdings bringt der Nutzer ebenso unverzichtbare Informationen ein, so daß durch eine Integration der Kompetenzen von Planern und Nutzern die Planung und Verwirklichung von gebauter Umwelt wesentlich verbessert werden könnte.

3.1.4 Fazit

Zusammenfassend läßt sich sagen, daß trotz aller noch bestehenden Unzulänglichkeiten die Psychologie hinsichtlich der Verwirklichung einer nutzergerechten Umwelt durchaus sinnvolle und realisierbare Konzepte und Ideen aufzuweisen hat. Angesichts der vielfältigen und schwierigen Probleme architekturpsychologischer Theoriebildung und Methodik einerseits und der Planungspraxis andererseits, ist unbedingt ein konsequentes interdisziplinäres Miteinander anzustreben. Besonders fruchtbar könnte sich die Kooperation – außer mit Architekten – mit Vertretern der Wohnmedizin, der Sozialpädagogik und des Umweltschutzes erweisen, denn diese verfolgen ähnliche Ziele, wenn sie eine menschengerechte, gesunde und umweltverträgliche Architektur einfordern. Um als praktizierender Architekturpsychologe erfolgreich tätig sein zu können, ist es unabdinglich, die eigenen Kompetenzen engagiert und selbstbewußt dem Arbeitsmarkt, der Fachöffentlichkeit und der allgemeinen Öffentlichkeit darzustellen, damit auf Seiten der Planungsträger Impulse hinsichtlich einer für beide Seiten befriedigenden Zusammenarbeit ausgelöst werden! – So bleibt es zu hoffen …

3.2 Psychologie des Geldes
(unter Mitwirkung von Claudia Meyer und Petra Schubert)

3.2.1 »IG Metall erhöht den Druck«

»Geld regiert die Welt«, »Wer das Geld hat, hat die Macht«, »Geld allein macht nicht glücklich«. Solche und viele ähnliche Sprüche aus dem Volksmund ranken sich um das Thema »Geld«. Begriffe wie »Macht« und »Glück« geben deutliche Hinweise auf die psychologischen Perspektiven, die hier angesprochen sind. »Reich werden« ist seit der Öffnung für Wirtschaftsreformen durch Deng Xiaoping zum Motto eines 1,3 Milliardenvolkes in der Volksrepublik China geworden. »IG Metall erhöht den Druck«, »Neue Steuerpläne der Bundesregierung«, »Was bringt uns der EURO?«, »Neues Loch in der Staatskasse«. Es gelingt offenbar nur aktuellen Katastrophen, kurzfristig das Thema Geld von den Titelseiten der Tagespresse zu verdrängen.

Geldströme sind der Blutkreislauf der Weltwirtschaft. Geld als Zahlungsmittel für alle Arten von Produkten und Dienstleistungen ist ebenso ein zentraler Gegenstand der Staatshaushalte bis zur privaten Haushaltskasse und dem Geldbeutel jedes einzelnen. Wir leben täglich mit dem Geld, – oft auch ohne, was die Thematik allerdings nicht entschärft! Kürzlich brachte der Vorstand einer Bank die Bedeutung des Geldes mit der sicher etwas überspitzten Bemerkung auf den Punkt, als er sagte: »Leute, die kein Geld haben, denken immer ans Geld; Leute, die viel Geld haben, denken nur noch ans Geld!« Wie auch immer, jeder, der über sein eigenes Verhältnis zum Geld und seinem Umgang damit nachdenkt, wird feststellen, welche große Bedeutung es für sein tägliches Erleben und Verhalten nicht nur als Konsument, der kauft, genießt, sich ärgert oder andere der Gaunerei bezichtigt, sondern auch für seine Position in seinem sozialen Umfeld hat, wo er ob seines Besitzes mehr oder weniger geachtet, hofiert oder beneidet wird.

Nachdem sich die psychologische Forschung und die psychologischen Anwender in so viele Bereiche des Lebensalltags von Menschen eingeklinkt haben, ist es nicht nur erstaunlich, sondern geradezu unbegreiflich, welch verbreitete Scheu und Zurückhaltung gerade dem Thema des Umgangs mit eigenem und anderer Leute Geld gegenüber herrscht. Raab weist darauf hin, daß sich der Schwerpunkt der gegenwärtigen wissenschaftlichen Arbeiten auf die wirtschaftlichen und technologischen Fragen konzentriert.

Deren Ergebnisse werden für den Verbraucher zum Beispiel sichtbar auf dem Gebiet moderner Bankenprodukte, wie Kreditkarten, Elektronischer Geldbörse, Direct Banking, Home Banking oder der Maßnahmen zur Einführung des EURO (1997, S. 320). Fragen der Einstellung zum Geld, des Einkommens und des Umgangs damit, der Verschuldung, des Datenschutzes, des Kontrollverlusts im Umgang mit Geld, der Verhaltensstrategie bei der Geldanlage und viele andere finden kaum Beachtung. Gründe für die Vernachlässigung dieser Thematik sieht Raab darin, daß die Wirtschaftswissenschaften, die sich schon lange intensiv mit den Fragen des Umgangs mit Geld befassen, ihre Modellvorstellungen häufig ohne oder nur oberflächige Berücksichtigung psychologischer Theorien entwickelt haben. Auch die von dem Ökonomen Günter Schmölders begründete Geld- und Finanzpsychologie (1968, 1969, 1975, 1976) hat weder in der Wirtschaftswissenschaft noch in der Psychologie von ihrer Substanz her Beachtung gefunden. Obwohl Schmölders Veröffentlichungen häufig zitiert werden, muß er für unser Thema erst wiederentdeckt werden. Auch seitens der Institutionen des Geldmarktes und besonders seitens der Banken ist erst keimhaft Interesse an der psychologischen Aufarbeitung dieses Themas zu verspüren.

In der populärwissenschaftlichen Literatur ist das Thema Geld dagegen nicht tabu. Viele Bücher beschäftigen sich damit, einen »guten« Umgang mit Geld zu lehren oder zu empfehlen, wie man es vermehren und genießen kann.

Immer mehr Menschen verschulden sich, weil sie ihre Einkünfte falsch einschätzen, weil ihnen scheinbare »Zahlungserleichterungen« angeboten werden oder weil sie unter einem Kaufzwang, also einer neurotischen Verhaltensstörung leiden. Für viele ist der vernünftige Umgang mit Geld ein Problem. Geld ist einer der häufigsten Streitpunkte innerhalb von Partnerschaft und Familie. Clevere Zeitgenossen, darunter viel zu selten ausgebildete Psychologen, bieten spezielle Trainingskurse zum Umgang mit Geld an. Ein Bedarf hierfür ist zum Beispiel bei Wohlfahrtsverbänden und Verbraucherorganisationen zu erkennen, die mit Fachkräften besetzte Schuldnerberatungsdienste anbieten.

3.2.2 Theoretische Ansätze

3.2.2.1 Psychoanalytische Interpretationen

Die psychoanalytischen Theorien gehören zu den »klassischen« Erklärungsversuchen des Phänomens Geld. Sigmund Freud verwies in seiner Schrift »Charakter und Analerotik« (1908) erstmals auf den Zusammenhang zwischen übertriebener Sparsamkeit und der Lust am Zurückhalten des Darminhaltes. Er stellte damit den Umgang mit den Ausscheidungen in direkten Bezug zu dem Umgang mit Geld. Kernpunkt der psychoanalytischen Lehre von der »Analität des Geldes« ist die Aussage, das Kind sehe seine Fäkalien bzw. Ausscheidungen als seine ersten selbständigen Produkte, als einen ersten Besitz an. In der analen Phase der psychosexuellen Entwicklung seien After und Blasenausgang erogene Zonen der frühkindlichen Erotik. Das Zurückhalten des Darminhaltes verursache dem Kind Lust. Es entdecke seine Macht über die Umwelt, zum Beispiel über seine Mutter, wenn es Ausscheidungen verweigere. Das Kind erfahre, selbst etwas produzieren zu können, und diesen »Besitz« könne es entweder abgeben (aufs »Töpfchen« gehen) oder auch behalten. Auf Grund einer Tabuisierung oder einer übertriebenen Reinlichkeitsdressur könne es zur Regression auf diese Stufe kommen. Das bedeute, die früher erlebte analerotische Lust am Zurückhalten des Darminhaltes könne im Erwachsenenleben als neurotische Sparsamkeit, Geiz, Neid oder übertriebene Ordentlichkeit und Sauberkeit wiederkehren. Freud verweist als Beleg für seine Thesen auf alte Kulturen, Märchen und Mythen, in denen Geld stets in innigste Verbindung mit Dreck und Exkrementen gebracht worden ist. Er nennt zum Beispiel den »Dukatenscheißer« oder die »Gans, die goldene Eier legt«. Gemäß der altbabylonischen Lehre bedeute Gold »Kot der Hölle«. Der Zusammenhang zwischen Geld und Dreck läßt sich auch in Redewendungen wie »stinkreich« oder »dreckiger Geizhals« wiederfinden. Freuds Theorie ist wissenschaftshistorisch interessant, heute zumindest in der empirischen Forschung aber ohne praktische Relevanz.

Die psychoanalytische Theorie des »Gefühlsbedingten Gebrauchs von Geld« von Kaufmann (1956, zit. nach Bornemann 1973) geht davon aus, daß der Umgang mit Geld und finanzielle Transaktionen eng mit allen anderen Lebensvollzügen verknüpft sind und stark das bewußte und unbewußte Verhalten, die Gefühle, Empfindungen, Wünsche, die Interaktionen in der Familie und den Umgang mit den Mitmenschen beeinflussen. Kaufmann betont, der unvernünftige Gebrauch des Geldes, unabhängig vom tatsächlichen Einkommen, sei eine der häufigsten psychogenen Krankheiten der Zeit (»Geldkrankheit«). Der bewußte Umgang mit Geld begänne ab dem fünften Lebensjahr. Zuvor besäßen Kinder nur eine ungenaue Vorstellung über Geld, dem sie magische Kräfte zusprächen, da man mit Geld begehrte Dinge »hervorzaubern« könne. Ab fünf Jahren begännen Kinder eigene, gefühlsmäßige Reaktionen dem Symbolgehalt des Geldes gegenüber zu entwickeln, die für ihren späteren Umgang damit sehr prägend würden. Sie erhalten Taschengeld und werden manchmal mit Geld belohnt. So würde oft ein Zusammenhang von Geld und Liebe erfahren, Geld als Symbol für Zärtlichkeit aufgefaßt, der sich im späteren Leben problematisch bemerkbar machen kann, etwa in der Auffassung, »Für Geld kann man alles kaufen«, also auch Liebe und Zuneigung. Kindern würde dann zunehmend die Ambivalenz des Geldes bewußt. Einerseits sei es schön, es zu besitzen, aber es für schöne Dinge auszugeben, sei genauso reizvoll. Sie lernten auch, daß ihre eigenen Eltern nicht unbegrenzt Geld haben oder weniger als die anderer Kinder. Die Ängste und unbewussten Befürchtungen der Eltern bezüglich des Geldes würden ebenso auf die Kinder übertragen.

Im folgenden zählt Kaufmann eine Reihe von Beispielen für den gefühlsbedingten Gebrauch des Geldes auf. So unterscheidet er zum Beispiel den emotional ausgeglichenen Gebrauch des Geldes vom zwanghaften Nicht-Ausgeben. Unter emotional ausgeglichenem Gebrauch des Geldes versteht er bei jedweder Einkommensstufe ein realitätsangepasstes Planen hinsichtlich kurz- oder langfristiger Geldausgaben.

Als Idealvorstellung schwebt ihm eine Person vor, die so angenehm wie möglich leben will, aber gleichzeitig für Ersparnisse und Absicherungen sorgt. Weder wird spekuliert, noch Geld gehortet oder in Panikstimmung verschwendet. Die Kindheit der Menschen, denen ein derartiger Umgang mit Geld gelinge, zeichne sich durch ein gutes Eltern-Kind-Verhältnis aus. Geld sei kein Tabu in der Familie gewesen und es hätte auch keine Spannungen wegen oder Befürchtungen über das verfügbare Geld gegeben.

Bei zwanghaftem Nicht-Ausgeben des Geldes sei das Ausgeben, unabhängig vom tatsächlichen Einkommen, aufgrund großer Furcht vor wirtschaftlicher Ungewißheit gehemmt. Ohne einen benennbaren Grund werde minimal ausgegeben und maximal gespart. Diese Menschen seien oft kleinlich, »Pfennigfuchser« und hätten Ängste, andere könnten ihnen ihr Geld nehmen. In ihrer Kindheit fehlte Liebe und Zuwendung. Es sei viel gestraft und mit

Geld belohnt worden. Geld sei so zum Symbol für Liebe und Zärtlichkeit geraten, emotionale Sicherheit dagegen sei entbehrt worden. Diese Menschen würden oft Opfer von Kapitalanlagebetrügern, die die einzige ihnen geläufige Art von »Liebe« versprächen: schnelle Traumrenditen bei vergleichsweise niedrigem Kapitaleinsatz.

3.2.2.2 Lerntheoretische Perspektiven

Aus lerntheoretischer Sicht wird Geld als potentieller Verstärker betrachtet. Zunächst kann es als sekundärer, also gelernter Verstärker, gesehen werden. Sekundär deshalb, weil ein Bedürfnis nach Geld ein abgeleitetes Motiv ist und nicht direkt an physiologische Gegebenheiten anknüpft. Das Geld ist jedoch auch ein generalisierter Verstärker, weil mit ihm die primären Bedürfnisse (z.B. Hunger, Schutz vor Kälte, soziale Sicherheit) abgedeckt werden können. Auch sekundäre Bedürfnisse (wie Macht, Erfolg, Anerkennung) werden mit Hilfe des Geldes befriedigt. Komplimente für ein schickes Kleid oder die Bewunderung einer neuen Stereoanlage sind Beispiele für positive soziale Verstärker.

Der Besitz von Geld kann den Handlungsspielraum erweitern, indem man unabhängiger von der Einflußnahme anderer Menschen wird. Die Verfügung über Geld macht aber auch die Umwelt kontrollierbarer und steuerbarer. Nach Wiswede (1991) kann die lerntheoretische Sicht, verbunden mit einer kontrolltheoretischen Perspektive, erklären, warum Geld einen besonderen Anreiz darstellt. Geld wird daher um so höher geschätzt, je früher der Erwerb und das Behalten von Geld in Kindheit und Jugend verstärkt wurde. In diesem Zusammenhang kann es jedoch auch zu sogenannten Sättigungs- und Expansionseffekten kommen. Sättigungseffekte sind dann möglich, wenn ein Individuum erfahren hat, daß nur bestimmte Verstärker über das Medium Geld zugänglich sind, andere dagegen ausgeschlossen bleiben (z.B. Freundlichkeit, Liebe, Respekt). Mit »Expansion« bezeichnet man den Versuch, seinen Erfolg an der Meßlatte »Geld« und »Einkommen« einzustufen und sich so mit anderen Menschen zu vergleichen. Darüber hinaus ist es denkbar, daß das Geld jenseits jeder Instrumentalität zum eigenständigen »intrinsischen« Motiv wird; in der Sprache der Lerntheorie hieße das: Geld wirkt selbstverstärkend. Daraus folgt, daß der Verlust und die Hergabe von Geld als unangenehmer aversiver Stimulus empfunden werden kann. Außerdem kommt es darauf an, wie das Geld erworben wurde. Hypothese: Mühevoll erworbenes Ein-

kommen steigert die Konsumresistenz und fördert die Sparnei-
gung; leicht verdientes oder geerbtes Geld wird dagegen leichter
ausgegeben.

Der Umgang mit Geld kann auch nach einem anderen Prinzip
gelernt werden, das unter der Bezeichnung »Lernen am Modell«
in der Psychologie empirisch gut abgesichert ist (vgl. Bandura
1976). Lernen im Sinne von Verhaltensänderung, aber auch der
Neuerwerb von Verhaltensweisen, geschieht meistens durch das
Beobachten des fraglichen Verhaltens bei anderen. Ob jemand
zum »Modell« (früher »Vorbild«) wird, von dem man sich etwas
abschaut, hängt von einer Reihe von Bedingungen ab: Das Modell
muß mit seinem Verhalten Erfolg haben; das Modellverhalten
muß für den Beobachter durchführbar sein, das heißt, er muß
über die erforderlichen körperlichen und geistigen Fähigkeiten
verfügen; das Modell muß zwar nicht, sollte aber für den Beobachter sympathisch sein; es ist günstig, wenn es von ihm selbst
nicht allzusehr verschieden erlebt wird (obgleich man auch von
negativ bewerteten Modellen lernen kann, wie man z.B. etwas auf
keinen Fall tun will); je mehr Ansehen oder Autorität das Modell
in seiner sozialen Umgebung genießt, desto eher werden seine
Verhaltensweisen übernommen (vgl. Bandura 1976).

Modelle haben für den Beobachter Informationsfunktion, in
unserem Fall Informationen über den Umgang mit Geld in den
verschiedenen Lebenssituationen. Die Informationsverarbeitung
geschieht in vier Unterprozessen: Erstens muß der Beobachter
dem Modell seine Aufmerksamkeit schenken; zweitens ist es über
die Speicherung im Gedächtnis möglich, die beobachteten Verhaltensweisen nicht gleich in eigenes Verhalten umzusetzen; drittens
braucht der Beobachter die Fähigkeiten, um das beobachtete Verhalten mehr oder weniger nachvollziehen zu können; viertens ist,
um das Beobachtete im eigenen Verhalten zu zeigen, eine entsprechende Motivation erforderlich.

Leider wissen wir im Alltagsleben nicht immer, wer für wen
Modellfunktion hat, weil dies immer der entscheidet, der das Verhalten anderer beobachtet und daraus seine Lehren für sich zieht.

3.2.2.3 Konsistenztheoretische Deutung

Die Konsistenztheorien gehen davon aus, daß ein Individuum
bemüht ist, seine ihm wichtigen Kognitionen (Gedanken, Vorstellungen, Meinungen, Wissen, Bedürfnisse etc.) so zu gestalten, daß
sie sich in einem Gleichgewicht befinden. Ist dieses Gleichgewicht
gestört, spricht man von Dissonanz, die das Individuum in der

Regel schnell wieder beseitigen will. Ein Beispiel: Jemand kauft sich einen Computer und stellt fest, daß sein Freund den Kauf gerade dieser Marke nicht verstehen kann, weil er sie für schlecht hält, – es entsteht beim Käufer Dissonanz. Hier besteht das Ungleichgewicht zwischen den Kognitionen, die den Computer positiv bewerteten und zum Kauf geführt haben, und den Kognitionen, die besagen, daß der Freund nicht von der Leistung des Computers überzeugt ist. Um die Dissonanz zu reduzieren, gibt es mehrere Möglichkeiten. Bezogen auf dieses Beispiel könnte der Käufer den Computer umtauschen, die Kompetenz seines Freundes bezweifeln oder mit Menschen sprechen, die das gleiche Gerät besitzen und gute Erfahrungen damit sammeln konnten (vgl. Feemers 1992).

3.2.2.4 Defizite psychologischer Theoriebildung

Neben den bisher genannten Theorien gibt es weitere Erklärungsansätze zum Umgang mit Geld, die aber nur als »Kleintheorien«, »Einzelhypothesen«, oder Ansätze zu verschiedenen Teilthemen und -aspekten gelten können. Sie stehen weitgehend unverbunden nebeneinander und signalisieren sämtlich weiteren Forschungsbedarf.

Konsum: Feemers (1992) spricht von einer »Konsumsozialisation«, die Bestandteil der gesamten menschlichen Sozialisation sei. Das Individuum beobachtet zunächst bei den Eltern und Geschwistern deren Konsumverhalten, später kommen Peers, Schule und Massenmedien hinzu. Die Gruppen, an denen ein Mensch in irgendeiner Weise beteiligt ist, bestimmen nicht nur einen Teil des Tagesablaufs, sondern sie bestimmen auch in großem Maße seine Gedanken, Wertvorstellungen, Erwartungen und sein Verhalten. Je stärker die Identifikation mit einer Gruppe ist, um so größer ist die Wahrscheinlichkeit, daß sich individuelles Verhalten, so auch der Umgang mit Geld, durch Gruppenprozesse beeinflussen läßt. Dieser Ansatz ist eine Erweiterung des Lernens am Modell um die gruppendynamische Perspektive. Neben den Gruppeneinflüssen wirkt sich auch die Werbung auf das Konsumverhalten und damit auf das Geldausgeben aus, worauf in Kapitel 3.7 näher eingegangen wird.

Ein besonderes und immer häufiger anzutreffendes Konsumverhalten ist der demonstrativ aufwendige Konsum (vgl. Feemers 1992). Damit ist ein an finanziellen Maßstäben orientiertes Verbraucherverhalten gemeint mit der Tendenz, der sozialen Umwelt den eigenen hohen Wohlstand deutlich zu machen, verbunden mit dem Wunsch, auf diese Vorgehensweise soziales Ansehen zu erlangen. Für Feemers ist dieses Konsumverhalten das Ergebnis einer individuellen Lernvergangenheit.

Sparermotive: Von Schmölders (1966, 1968) stammt die Feststellung, daß die Sparquote nicht nur eine Funktion der Sparfähigkeit darstellt, die vor allem einkommensbedingt ist, sondern auch der Sparwilligkeit. Aus dem Sparverhalten könne man auf Motive schließen: Konsumsparen (Sparen für ein Konsumobjekt), Vorsorgesparen (Sparen für Notfälle) und intrinsisches Sparen (Sparen um seiner selbst willen) seien zentrale Motive des Sparers. Hinter diesen eher vordergründigen Sparmotiven könnten aber auch andere stehen. Wiswede (1991) nennt folgende Beispiele:
– das Sicherheitsmotiv (und eine dahinter stehende Angst)
– das Prestigemotiv (Demonstration von Reichtum)
– das Machtmotiv (Macht über sich und andere)
– das Leistungsmotiv (sofern beim Sparen gezielte Optimierungsstrategien der Geldvermehrung eingesetzt werden)

Bei dem Geschehen an der Börse geht es auch um Geldanlage und Geldverwertung, insofern ist auch der Aktiensammler ein Sparer. Diese Sparform dient nicht aktuellen Konsumzwecken oder der vorsorglichen Schaffung von Sicherheitsreserven, sondern dem Motiv, sein Geld längerfristig arbeiten zu lassen. Es ist zu vermuten, daß die professionellen Börsenteilnehmer vom Erwerbsdenken beflügelt sind und in erster Linie Leistungsmotive, gelegentlich auch Spielmotive befriedigen. Diese Motive scheinen für den privaten Sparer nur zum Teil zuzutreffen (vgl. Kapitel 3.2.3).

Hier ist weitere Forschung unter Berücksichtigung abgrenzbarer Zielgruppen erforderlich, z.B. im Hinblick auf Anwendungen in der Verbraucherberatung, der Versicherungsberatung und anderen Geldanlageberatungsdiensten.

Kreditaufnahme und Verschuldung: Kreditaufnahme ist im Investitionsbereich oder beim Erwerb von dauerhaften Gütern üblich, für Güter des täglichen Bedarfs kommt sie zunehmend häufiger vor, was sich an der steigenden Inanspruchnahme von Überziehungskrediten bei Gehaltskonten zeigt. Aufgrund der damit verbundenen Belastung kann ein Kredit als Strafreiz erlebt werden. Er kann jedoch alternativ oder gleichzeitig als selbstwerterhöhend wirken, wenn man Kredit gewährt bekommt und man damit

»kreditwürdig« ist. Die Kreditgeber müssen in ihrem eigenen Interesse den Strafreizcharakter des Kredits unterdrücken und selbstwertdienliche Argumente in den Vordergrund schieben gemäß dem japanischen Sprichwort: »Mit Geld bist Du ein Drache, ohne Geld ein armer Wurm«. Außer über Bankkredite wird es Verbrauchern bezahltechnisch immer einfacher gemacht, Güter zu kaufen. Immer häufiger werden Einkäufe mit Ratenzahlung oder mit gestrecktem Zahlungsziel »Jetzt kaufen und in 6 Monaten bezahlen« angeboten. Zusätzlich wird der Zahlungsverkehr dem Kunden mit Hilfe von Schecks, Kreditkarten und Einzugsvollmachten vereinfacht. Folge dieser Strategien ist, daß das Geld zu einer abstrakten Sache wird, man bezahlt »bloß noch mit einer Unterschrift«, was dann häufig hohe Verschuldung nach sich zieht. So beläuft sich die Summe uneinbringbarer Konsumkredite in Deutschland auf einen zweistelligen Milliardenbetrag.

Kaufsucht: Auch das Einkaufen kann zur Sucht werden. Die Kaufsucht zeichnet sich wie alle Süchte durch folgende Merkmale aus:
- Es wird ein als unwiderstehlich erlebter Drang verspürt (es *muß* etwas eingekauft werden).
- Es besteht eine Tendenz zur Dosissteigerung (es reicht irgendwann nicht mehr aus, »nur« dreimal wöchentlich einzukaufen).
- Es kommt zur Abhängigkeit vom Suchtobjekt oder -verhalten (das Wohlbefinden ist einzig vom Einkaufen abhängig).
- Schließlich treten Entzugserscheinungen auf (wenn das gewünschte Konsumverhalten nicht möglich ist).

Eine der Ursachen für die Kaufsucht können in einem geringen Selbstwertgefühl vermutet werden. Das Einkaufen wäre eine Art Kompensation, wenn das Individuum damit zeigen kann, daß es in der Lage ist, selbständig zu handeln. Seine Kauflust übersteigt meist seine Kaufkraft mit der Folge mehr oder minder hoher Verschuldung, was gelegentlich zu dem sehnsüchtigen Wunsch führt: »Ich möchte endlich einmal soviel verdienen, wie ich ausgebe!« Bei all diesem handelt es sich um Phänomene, die weiterer empirischer Aufklärung bedürfen.

3.2.3 Täter-Opfer-Beziehungen bei Kapitalanlagebetrug –
Ein Beispiel aus der empirischen Forschung

Geld ist alles andere als ein »harmloses« Gut. Um an Geld zu
kommen, schrecken viele vor Mord, Totschlag, Raubüberfällen
und anderen Verbrechen nicht zurück. Um gaunerhaft an das
Geld anderer Leute zu kommen, gibt es – besonders am grauen
Kapitalmarkt – aber viel subtilere Methoden, die auch ohne physische Aggressionen zum Erfolg kommen. Davon handelt die Studie aus einem Forschungsprojekt des Autors, die im Auftrag des
Bundeskriminalamtes, Wiesbaden, die psychologischen Probleme
des grauen Kapitalmarktes in Deutschland und den Ländern des
EURO-Verbunds untersucht, aus deren Ergebnissen eine Menge
an Theorie und Praxis über den Umgang mit eigenem und frem-
dem Geld zu entnehmen ist (vgl. Liebel 1992, 1996 a; Liebel &
Oehmichen 1993).

3.2.3.1 Ein aktuelles Thema?

»Geldgier kommt Anleger teuer zu stehen« – 70 Millionen Mark
Kundengelder von 150 Anlegern verschwunden; »Anleger um
Millionen geprellt« – über 370 Fälle mit rund 19 Millionen Mark
Schaden; »Sieben Jahre für Millionenbetrüger« – 525 Fälle mit
einem Gesamtschaden von 32,8 Millionen Mark; »Gigantischer
Kreditbetrug – 68 Millionen Mark Schaden – Zwei Drittel der
Opfer stammen aus dem Ostteil Deutschlands«; »Anlagehaie
stehlen Ihr Haus« ...
   Berichte mit solchen oder ähnlichen Überschriften finden sich,
ohne groß danach suchen zu müssen, ständig in der Tagespresse;
nicht zu reden von den spektakulären und damit noch mehr Aufmerksamkeit heischenden Fällen wie Plus Concept (rund 25 000
Betroffene, 340 Millionen Mark Schaden), European Kings Club
(mehr als 94 000 Betroffene, Schaden ca. 1 Milliarde Mark), Euro
Lotto Fonds und einige andere.
   Deutschland gilt geradezu als Paradies für Anlagebetrüger.
Seien es nahezu wertlose Aktien, hochriskante Termingeschäfte
oder der Handel auf Basis dubioser Bankgarantien, – unglaublich
viele Anleger fallen immer wieder und neuerdings sogar verstärkt
auf fragwürdige Angebote am sogenannten grauen, das heißt am
nicht aufsichtsamtlich kontrollierten Kapitalmarkt herein.
   Anfangs der 90er Jahre gab es offenbar einen »Nachholbedarf
an Betrogenwerden« in den neuen Bundesländern, in denen die
Tricks der Kapitalanlagebetrüger für sehr viele ahnungslose Geld-

anleger zur Falle gerieten. Die individuellen Verluste waren zwar selten so erheblich wie im Westen, statt dessen war es die immense Zahl der Hereingefallenen, die den Betrügern das Geschäft vergoldete. Schien sich 1997 durch Aufklärungsarbeit mit breiter Unterstützung der Medien ein Rückgang der dubiosen Geschäfte abzuzeichnen, sorgten im 1998 die niedrigen Zinsen am aufsichtsamtlich überwachten Kapitalmarkt und massive, oft diffuse Ängste vor den Ungewißheiten der kommenden EURO-Währung für die erneute Flucht der Privatanleger in das vermeintliche Elysium, das geschickte Anbieter skrupellos vorzugaukeln verstehen. Schnell haben sie Offerten parat, wenn es um Antworten auf die Fragen geht, wo sich trotz der niedrigen Zinsen noch attraktive Renditen erzielen lassen, und wie man sich vor den Risiken des EURO schützen kann.

Der Tatbestand des Betrugs steht mit einer Zuwachsrate von jährlich 3–5 % an vierter Stelle der Häufigkeitsverteilung erfaßter Straftaten in Deutschland, worunter auch Fälle von Kapitalanlagebetrug fallen, dessen Dunkelfeld wegen der geringen Anzeigebereitschaft der Opfer extrem hoch einzuschätzen ist. Nach Vermutungen des Bundeskriminalamtes (Wiesbaden) betrug die Gesamtschadenssumme im Jahr 1997 etwa 40 Milliarden DM, – ein Betrag, der vom Umfang her ziemlich genau dem Staatshaushalt des Landes Niedersachsen entspricht. Der Schaden ist dabei ein vierfacher: Außer (1) dem Totalverlust des eingesetzten Kapitals für den Anleger fließt (2) dieses Geld an den Banken, (3) an den Finanz- und Steuerbehörden unseres Landes vorbei, (4) aus unserer Volkswirtschaft und sogar aus der der Europäischen Union hinaus in vermeintlich oder tatsächlich sichere Depotländer.

Um wirksame opfer- und täterprophylaktische Maßnahmen einleiten zu können, sind gesicherte Informationen darüber erforderlich, auf welche Weise Täter ihre Opfer finden, mit welchen Methoden sie ihre Dienste anbieten, welche Motive die Opfer bewegen, sich auf deren Angebote einzulassen, und – last not least – an welchen Merkmalen man Anbieter als Betrüger erkennen kann.

Nachdem das Bundeskriminalamt, die Landeskriminalämter, die Kriminalpolizei, das Forschungsinstitut zur Wirtschaftskriminalität des Praxisforums für Wirtschaft und Wissenschaft an der Universität Bamberg e.V., fast die komplette Tagespresse, die Fachpresse und die Wirtschaftsredaktionen der deutschen Fernsehanstalten – wenn auch noch nicht sehr konzertiert – an den prophylaktischen Maßnahmen z.T. äußerst engagiert mitwirken,

beginnen soeben die Banken, diese Thematik für sich zu entdecken. Wenn es so ist, und es ist so, daß alleine auf deutschen
Sparbüchern gegenwärtig mehr als 1 Billion DM – eine Eins mit
zwölf Nullen! – liegen, und pro Jahr rund 1,5 Millionen Erb-
schaftsvorgänge mit einem Volumen von 2,6 Billionen DM
auflaufen, dann ist nur dieses schon ein erheblicher Teil des
Kuchens von über 5 Billionen Mark Geldvermögen privater
Haushalte, der zwischen Banken, Versicherungen und Kapitalan-
lagefirmen am grauen Kapitalmarkt zur Verteilung und Bewirt-
schaftung ansteht.

3.2.3.2 »Kapitalanlagebetrug«

Dem Anleger werden von Vermittlungsfirmen, sogenannten
Strukturvertrieben, hohe Renditen – gelegentlich bis weit über
800 % (!!) – und günstige Steuerabschreibungsmöglichkeiten ver-
sprochen. Doch leider ist das Ergebnis oft ein ganz anderes.
Erwartungen der Anleger werden nicht erfüllt. Im Gegenteil, es
tummelt sich eine Vielzahl von unseriösen Anlageberatern und
Vermittlungsfirmen unter den etwa 50.000 Anbietern auf diesem
Markt. So kommt es, daß die Opfer oft nur bescheidene Renditen
kassieren und häufig nicht einmal ihr eingesetztes Kapital zurück-
erhalten. Als seriöser Maßstab für eine realistische Rendite kann
beispielsweise die Verzinsung von zehnjährigen Bundesanleihen
gelten, die zur Zeit kaum mehr als 3–4% bringen.
  Kapitalanlagebetrug ist eine Erscheinungsform der Wirtschaftskriminalität. Dazu gehören alle Arten von Betrug, in welchen der
Täter das Opfer zu einer Geldanlage irgendwelcher Art verleitet:
1. Schwindelhafte Gesellschaftsgründung, insbesondere in der
   Rechtsform der GmbH & Co KG, sowie Mißmanagement
2. Unseriöse und betrügerische Praktiken beim Vertrieb
   a) Unzureichende Information und Prospektbetrug
   b) Unrichtige Anlageberatung
   c) Aggressive Kundenwerbung
3. Unseriöse Geschäftsabwicklung und Vermögensverwaltung
   a) Preismanipulation, insbesondere Kursbetrug und über-
      höhte Gebühren
   b) Zweckwidrige Mittelverwendung
   c) Unübersichtliche Geschäftsabwicklung
   d) Unseriöse Praktiken bei der Kunden-»Betreuung«

Bei keinem Wirtschaftsdelikt wird die Kriminalitätsform so stark
von den Opfern mitgestaltet wie beim Kapitalanlagebetrug. Das

Verhalten der Opfer ist die ›Schwachstelle‹. Erfolgreiche Präventionsmaßnahmen müssen daher am Verhalten des Opfers ansetzen. Denn das potentielle Opfer läßt sich eher beeinflussen, nicht in kriminelles Geschehen ›einzusteigen‹, als der Täter, von seinen Absichten abzulassen, schon gar nicht, wenn organisierte Tätergruppen aktiv werden. Das einseitige kriminologische Interesse am Täter weicht zunehmend einer komplexeren Betrachtungsweise, in deren Mittelpunkt die **Interaktion** zwischen Täter und Opfer steht.

3.2.3.3 Das Untersuchungsprogramm

Fünf nach dem bisherigen Kenntnisstand naheliegende Hypothesen bildeten den Ausgangspunkt zur Entwicklung der empirischen Erforschung der Opfermotive:

1. Die Kontakte zwischen Tätern und Opfern kommen stets auf ähnliche Weise zustande.
2. Ähnliche Motive veranlassen Opfer dazu, ihr Geld in ähnlicher Weise anzulegen.
3. Die Opfer verhalten sich ähnlich, wenn der Betrug offenkundig wird.
4. Opfer gleichen sich im Bezug auf ihre biographischen Daten, wie Berufsstand, Einkommen, Schulbildung, Alter etc.
5. Opfer weisen eine ähnliche Motivstruktur und ähnliche Werteinstellungen auf.

Um diese Hypothesen zu überprüfen, wurden halbstrukturierte Interviews, ein biographischer Fragebogen und ein Werteinstellungs-Test eingesetzt. Mit den Täterinterviews sollten deren Einschätzungen zu folgenden Fragestellungen ermittelt werden:

1. Wie beschreiben die Täter die von ihnen angebotenen Kapitalanlagen und ihre eigenen Qualifikationen?
2. Wie erlebten die Täter die Täter-Opfer-Interaktion?
3. Wie beurteilten die Täter die Motive, die bei ihren Opfern zur Anlage führten?
4. Welchen Einfluß hatten nach Meinung der Täter soziologische Faktoren der Opfer auf deren Anlegerverhalten?
5. Welche Präventionshinweise geben die Täter?

Außer Tätern und Opfern sollten auch Experten befragt werden. Als Experten galten Personen, die aufgrund ihrer beruflichen Tätigkeit mit Opfern und Tätern bei Kapitalanlagebetrug zu tun haben. Sie sollten nach ihren Einschätzungen gefragt werden, da sie durch ihre Sachkenntnis und ihre Erfahrungen wertvolle Informationen zur Opferproblematik geben können.

Um an die erforderlichen Fälle gemäß § 263 bzw. § 264a StGB zu kommen, wurden bei den Schwerpunktstaatsanwaltschaften Hof, München und Würzburg 3.200 Betrugsfälle auf Aktenbasis statistisch und inhaltsanalytisch ausgewertet. Daraus wurden acht Fälle mit zwölf rechtskräftig verurteilten Tätern und 899 Opfern bei einer Gesamtschadenssumme von 63,4 Millionen DM zu einer das aktenstatistische Material vertiefenden Analyse ausgefiltert.

Anklageschriften und Urteile wurden in Kopie zur Verfügung gestellt, so daß daraus der Tathergang, das Ergebnis der Hauptverhandlung und, – für das Projekt besonders wichtig –, Opferadressen entnommen werden konnten.

Die inhaltliche Analyse der selektierten Fallstudien ergab einen tieferen Einblick in die verschiedenen Formen des Delikts »Kapitalanlagebetrug«. Danach wurde ein Interviewleitfaden aufgebaut, der mit 24 Fragen den chronologischen Ablauf eines Delikts von der Kontaktaufnahme zwischen Täter und Opfer bis hin zu den Folgen für die Betroffenen erfassen sollte und folgende Hauptteile beinhaltete:

A. Die Kontaktaufnahme
B. Die Entscheidung des Opfers zur Kapitalanlage und der
   weitere Verlauf des Geschäfts
C. Das Bekanntwerden der Kapitalanlage als Betrug
D. Die Folgen für die Beteiligten
E. Allgemeine Fragen

Letztendlich nahmen 40 Opfer an der Befragung teil. 39 der Befragten waren Männer, ein Opfer war eine Frau. Dies entspricht nicht ganz der Relation von 80 % Männer zu 20 % Frauen als Opfer in den nach Aktenlage ausgewerteten 3.200 Fällen. Der Schwerpunkt der Altersverteilung lag mit 48 % auf der Spanne zwischen 30 und 50 Jahren. 73 % hatten mittlere Reife oder Abitur, dagegen nur 27 % Hauptschulabschluß, was wieder einmal mehr beweist, daß Bildung nicht vor gutgläubiger Arglosigkeit schützt! Fast die Hälfte der Befragten hatte eine kaufmännische Ausbildung abgeschlossen. Bei breiter Streuung über alle Berufe lag ein Trend bei mittleren und kleineren selbständigen Geschäftsleuten. Das durchschnittliche Brutto-Jahreseinkommen der Geschädigten lag mit 90.500 DM um ein Drittel über dem durchschnittlichen Jahresverdienst aller Erwerbstätigen.

Die Ergebnisse der Interviews bestätigen die Hypothese 1, daß der Kontakt zwischen Opfern und Tätern bei Kapitalanlageverbrechen auf ähnliche Weise zustandekommt: An erster Stelle bei der Kontaktaufnahme steht immer noch die »klassische« Methode, Zielgruppen und potentielle Anleger – also auch potentielle Opfer – über Inserate in Tages- und Fachzeitschriften, vor allem in einschlägigen Wirtschaftsmagazinen, zu werben. An zweiter Stelle steht die Vermittlung durch Drittpersonen, u.a. durch Freunde und Bekannte, was auf die in diesem Deliktbereich häufig auftretende Sogwirkung hinweist: Ein »heißer« Tip vermag sogar mehr zur Anlagetätigkeit zu motivieren, als es die geschulten Telefonverkäufer vermögen, wobei sich viele Anleger nach dem irrationalen Motto »Geteiltes Risiko suggeriert doppelte Sicherheit« verhalten! Die Telefonverkäufer rangieren mit ihren Akquisitionsversuchen auf Platz 3 der Erstkontakte zum Opfer.

Auffallend ist, daß, obwohl fast alle Geschädigten den Täter vor der Kapitalanlage noch nicht kannten, dennoch ungefähr die Hälfte ihm von vornherein vollstes Vertrauen schenkte, was auf den durchwegs als positiv geschilderten Eindruck vom Betrüger zurückzuführen ist: Dieser wurde vorwiegend als »redegewandt«, »seriös«, »sympathisch« und »gut informiert« erlebt. Sie bewunderten seine Kompetenz, sein selbstsicheres Auftreten und fanden in ihm häufig eine Art »Inkarnation« des eigenen Wunschbildes. Eine Folge des großen Vertrauens in die Person des Täters war, daß fast die Hälfte aller Betroffenen nach relativ kurzer Zeit, d.h. spätestens beim zweiten Vertreterbesuch, den Vertrag abgeschlossen hatte.

Bei den Befragten stammte das investierte Geld bei mehr als der Hälfte aus privaten Ersparnissen, was auf den ersten Blick der oft anzutreffenden Meinung, die Betrogenen seien selber Betrüger, bzw. das investierte Geld sei »Schwarzgeld«, widerspricht. Dies liegt aber vermutlich daran, daß weder Schwarzgeldanleger, noch die Sondergruppe der Spieler und Spekulanten, sondern nur redliche Investoren zur Mitarbeit an der Befragung bereit waren, die »nichts zu verbergen« hatten.

Trotz des anfänglich großen Vertrauens in die Person des Täters trat bei fast der Hälfte der Opfer der Verdacht, betrogen worden zu sein, schon relativ früh auf, z.T. schon bis zu einem halben Jahr nach Vertragsabschluß. Dies lag daran, daß ein Großteil nur unregelmäßig über den Stand der Anlage informiert wurde oder keinerlei Kontakt mehr zum Täter bekommen konnte.

Als Hauptgründe für die Geldanlage beim Betrüger wurden einerseits die erwartete höhere Rendite, andererseits aber auch das mangelnde Vertrauen in die Arbeit der Banken genannt: Einige Geschädigte bezeichneten diese sogar als »Kapitalanlagebetrüger im großen Stil«. Deshalb glaubte auch die Hälfte aller Opfer, obwohl viele davon explizit erklärten, ihr Geld in Zukunft nur noch bei Banken anlegen zu wollen, daß sie wegen Vorenthalts lukrativer Geschäfte nochmals Opfer eines Kapitalanlagebetrugs werden könnte!

Hinter diesen eher vordergründigen Motiven waren überraschenderweise folgende Motivlagen zu entdecken:

1. Suche nach Sicherheit für die eigene und die familiäre Zukunft
Dieses Bedürfnis wird erfüllt durch das Verschleiern und Verschweigen des bei hochrentierlichen Geschäften stets vorhandenen Risikos des Totalverlusts.

2. Bedürfnis nach sozialer Bindung
Die Opfer hoben stets die im Vergleich zu Banken persönlichere, vertrauensvollere und damit kundenorientiertere Betreuung als einen der Hauptgründe für einen Geschäftsabschluß hervor.

3. Besonders ausgeprägtes Bedürfnis nach Achtung, Anerkennung und Wertschätzung
Hierzu gehören auch Bedürfnisse nach Kompetenz und Prestige. Sie werden zwar eher indirekt als explizit geäußert; doch muß auch beachtet werden, daß die meisten Menschen nach Lob, Anerkennung und Prestige streben, ohne dies gleich lauthals ihrer Umwelt mitzuteilen, oder sich sogleich von Bekannten oder Freunden beraten zu lassen. Viele Menschen handeln sozusagen »auf Vorrat«, um erst, wenn sich ein Erfolg des heimlichen Handelns herausgestellt hat, die eigene Leistung vor anderen zu präsentieren.

Ein Großteil der Geschädigten verfügt im Gegensatz zu den »Beratern« über eine kaufmännische Ausbildung und/oder ist in einem solchen Beruf tätig, verfügt also über Wissen und praktische Erfahrung im Umgang mit »Kapital«. Weiterhin wird aus den Ergebnissen sichtbar, daß mehrere Betrogene schon öfter solche Kapitalanlagegeschäfte vorgenommen hatten. Dies alles läßt auf Realisierungsversuche der eigenen Fähigkeiten und Möglichkeiten des Verstehens und der Einsicht in die Abläufe solcher Finanzgeschäfte schließen, also implizit auf das Existieren von »Selbstverwirklichungsmotiven«.

Durch die Analyse konnte auch die Hypothese 3 über eine Ähnlichkeit des Opferverhaltens bei Bekanntwerden des Betrugs bestätigt werden: Viele Opfer fürchten weniger die Häme und die Schadenfreude als vielmehr die Blamage und das echte oder oft nur gespielte »Mitleid« ihrer sozialen Umwelt, was ihrem ursprünglichen Bedürfnis der Bestätigung ihrer Kompetenz in Anlagegeschäften zuwiderläuft. Weit weniger als die Hälfte der Geschädigten zeigte den Betrüger an. Die Hauptgründe, eine Anzeige zu unterlassen, lagen darin, daß die Polizei bzw. die Staatsanwaltschaft ihre Ermittlungen bereits aufgenommen hatten, oder von einer Anzeige wegen der Gefahr der Selbstbezichtigung abrieten.

Bei der Beurteilung des Strafmaßes für das jeweilige Delikt lag eine ziemlich hohe Übereinstimmung bei den Betrogenen vor, von denen die Hälfte die Haftzeit u.a. wegen des hohen Gesamtschadens und der großen Anzahl der Geschädigten für zu niedrig hielt. Neuerdings geht die Rechtsprechung von einer »Vermittlerhaftung« aus, wenn dieser eine erkennbar auf seriöse Weise nicht vorstellbare Rendite verspricht. Aber auch ein »Mitverschulden des Anlegers« wird dann von den Gerichten gesehen, wenn z.B. im Rahmen einer festverzinslichen Kapitalanlage Zinsen von 20 Prozent bei einem Anlagevolumen von 100 TDM »garantiert« werden.

3.2.3.4 Vorschläge zur Prävention

Aus den differenzierten Vorschlägen von Experten, Tätern und Opfern lassen sich folgende generelle Präventionsmaßnahmen ableiten:

Vor allem die Experten raten zu gesetzlichen Maßnahmen, die eine bessere aufsichtsamtliche Überwachung der Anlagefirmen und der Anlageobjekte ermöglichen. Außerdem sollte für die Anleger ein verbessertes vertragliches Widerrufs- und Rücktrittsrecht eingeführt werden (z.B. zur Vermeidung von Vertragsrückdatierungen!). Die Opfer müssen von den Medien und die Kunden von den Banken besser aufgeklärt werden. Man muß sich allerdings darüber im Klaren sein, daß eine solche Aufklärungsarbeit zwar für die Zielgruppe potentieller Anleger von redlich erworbenem Geld nützlich sein wird, nur bedingt jedoch für die Spieler und kaum für das Heer der Steuerverkürzer. Konkret raten die Experten, sich immer ein Vergleichsangebot der Hausbank erstellen zu lassen oder zumindest den Rat von Finanzfachleuten eines oder mehrerer seriöser Geldinstitute einzuholen. Weiter soll der Anleger die Bankverbindung der Anbieterfirma erfragen. Weiter wird empfohlen, sich Wirtschaftsauskünfte bei einer oder mehreren der namhaften Auskunfteien zu besorgen. Auch eine Anfrage bei Verbraucherorganisationen kann sehr nützlich sein (z.B. Stiftung Warentest oder Verbraucherzentrale

Berlin, Bayreuther Str. 40, 10787 Berlin). Weitere Indizien für die Bewertung der Bonität des Anbieters kann eine Einblicknahme ins Handelsregister beim zuständigen Registergericht liefern. Gelegentlich hilft auch eine Anfrage bei einer IHK weiter. Zusätzlich sollte das Anlagevorhaben mit dem eigenen Steuerberater durchgesprochen werden. Für den Fall von Verdachtsmomenten, einem Betrüger aufgesessen zu sein, geht der Rat der Experten dahin, sich außer mit dem Steuerberater alsbald mit einem Rechtsanwalt oder zumindest mit einer kriminalpolizeilichen Beratungsstelle in Verbindung zu setzen.

Auch die Täter sind mit dem Erteilen »guter« Tips an die Opfer alles andere als zurückhaltend. Sie weisen bedeutungsvoll darauf hin, daß sich das Verhalten der Anleger ändern muß. Wie die Experten empfehlen sie ihnen das Prinzip der Mehrfachabsicherung. Die Anleger müßten sich selbst umfassend informieren und dürften sich nicht nur auf die Aussagen der Anbieter verlassen.

Anbieter hätten es immer sehr eilig; die Kunden sollten sich davon nicht anstecken lassen. Auch dürften Anleger nicht ihr gesamtes Geld in eine Anlage investieren. Sie sollten für sich einen Maximalbetrag festlegen, von dem sie sich durch die Verkäufer auf keinen Fall abbringen lassen dürften. Sie sollten sich auch immer Referenzen zeigen lassen! – Hierzu ist anzumerken, daß viele Kunden vom Vorzeigen alleine schon zutiefst beeindruckt sind; oft händigen Anbieter sogar großzügig Kopien davon aus, wohl wissend, daß fast niemand auf die Idee kommt, die Referenzen auch tatsächlich zu überprüfen. Aber nur letzteres macht einen Sinn. – Ähnlich ist es auch mit dem von Tätern öfters geäußerten Vorschlag, die Interessenten sollten zunächst kleinere Testgeschäfte abschließen, um sich von der Vertrauenswürdigkeit des Anbieters selbst zu überzeugen. Das erste und meist ein schnell folgendes zweites Roll-over-Geschäft wird in seinen Renditen prompt bedient, um dann mit der dritten, bedeutend höheren Anlage hereingelegt zu werden: Testgeschäfte sind als Vertrauensbeweise untauglich; sie sind häufig der erste Schritt einer längerfristig angelegten Betrugsstrategie!

Aus der Sicht der Täter sind die Opfer auch nicht überdurchschnittlich vertrauensselig. Sie bemühten sich durchaus, kritisch zu sein, wobei sie jedoch ihre eigene Kompetenz in Anlagedingen stark überschätzten und die mehr oder minder raffinierten Manipulationsmöglichkeiten der Betrüger unterschätzten. Anleger müssen daher eindringlich von einer Selbstüberschätzung ihres Wissens um Kapitalanlageformen gewarnt werden. Betrogene Anleger neigen immer noch zur Selbstüberschätzung, weil sie glauben, aus dem Schaden klug geworden zu sein. Sie übersehen dabei aber die ihnen noch unbekannten Tricks eines neuen Betrügers, denn potentielle Täter sind mit ihrer kriminellen Kreativität ihren Opfern immer mindestens einen Schritt voraus!

Auch die Banken können aus den Ergebnissen des Projekts eine Reihe von Schlüssen ziehen, denn man kann von den Machenschaften erfolgreicher Betrüger eine Menge lernen. Wie diese auf die Interessen, Bedürfnisse und Persönlichkeitsmerkmale ihrer Opfer eingehen, ist wirklich professionell. Wäre das nicht auch für die vielgescholtenen Anlageberater eine empfehlenswerte Strategie, wenn man lediglich die betrügerische Absicht der einen ersetzt durch das akzeptable Motiv seriöser Berater, nämlich eines Geschäfts zu beider Parteien Vorteil? Der Weg dahin ist allerdings schwerer, als es den Anschein hat. Dieses Ziel zu erreichen bedeutet, das »Training sozialer Kompetenz« in der Ausbildung wie in der Fortbildung der fachlichen Bildung mit gleichwertigem Aufwand zur Seite zu stellen! Darüber hinaus empfiehlt es sich, durch schriftliche Kundeninformation (z.B. Scheckheftbeiblätter, Informationsfolders in den Schalterräumen), durch gezielte Aufklärungsvorträge (für Vorstände, Mitarbeiter, Vertreter, Nachwuchskräfte und spezielle Kundengruppen), durch initiative Zusammenarbeit zwischen den Banken und deren Aufgaben grundsätzlich positiv eingestellten Journalisten sowie durch die Förderung des Berufsbilds eines zulassungspflichtigen, aufsichtsamtlich überprüften »Finanzberaters« in die Offensive zu gehen. Ein erster Schritt, für jede Bank und ihre Filialen schnell umsetzbar, ist die kundenorientierte Gestaltung des Beratungsambientes ohne, und wenn auch nur symbolische, Autoritätsschranken. Sachkundige Psychologen könnten hierbei wertvolle Beratungs- und Schulungsdienste leisten.

Wer den Kunden in seinen Grundbedürfnissen nach Sicherheit, nach sozialem Akzeptiertwerden und nach Anerkennung seiner persönlichen und fachlichen Kompetenzen tatsächlich ernst zu nehmen versteht und ihm nicht nur manipulativ »das Gefühl« vorgaukelt, ihn als Partner zu akzeptieren, kommt dem Ziel eines fairen Geschäfts sehr nahe, wenn es gilt, den schwarzen Panthern des grauen Kapitalmarkts erfolgreich Paroli zu bieten!

3.2.4 Perspektiven für Forschung und Praxis

Die Psychologie des Geldes ist noch weit davon entfernt, eine etablierte wissenschaftliche Teildisziplin der Angewandten Psychologie zu sein. Das Bild, das die Theorienlandschaft zur diesem Themenkreis abgibt, ist noch sehr diffus und mit vielen Spekulationen durchsetzt. Eine systematische Forschung steckt noch in den Anfängen, wenn auch die ersten abgesicherten Ergebnisse vielversprechend sind. Es ist nicht schwer, dem Thema »Psychologie des Geldes« für die Praxis eine gute Zukunft vorauszusagen. Das Interesse der Banken und Versicherungen an der Beratung und Fortbildung ihrer Beraterstäbe und an der Aufklärung ihrer Kunden über die Risiken bei Geldanlagen ist geweckt; Richter, Staatsanwälte und Kriminalpolizei erwarten von unserer jungen Disziplin Verständnis- und Erklärungshilfe, was Täter und Opfer bei Finanzdelikten betrifft; die Print- wie die audiovisuellen Medien nehmen sich breit des Themas »Geld« an und greifen gerne auf psychologische Fachkompetenz zurück. Die Verbraucher zeigen mit ihren Organisationen und Verbänden sehr schnell Interesse, wenn sie feststellen, daß sie psychologische Informationen und psychologischer Rat vor großem Schaden bewahren können. Hier entsteht ein Markt vielfältiger Beratungs-, Aufklärungs-, Weiterbildungs- und Trainingsaufgaben, den die Spezialisten für Erleben und Verhalten sowie deren Veränderung besetzen müssen: die Psychologischen Finanzberater. Hier gilt es, selbsternannten Experten zuvorzukommen, denen die entsprechende Qualifikation fehlt. Die Berufsaufgaben und das Berufsbild des *Psychologischen Finanzberaters* sind damit einigermaßen umrissen. Von den angedeuteten Tätigkeitsfeldern sind aber bei weitem nicht alle genannt, die hier mit etwas Spürsinn und Geschick noch zu entdecken sind.

Die angedeuteten Aktivitäten in den praktischen Anwendungsfeldern werfen eine Fülle ungelöster Forschungsfragen auf, die ihrerseits nach interdisziplinärer Forschung und Zusammenarbeit von Wirtschaftswissenschaftlern, besonders Betriebswirten und Finanzwissenschaftlern, Wirtschaftsjuristen und Psychologen verlangen. Ein weiterer Schritt in die vorgezeichnete Richtung ist ein in diesem Sinne konzipiertes Forschungsprojekt des Bundeskriminalamtes mit dem Thema »Betrüger im grauen Kapitalmarkt in Europa«, welche mit der Einführung des EURO ein enorm erweitertes Betätigungsfeld bekommen haben. Sollen wir es ihnen kampflos überlassen?

3.3 Musikpsychologie
(unter Mitwirkung von Christina Bartl)

Die Aufgaben der Musikpsychologie und die Tätigkeitsfelder des Musikpsychologen werden gerne zur umfassenden Thematik einer Psychologie in Kultur und Freizeit gerechnet. Eine Abgrenzung etwa zur Psychologie in der Arbeitswelt wäre indes verfehlt, weil damit der Musiker als Beruf, Musik in der Arbeitswelt oder gar die enorm ausgeweitete Musikindustrie durch diese Platzanweisung als Themenbereiche ausgegrenzt wären. Wir haben es auch hier wieder mit einer komplexen Thematik zu tun. Musik spielt in vielen Lebensbereichen für fast jedes Individuum eine mehr oder weniger bedeutsame Rolle. Will man sich als Psychologe professionell diesem Thema widmen, setzt dies ein ausgeprägtes persönliches Interesse und fundierte Kenntnisse im musikalischen Bereich voraus. Ohne diese ist der Psychologe in den angedeuteten Tätigkeitsfeldern, deren Spannweite sich von medizinisch-klinischen Anwendungen über sozial-karitative bis hin zu solchen in der Marktforschung und in der Werbebranche erstreckt, fehl am Platz.

Der Begriff Musik ist schwer zu fassen, da es sich einerseits um einen »terminus technicus« handelt, der eine Abfolge von Tönen, erzeugt durch ein Instrument, durch eine Stimme oder im weiteren Sinne durch jeden beliebigen Gegenstand bezeichnet. Andererseits ist Musik darüber hinaus ein Kulturprodukt, das nur aus seinem topologischen und historischen Kontext heraus verstehbar ist. Daher ist es notwendig, sich dem Phänomen Musik von verschiedenen Seiten zu nähern.

Bruhn, Oerter & Rösing (1997) unterscheiden drei Qualitäten des Musikbegriffs: Musik kann als *extern kodierte Information,* als *akustische Struktur* oder als *Phänomen menschlichen Erlebens* untersucht werden. Wissenschaftszweige, die sich mit musikalischen Kodierungssystemen beschäftigen, thematisieren die schriftlichen, die elektronisch-digitalen und die analogen Verschlüsselungen von Musik. Gegenstand dieser Forschung sind die technischen Möglichkeiten des Musiktransfers sowie der Einsatz und die Wiedergabe von Musik durch und in Medien. Musik als akustische Struktur bietet vorwiegend ein Tätigkeitsfeld für Systematische Musikwissenschaftler, Physiker, Akustiker und Techniker. In der Psychologie wird dieser Musikbegriff vor allem in der *Psychophysik* und der sogenannten *Psychoakustik* aufgegriffen. Wird Musik dagegen als Phänomen menschlichen Erlebens betrachtet, so interessieren neben musikpädagogischen und musiksoziologischen Ansätzen, die neurophysiologischen Grundlagen der Wahrnehmung von Musik, die psychologischen Mechanismen der Wirkung von Musik und sozialpsychologische und kulturelle Aspekte musikalischen Verhaltens.

3.3.1 Was ist Musikpsychologie?

Das Forschungsspektrum der Musikpsychologie umfaßt zum einen individuelle Bewußtseinsprozesse, welche die Wirkung der Musik auf das psychische Geschehen beinhalten und andererseits die soziale Interaktion von Individuum und Gesellschaft über das Medium der Musik.

Die psychologischen Korrelate während der Rezeption von Musik umfassen auf der Ebene der Wahrnehmung die Leistungen und Reaktionsweisen des akustischen sensorischen Systems sowie anatomische und physiologische Grundlagen der akustischen Wahrnehmung. Beispielsweise beschäftigt sich die Forschungsrichtung der Psychophysik mit dem Auffinden universeller Gesetzmäßigkeiten bei der musikalischen Rezeption. Weiterhin interessieren motivationale Aspekte, d.h. die zugrundeliegenden Bedürfnisse des Individuums, sich aktiv oder passiv-rezeptiv mit Musik zu befassen. Auf der emotionalen Ebene ist die gezielte Beeinflussung der Stimmung durch Musik von Interesse. Kognitionspsychologische Ansätze befassen sich darüber hinaus mit Aufmerksamkeits- und Gedächtnisprozessen, die während der Musikrezeption oder dem musikalischen Lernprozeß von Bedeutung sind. Des weiteren wird Musik als kognitive Fähigkeit aufgefaßt und ihre Beziehung zur Sprache näher untersucht. Schließlich bieten entwicklungspsychologische Ansätze theoretische Konzepte zur Beschreibung der Entwicklung musikalischer Fertigkeiten.

Musikalische Phänomene können jedoch nicht ohne die Berücksichtigung gesellschaftlicher Rahmenbedingungen betrachtet werden, da Musik ein Kommunikations- und damit ein soziales Phänomen darstellt, dem eine gesellschaftliche Funktion zukommt. Es ist ein Bestandteil der kulturellen Errungenschaften einer Gesellschaft. Musikalische Phänomene müssen demnach immer aus ihrem sozio-kulturellen Hintergrund heraus interpretiert werden. Aufgabe der Musikpsychologie ist es somit, die gesellschaftlichen Rahmenbedingungen zu untersuchen, die es dem Individuum ermöglichen, Musik zu hören oder selbst zu erzeugen sowie sozialpsychologische Aspekte der Gruppenbil-

Übersicht 10: Das Gegenstandsfeld der Musikpsychologie

	Rezeptive Auseinandersetzung mit Musik	Aktiv-produktive Auseiandersetzung mit Musik
Individuums-zentrierte Musikforschung	• Entwicklungs-psychologische Apekte der Musik-rezeption	• Entwicklung der Fähigkeit zum Mu-sizieren • Musik als kreativer Schaffensprozeß
Individuum, Gruppe und Gesellschaft	• Wirkung der Musik auf das psychische Geschehen: Wahrnehmung, Motivation, emotionale Wirkung, zugrundeliegende Aufmerksam-keits- und Gedächtnisprozesse • Musiktherapie und Musikpädagogik	
	• Musik als Kommunikationsmedium • Musiktherapie und Musikpädagogik	
	• Gruppenbildungs-prozesse beim Musikhören • gesellschaftliche Rahmenbedin-gungen des Musik-hörens • Musikhören in der Freizeit und im Arbeitsbereich	• Musizieren in der Gruppen • gesellschaftliche Rahmenbedin-gungen des Musi-zierens • Musizieren in der Freizeit • Musik als Profes-sion
Gesellschafts-zentrierte/Soziolo-gische Musikfor-schung	• Musikalische Markt-forschung hinsicht-lich Musikpräferen-zen • Musik in der Wer-bung	• Musikalische Markt-forschung hinsicht-lich Praxis des Musizierens

dung durch gemeinsames Hören oder Spielen von Musik, also die kommunikative Funktion der Musik zu berücksichtigen.

Schließlich ist Musik als Forschungsrichtung der Angewandten Psychologie von Interesse. Das musikalische Verhalten wird in Bereichen des täglichen Lebens, der Arbeitswelt und der Freizeit untersucht. Ein Gebiet der Angewandten Musikpsychologie ist

die Musikalische Marktforschung, die sich mit aktuellen Musik-
vorlieben und dem Konsum von Musik beschäftigt und als Grundlagenforschung für die Branche zur Herstellung von Unterhaltungselektronik, Tonträgern und Instrumenten benötigt wird. Von
marktwirtschaftlichem Interesse ist auch die Wirksamkeit des
Einsatzes von Musik in der Werbung. Schließlich stellt die unter-
stützende Wirkung der Musik im therapeutischen Prozeß sowie
die Erziehung zur oder durch Musik einen Schwerpunkt der
Angewandten Musikpsychologie dar.

In **Übersicht 10** wird versucht, die Themenvielfalt der Musikpsychologie systematisch darzustellen. Darin werden die Forschungsthemen unterschieden, je nachdem, ob es um eine rezeptive oder eine produktive Auseinandersetzung mit Musik geht, ob
dies alleine oder in Gruppen oder mit einer gesellschaftszentrier-
ten Perspektive geschieht.

3.3.2 Zur Geschichte der Musikpsychologie

Musikpsychologie im weiteren Sinne scheint so alt zu sein wie die
Musik selbst. Seit sich die Psychologie als eigenständige Wissenschaft etablierte, beschäftigten sich ausnahmslos alle Richtungen
von der Psychoanalyse über die Gestaltpsychologie und den
Behaviorismus bis hin zu den Informationstheorien mit der
Rezeption und dem ästhetischen Genuß von Musik, dem musikalischen Schaffensprozeß, der Entwicklung musikalischer Fertigkeiten und allgemein der gesellschaftlichen und kulturellen Relevanz des Phänomens Musik (vgl. Rösing & Bruhn 1997).

Die Wurzeln der Musikpsychologie lassen sich bis zu den
Schriften des Aristoteles (ca. 350 v. Chr.) zurückverfolgen. Bereits
etwa 50 Jahre später beschrieb Herophikos (296 v. Chr.) Untersuchungen zum Zusammenhang zwischen Musikhören und dem
Puls des Menschen.

Der eigentliche Beginn einer experimentell-psychologischen
Auseinandersetzung mit dem Thema Musik läßt sich jedoch
erst in der *Psychophysik* erkennen. Diese thematisiert den
Zusammenhang zwischen physikalischen Reizen und dem psychischen Empfinden, welcher durch mathematische Gesetzmäßigkeiten beschrieben werden kann. Vertreter dieser Richtung wie
Fechner (1801–1887), v. Helmholtz (1821–1894) oder Weber
(1804–1891) untersuchten die Wahrnehmung von Tonhöhen,
Lautstärke und Klangfarbe und damit die Grundlagen des
menschlichen Empfindens bei der Rezeption von Tönen und

musikalischen Werken. Auch Wundt (1896) führte in der Tradition von v. Helmholtz eine Reihe von Untersuchungen durch, die sich mit wahrnehmungspsychologischen Fragestellungen beschäftigten und ebenfalls musikpsychologische Themengebiete streiften.

Die an physikalischen Gesetzmäßigkeiten orientierte Forschungsrichtung der Psychophysik wurde von den Vertretern der Gestaltpsychologie heftig kritisiert. Das Prinzip der *Gestaltpsychologie* läßt sich auf Ehrenfels (1890) zurückführen, der die *Übersummmativität* und *Transponierbarkeit* ganzheitlicher Wahrnehmungen betonte. Auf den Themenbereich der Musik übertragen bedeutet dies, daß die Melodie eines Stücks nicht als Aneinanderreihung einzelner Töne behandelt und quantifiziert werden kann. Demzufolge ignoriere der naturwissenschaftlich orientierte Ansatz den ganzheitlichen Charakter der musikalischen Rezeption. Die sogenannte »Verschmelzungstheorie« postuliert, daß die Trennung zwischen der Aufnahme von Sinnesreizen und der Beurteilung und Bewertung von Eindrücken eine künstliche ist. Musik wird als Gesamterlebnis aufgefaßt, in dem die zeitliche Abfolge eine untergeordnete Rolle spielt. Auch sowjetische Forschungsarbeiten zur Musikpsychologie tragen eindeutig phänomenologische Züge, wie beispielsweise der Ansatz von Assafjew (vgl. dazu Kapitel 3.3.3).

Die amerikanische Forschung begann schon früh, die Wirkung ganzer Musikstücke empirisch zu untersuchen und sich weniger mit den wahrnehmungspsychologischen und physiologischen Grundlagen der Musikrezeption zu beschäftigen. Bereits 1919 wurde das erste und immer noch bekannteste standardisierte Testverfahren für musikalische Begabung und Leistung von Seashore entwickelt (»Test zur musikalischen Leistung und Begabung«, dt. Fassung von Butsch & Fischer 1966). Farnsworth (1958) stellte sozialpsychologische Aspekte in den Vordergrund, indem er sich auf wissenschaftliche Erhebungen zum Verhalten von Konzertbesuchern, Schallplatten- und Radiohörern bezog. Im Zuge der Entwicklung musikalischer Massenmedien in Form von Tonträgern bekam diese Forschungsrichtung zunehmend gesellschaftliche Relevanz.

Eine weitere Richtung, die sich in dieser Zeit etablierte, stellt die *Informationstheoretische Psychologie* dar. Musikalische Reize werden als Informationen interpretiert, die das Individuum wahrnimmt und verarbeitet. Moles (1971) erklärt ästhetische Präferenzen aus dem Sachverhalt heraus, daß der Informationsgehalt eines Kunstwerks einen unterschiedlichen Grad an Komplexität aufweist. Jedes Individuum kann aber nur ein gewisses Ausmaß an

Information verarbeiten, wodurch ein jeweils individuumspezifisches Maß erfaßbarer Komplexität entsteht. Anhand des individuellen Komplexitätsniveaus läßt sich der ästhetische Geschmack, d.h. das, was als »schön« empfunden wird, definieren. In dieselbe Richtung geht der Ansatz von Berlyne (1974), der die Bildung eines ästhetischen Urteils auf den Umgang mit Unbestimmtheit zurückführt. Aus dieser Forschungsrichtung heraus wurden Methoden entwickelt, um die Wirkung der Musik auf ein Individuum beschreiben zu können. Eine verbreitete Methode ist die Verwendung des semantischen Differentials, das von Osgood und Mitarbeitern entwickelt wurde (vgl. Osgood 1964). Es werden jeweils zwei gegensätzliche Adjektive auf einer Skala vorgegeben, anhand derer die Probanden den ästhetischen Sachverhalt einstufen sollen. Auch die Musiktheorie von Dörner (1999.) wählt den Umgang mit Unbestimmtheit und Komplexität zu ihrem Ausgangspunkt (vgl. Kapitel 3.3.3).

Ein sehr junges Gebiet der Musikpsychologie beschäftigt sich mit dem Einsatz von Musik in der therapeutischen Arbeit. Der Musik wird bereits seit Jahrtausenden eine heilende Wirkung zugeschrieben. Ein bekanntes Beispiel dafür ist das Zitherspiel Davids vor dem von einem bösen Geist befallenen König Saul. Im 16. Kapitel des Ersten Buchs Samuel im Alten Testament heißt es, daß Saul stets Erleichterung und Besserung verspürte, »wich doch der böse Geist von ihm«. Trotz diesen weit zurückliegenden Anfängen etablierte sich die *Musiktherapie* erst in der Mitte des 20. Jahrhunderts und entwickelte sich hauptsächlich aus der Sozial- und Sonderpädagogik heraus. Jedoch fehlt es in diesem Bereich noch sehr an systematischer Grundlagenforschung hinsichtlich der Wirksamkeit, die musiktherapeutischen Verfahren bei kaum vorhandener theoretischer Fundierung quasi intuitiv zugestanden wird.

3.3.3 Theoretische Ansätze

Der Gegenstand der Musikpsychologie ist so weitreichend, daß hier lediglich eine Auswahl an Theorien dargestellt werden kann. Wir beschränken uns auf Theorien der Musikrezeption, da diese gerade für den angewandten Bereich besonders bedeutsam sind.

Die musiktheoretische Lehre Riemanns (1914) besteht aus einem System von Aussagen über allgemeingültige Regeln und Gesetzmäßigkeiten der musikalischen Struktur. Am populärsten wurde seine Harmonielehre, die zwei Arten von Akkorden einander gegenüberstellt, nämlich den Dur- und den Mollklang. Töne werden als Vertreter von Klängen betrachtet, die ihre Bedeutung erst in ihrer Beziehung zu anderen Tönen, in einem Akkord oder in der zeitlichen Sequenz, erfahren. Durch diese Anschauungsweise läßt sich auch erklären, weshalb ein und derselbe Ton in einer Tonfolge als konsonant und in einer anderen als dissonant aufgefaßt wird. Der Begriff der Konsonanz ist demnach nicht, wie zu Zeiten Riemanns üblich, auf das Harmonieren von Schallwellen zurückzuführen, sondern wird als psychologischer Begriff betrachtet. Das Begreifen von Zusammenhängen ist entscheidend für die musikalische Logik. Die innere Logik eines Musikstücks entstehe dadurch, daß die Einzelteile, die Töne, im Bewußtsein miteinander in Verbindung gebracht werden. »Nicht die wirklich erklingende Musik, sondern vielmehr die in der Tonphantasie des schaffenden Künstlers vor der Aufzeichnung in Noten lebende und wieder in der Tonphantasie des Hörers neu entstehende Vorstellung der Tonverhältnisse ist das Alpha und Omega der Tonkunst« (Riemann, zit. nach de la Motte-Haber 1976, S.9). Ein sinnvolles Anhören erfordere rationale Aktivität. Den logischen und intellektuellen Funktionen komme demzufolge beim Musikhören eine höhere Funktion zu als den sinnlichen Empfindungen, welche ohne die rationale Komponente undifferenziert blieben.

Unter »Programmusik« versteht man solche Kompositionen, die ganz konkrete Inhalte mit rein instrumentellen Mitteln, also ohne Text, darstellen wollen. Beispiele sind: »Till Eulenspiegels lustige Streiche« oder »Don Quixote« von Richard Strauss, die »Bilder einer Ausstellung« von Modest Mussorgsky oder Peter Tschaikowskis Ballettmusiken »Der Nußknacker« und »Schwanensee«. Kurz vor der Jahrhundertwende begannen amerikanische Psychologen zu erforschen, was die Zuordnung von inhaltlichen Aspekten ausmacht. Man spielte Versuchspersonen Werke aus der »Programmusik« vor und stellte fest, daß diese, sofern ihnen das Stück unbekannt war, die konkreten Begebenheiten, auf die sich das Stück bezog, auch nicht annähernd erraten konnten. Dagegen ergaben sich hohe Übereinstimmungen hinsichtlich der Stimmungen, die dem Musikstück zugeschrieben wurden. Der musikalischen Struktur haften demnach affektive Qualitäten an, die zumindest der Tendenz nach interindividuell übereinstimmend festgestellt werden können. Etwa zur gleichen Zeit erklärte Kretzschmar die Musikalische Hermeneutik zu einer wichtigen theoretischen Disziplin. Diese befaßt sich mit dem »Sinn und Ideengehalt«, den die musikalischen Formen umschließen, sowie den Emotionen, die von einzelnen musikalischen Elementen hervorgerufen werden (1902, zit. nach de la Motte-Haber 1976, S.19). Beispielsweise drücke ein Quartschritt eine größere innere Spannung aus als die melodische Fortführung um eine Sekunde. Kretzschmar versuchte die formalen Mechanismen zu entdecken, um zu ergründen, warum beispielsweise Kompositionen von Julius Klengel, obwohl sie sehr hohe formale Entsprechungen mit denen von Johann S. Bach aufweisen, unterschiedliche Deutungen hervorrufen. Methodisch ging die Musikalische Hermeneutik so vor, daß sie aus der eigenen Erfahrung heraus einzelnen musikalischen Elementen bestimmte affektive Entsprechungen zuordnete. Jedoch zeigt diese Zuordnung insofern Schwächen, als die Wechsel der Stimmungen innerhalb eines Stückes nicht erklärt werden und die einzelnen Zuordnungen sich nur aus subjektiven Kriterien erschließen lassen, da nicht jede Person in einem Musikstück dieselben Merkmale für wichtig erachtet. Das Reizmaterial wird je nach Vorerfahrung unterschiedlich selektiert, organisiert und akzentuiert.

Auch Assafjew (1947, zit. nach de la Motte-Haber 1976) betont die allgemeingültige emotionale Komponente, die von einzelnen Musikstrukturen ausgehe. Musik sei eine »organische Einheit«, die durch »Anwachsen« entstehe. Den Kernpunkt seiner Theorie stellt der Begriff der »Intonation« dar. Damit beschreibt Assafjew den emotionalen Ausdruck, den »Tonfall« der Musik, der mit dem Tonfall des gesprochenen Wortes und dessen inhaltlicher Färbung vergleichbar ist. Bei den Intonationen handelt es sich nicht um Eigenschaften der akustischen Erscheinung, sondern vielmehr um deren psychisches Korrelat, denn es sei nur die Musik existent, die gehört wird. Melodieanfänge, die auf der Terz des Dreiklangs beruhen und eine verspätete Bestätigung des Grundtons enthalten, wie z.B. Schuberts »Lindenbaum«, entsprächen emotional dem Eindruck des »Liebenswert-Freundlichen«. Der Aufstieg von der Unterquarte zur Oberterz, der sich zum Beispiel in der Melodie des Volksliedes »Das Wandern ist des Müllers Lust« wiederfinden läßt, erwecke den Eindruck des Überzeugenwollens. Eine aufsteigende große Sexte vermittle eine emotionale Intensivierung, während einer fallenden kleinen Sekunde die Wirkung eines Seufzers zugeschrieben werde. Generell lasse sich feststellen, daß melodische Sequenzen einen beruhigenden Effekt auf die Psyche ausüben. Gerade die Melodie sei der entscheidende Faktor, durch den sich Intonationen am besten und »natürlichsten« realisieren ließen. Versteht man »Musik« als »Sprache der Gefühle«, zeigt sich jedoch, daß die gleichen Emotionen in unterschiedlichen Kulturen und zu unterschiedlichen Zeiten vielfältige Ausdrucksformen aufweisen. Dennoch lassen sich einige wenige interkulturell gleiche Ausdrucksmuster feststellen. Zu diesen kulturübergreifenden Ausdrucksmustern zählen nach Rösing (1997) die Gegensatzpaare Freude und Trauer sowie Machtgefühl und Überlegenheit einerseits, Zärtlichkeit und Liebe andererseits. In der Sprache der Musik finden sich Entsprechungen, die sich hinsichtlich der Dimensionen Tempo, Rhythmus, Lautstärke, Melodik und Harmonik beschreiben lassen. Das Gefühl von *Freude* entspricht musikalischen Sequenzen vom Typ *Presto*, die ein schnelles Tempo mit akzelerierenden Elementen aufweisen. Der Rhythmus gestaltet sich abwechslungsreich, der Klang ist laut, hell und strahlend. Melodische Sequenzen umfassen eine große Tonspanne mit sprunghaften Intervallen und aufwärtsstrebenden Motiven; die Harmonik ist einfach gestaltet. *Trauer* dagegen findet sich im *Adagiotyp* der musikalischen Interpretation wieder, wobei der Rhythmus langsam ist und verlangsamende Elemente bis fast zum »Stehenbleiben« enthält. Die Stücke werden meist *piano* gespielt, klingen abgedunkelt und bevorzugen tiefe Töne. Die Melodie der Trauer weist nur geringen Tonumfang auf und beinhaltet schrittweise fallende Motive. Die Darstellung von *Macht* dagegen läßt sich besonders deutlich in Militärmärschen erkennen, die laut, voluminös und massiv klingen. Die Tempi sind nicht zu schnell, der einfache Rhythmus wird stark betont. Die Melodik umfaßt hier, wie beim Gefühl der Freude, einen weiten Tonumfang, wobei in der Harmonik der Grundton akzentuiert wird. Der Gegensatz dazu, die *Demut*, die mit Emotionen wie Zärtlichkeit oder Liebe verbunden ist, findet in der Musik ihre Entsprechung in gemäßigtem Tempo mit gleichmäßig pulsierenden Rhythmen. Die Melodie, die nur kurze Motive umfaßt, hat eine helle Klangfarbe und wird leise gespielt, wobei auch hier, wie bei der Freude, einfache Harmonien vorherrschen.

Nach Müller-Freienfels (1936) sind verschiedenen emotionalen Qualitäten jeweils spezifische Formen der Motorik zugeordnet. Er unterschied vier Grundtypen: den Bewegungsablauf bei Trauer, der sich gehemmt und schleppend darstellt; den schnellen, quirligen Bewegungstypus der Freude; den abrupt und sprunghaft wechselnden Bewegungsablauf von Wut, und den glatten Ablauf bei Zärtlichkeit und Liebe. Der rhythmische Aspekt des »sich Dahinschleppens« kommt beispielsweise im berühmten »Trauermarsch« Frédéric Chopins oder im zweiten Satz der »Grande Sonate Pathétique« von Ludwig van Beethoven gut zum Ausdruck; und wen überkommt nicht der Bewegungsdrang beim Anhören des lebhaft-fröhlichen »Forellenquintetts« von Franz

Schubert? Die glatten, teils schnell aufsteigenden Sequenzen und sanften Harmonien in Keith Jarrets legendärer Klavierimprovisation »The Köln Concert« (1975) rufen im allgemeinen zärtliche und sanfte Gefühlsassoziationen hervor.

Betrachtet man Emotionen unter dem physiologischen Aspekt der Reaktionen des autonomen Nervensystems, so konnten experimentelle Untersuchungen einen Einfluß der Musik auf das emotionale Geschehen eindeutig belegen. Einer Befragung von Sloboda (1985) zufolge berichten 80 % der interviewten Probanden von vegetativen Reaktionen während des Musikhörens, wie Schauer, Tränen, Gänsehaut, Herzjagen oder dem Gefühl, einen Kloß im Hals zu haben. Harrer (1982) fand die stärksten vegetativen Reaktionen bei Versuchspersonen, die sich über eine rein analytische Hörweise hinaus mit Leib und Seele der Musik hingaben. Je weniger dies der Fall ist, um so schwächer sind physiologische Reaktionen ausgeprägt oder fehlen ganz. Der Einfluß der Musik auf die emotionale Befindlichkeit ist demnach vom Engagement des Zuhörers abhängig. Dies erklärt auch die Tatsache, daß aktives Musizieren mit stärkeren vegetativen Veränderungen einhergeht als das »bloße« Zuhören. Zudem ist die Stärke der Reaktion vom dargebotenen Reizmaterial abhängig. Harrer konnte zeigen, daß beispielsweise Marschmusik Veränderungen der Atmung und des Blutdrucks hervorruft.

Gerade für die »Musiktherapie« als dem Versuch, Musik für Therapiezwecke unterstützend einzusetzen, ist es von Interesse, inwieweit eine positive Beeinflussung der Gefühle durch Musik erreicht werden kann. Der bekannteste positive Effekt durch Musik ist die Entspannung. Im Alltag wird Musik oft gezielt eingesetzt, um abzuschalten oder sich zu beruhigen. In allen Kulturen finden sich Wiegenlieder. Die warme, leise Stimme, die klare Melodie und ein rhythmisches Wiegen, lösen Spannungen und Unruhe beim Kind auf. Im therapeutischen Bereich ist demnach zu berücksichtigen, welche Arten von Musik Spannung erzeugen und welche sie abbauen. Kulturhistorisch fremde Musik, wie zum Beispiel indische Sita-Musik, erzeugt beim europäischen Zuhörer eher eine erhöhte Spannung und Aktiviertheit als bei einem indischen, da der musikalische Verlauf nur in geringem Ausmaß vorhersehbar ist. Ist die musikalische Ereignisfolge dagegen gut vorhersehbar, wie beispielsweise die monotonen Abfolgen der derzeit aktuellen Techno-Richtung, so kann diese Musik auf manche Zuhörer langweilig und zermürbend wirken. Die sogenannte »Minimal music« wurde speziell für den Einsatz bei Entspannungs- und meditativen Verfahren entwickelt und »baut auf kleine Veränderungen, kaum wahrnehmbare Wandlungen und regressive Wiederholungen« (Tardy 1994). Damit soll ein mittleres Maß an Unbestimmtheit durch eine vertraute Struktur, die aber dennoch geringfügige Variationen enthält, erreicht werden. Beispiele dafür sind die 3. Symphonie von Henryk Górecki (geb. 1933) von 1991 und viele Kompositionen von Arvo Pärt (geb. 1935). Seit Mitte der 90er Jahre sind unzählige Meditations- und Entspannungs-CDs die Umsatz- und Renditegaranten der Tonträgerbranche.

Der theoretische Ansatz von Dörner (1999) versucht, die psychologischen Mechanismen der ästhetischen Wirkung von Musik zu beleuchten, um, ausgehend von ästhetischen Theorien ein umfassendes Modell der Musikwirkung zu erstellen, das emotionale, motivationale und kognitive Aspekte umfaßt. Dörner bezieht sich auf die »Vorschule der Ästhetik« von Fechner (1925), der zwei unterschiedliche Wirkmechanismen ästhetischer Betrachtung unterscheidet: assoziative und direkte Faktoren.

Unter assoziativen Faktoren versteht Fechner angenehme Erinnerungen, die mit bestimmten Objekten verknüpft sind, d.h., man erinnert sich an Bedürfnisbefriedigungen oder simuliert sie in der Phantasie. Diese Wirkung der assoziativen Faktoren, die ein Musikstück »schön« erscheinen lassen, ist abhängig von zeitlichen und Umgebungsfaktoren. Beispielsweise mag die »Schicksalssinfonie« von Beethoven von einem einsamen Hörer in einer trüben Stimmung im November als durchaus passend empfunden werden, während das Stück in ausgelassener Runde an einem Sommertag am See auf den gleichen Hörer reichlich deplaziert wirkt, weil es eben zum falschen Zeitpunkt am falschen Ort erklingt. Während sich assoziative Faktoren motivationspsychologisch relativ einfach erklären lassen, sind es besonders die direkten Faktoren, die aus psychologischer Sicht interessant erscheinen.

Bei den direkten Faktoren der Ästhetik handelt es sich um syntaktische und semantische Elemente. Kunstwerke wirken nicht nur durch die Assoziationen, die beim Zuhörer angestoßen werden, sondern auch durch ihren »enigmatischen« Charakter: Sie geben Rätsel auf und bieten oft, wenn auch nicht immer, Anhaltspunkte zu ihrer Lösung. Das Wesen der direkten Faktoren ist nach Fechner die »Einheit in der Mannigfaltigkeit«. Weniger lyrisch ausgedrückt könnte man die Begriffe auch mit »Unbestimmtheit« und deren »Reduktion« ersetzen. Jedes Musikstück stellt für den Hörer ein gewisses Ausmaß an Unbestimmtheit dar. Sequenzen lösen einander ab, und der Aufbau des Musikstücks entspricht zwar gewissen Regeln, enthält jedoch mannigfaltige Variationsmöglichkeiten. Jedes Musikstück birgt Rätsel in sich, die auf Anhieb zumindest für den ungeschulten Rezipienten nicht zu lösen sind. Doch auch oder gerade geschulte Hörer entdecken immer wieder neue Zusammenhänge beispielsweise in klassischen Musikstücken. Das Entscheidende dabei ist, daß dieses Entdecken von Regeln mit dem Empfinden von Lust gekoppelt ist. Dies ist auch ein Faktor, der die Qualität von Musikstücken und deren Aktualität in verschiedenen Epochen bestimmen könnte. Die sogenannte Techno-Musik der 90er Jahre, die sich aus immer wiederkehrenden, monoton anmutenden Sequenzen zusammensetzt, wird sicherlich eine kurzlebige Modeerscheinung bleiben und in nur wenigen Jahren durch andere Musikrichtungen abgelöst sein. Infolge des klaren Aufbaus und der immer wiederkehrenden Sequenzen kann man sich bei wiederholtem Anhören am Musikstück »satthören«. Die zunächst ästhetische Wirkung kehrt sich ins Gegenteil um. An den großen Werken der klassischen Musik dagegen konnten sich über Jahrhunderte hinweg die unterschiedlichsten Hörergruppen erfreuen. Selbst Mozarts »Kleine Nachtmusik« wird von jeder Generation immer wieder neu zu entdecken sein. »Satthören« ist hier ein individuelles Phänomen, das durch eine inspirierte Neuinterpretation sogleich wieder aufgehoben wird. Die sogenannte »Ernste Musik« scheint eine Musikgattung zu sein, die geradezu »unsterblich« in jeder Epoche ihre Zuhörerschaft findet. Auch bei häufigem Hören klassischer Stücke werden die Werke solange nicht langweilig, wie der enigmatische Charakter auch für den geschulten Hörer erhalten bleibt.

Neben der syntaktischen Unbestimmtheit, die sich auf den Aufbau und die Struktur ästhetischer Werke bezieht, kann auch eine Unbestimmtheit hinsichtlich der Bedeutung eines Werks hinzutreten. Diese semantische Unbestimmtheit kommt gerade in der Musik zum Tragen, da semantische Inhalte nur angedeutet werden und in der subjektiven Interpretation des Einzelnen begründet sind.

Aufgrund dieser Überlegungen entwickelte Dörner (1999) ein Modell der Musikrezeption, das den »kognitive-emotional-motivationalen Mischprozeß« beschreibt. Demnach ist das zugrundeliegende Motiv das Bedürfnis nach Reduktion von Unbestimmtheit. Diese kann man sich so vorstellen, daß durch kognitive Prozesse die »Grammatik des Geschehens« erfaßt wird. Eine solche Grammatik umfaßt die syntaktische und semantische Struktur des Musikstücks und wird aus dem »Bausteinvorrat« der Psyche erstellt, der Kenntnisse über Harmonien, über Melodik,

Taktformen und Kompositionsregeln enthält. Diese Kenntnis von Bausteinen ist gewöhnlich nur implizit vorhanden und nur von Musikern und Fachleuten direkt kommunizierbar. Gelingt die Bildung von Objektgrammatiken, so geht der kognitive Prozeß mit dem Gefühl des Stolzes oder gar des Triumphes einher; das Selbstwertgefühl steigt. Gelingt sie nicht, so ist das emotionale Substrat des Prozesses Mißbehagen und Ärger. Durch die Bildung von Objektgrammatiken lassen sich für den weiteren Verlauf des Stückes Prognosen ableiten, die verifiziert und falsifiziert werden können. Auch dieser Prozeß ist einer starken emotionalen Beteiligung unterworfen. Birgt ein Musikstück unerwartete Sentenzen in sich, so kann dies beim Hörer Enttäuschung oder Schreck hervorrufen. Bei einer Bestätigung der Prognosen dagegen machen sich Freude und Entspannung beim Zuhörer breit. Die beschriebenen kognitiven Prozesse können den Besucher eines Konzertes in einen Flow-Zustand (Csikszentmihalyi 1985) versetzen, in dem ihn das Generieren und Überprüfen von Hypothesen, durch Umbau und Neuaufbau von Objektgrammatiken Raum und Zeit vergessen läßt. Dies allein reicht aber nicht aus, um die Auseinandersetzung mit musikalischen Werken zu erklären. Dem Hörer fällt es nicht schwer, der Musik eine semantische Komponente zuzuweisen, wobei sich die emotionalen Färbungen der assoziierten Inhalte interindividuell gleichen. Hier befaßt sich Dörner mit Problemen, die auch die musikalische Hermeneutik zu ergründen versucht. »Verzweiflung mag durch gedrückte Disharmonien, tiefe Tonlagen ausgedrückt werden, Resignation und Kummer durch dumpfe, langgezogene, in der Tonhöhe abfallende Passagen, die aufkeimende Hoffnung durch eingefügte schnelle Passagen, einen Trompetenstoß, die Annäherung durch ein Crescendo usw.« (1999, S. 15). Er nimmt an, daß eine Art motorische Grundprogrammierung der Psyche für bestimmte Verhaltensweisen wie Flucht, Angriff, Anschleichen oder Triumph existiert, der bestimmte Lautgestalten zugeordnet sind. Des weiteren werden diese assoziativen semantischen Zuordnungen durch die jeweilige Gemütslage des Hörers sowie durch dessen Weltbild, Hoffnungen und Befürchtungen gelenkt. »Die Hohlformen allgemeiner Emotionen und Aktionsgestalten können vom Einzelnen beliebig ausgefüllt werden« (1999, S. 17). Dies erklärt, warum für jedes Individuum eine bestimmte Folge von abstrakten Aktions- und Emotionsgestalten etwas anderes bedeuten kann, obwohl die basalen »Hohlformen« die gleichen sind.

Die Theorie Dörners versucht, verschiedene Erkenntnisse aus den Bereichen der Musiktheorie und der kognitiven Psychologie miteinander zu verbinden und ein Modell darzustellen, das alle psychischen Instanzen einschließt. Die Weiterentwicklung dieser Theorie wird sich – so ist zu erwarten – für den theoretisch begründeten Einsatz von Musik in den Anwendungsfeldern als sehr nützlich erweisen.

3.3.4 Bedarf an Musikpsychologie

Um Tätigkeitsfelder für Musikpsychologen erschließen zu können, stellt sich zunächst die Frage nach dem Bedarf. Inwieweit kann musikpsychologische Tätigkeit »gewinnbringend« für das Individuum oder die Gesellschaft eingesetzt werden?

Rekapitulieren wir: Riemann betonte die rationale Aktivität, welche das Lustempfinden beim Musizieren und Musikhören ausmacht. Nach Dörner werden die Tonphantasie des Künstlers und Hörers angeregt, syntaktische »Rätsel« entschlüsselt und kognitive Prozesse aktiviert. Assafjew sah den funktionalen Gesichtspunkt der Musik hauptsächlich im Hervorbringen von Emotionen. Das gesamte psychische Geschehen ist bei der Rezeption von Musik beteiligt. Motivationale Aspekte, wie das Bedürfnis nach Unbestimmtheitsreduktion und Kontrolle werden aktiviert. Durch kognitive Fähigkeiten, wie das Konstruieren von Objektgrammatiken und das Ableiten von Prognosen wird Unbestimmtheit reduziert, das Kompetenzempfinden gesteigert. Dieses Rätsellösen stellt einen Aspekt des individuellen Lustgewinns dar. Weiter wird bei der Musikrezeption die ganze Palette der Gefühle durchlebt. Je nach Komplexitätsgrad der musikalischen Struktur und Reduktion der Unbestimmtheit treten Emotionen wie Angst, Triumph, Stolz, Enttäuschung, Freude oder Entspannung auf. Diese Faktoren tragen dazu bei, daß das Hören zum ästhetischen Genußerlebnis wird. Die Theorien implizieren, daß Musik bewußt dazu eingesetzt werden kann, Emotionen hervorzurufen oder zu modellieren. Musik kann zur Entspannung wie auch zur Aktivierung und Stimulation und zur Überbrückung von Langeweile eingesetzt werden.

Darüber hinaus ist Musik unter sozialpsychologischen Aspekten interessant. Sie ist ein wichtiger Faktor bei der Gruppenbildung. Die Freude an der Musik wird gewöhnlich von »gleichgesinnten« Menschen geteilt. Gemeinsame Konzertbesuche oder das Musizieren in einer »Band«, in einem Orchester oder im familiären Kreis tragen wesentlich zum Gemeinschaftsleben in der Freizeit bei. Dadurch, daß Musik bedeutsam für das Freizeitverhalten ist und natürlich auch professionell ausgeübt wird, existiert ein breiter Markt, der vom Handel mit Musikinstrumenten und Notensätzen, von Unterhaltungselektronik und Tonträgern ein breites Spektrum umfaßt.

Ein weiterer funktionaler Aspekt ist in der Musik als Kommunikationsmittel zu sehen. Gerade die Werbung bietet ein weites Aufgabenfeld, in dem Musik als Medium eingesetzt wird, so daß beim potentiellen Kunden bestimmte emotionale und inhaltliche Merkmale mit einem Produkt verknüpft werden (vgl. dazu Kapitel 3.7).

3.3.5 Tätigkeitsfelder des Musikpsychologen

3.3.5.1 Musiktherapie und musikalische Heilpädagogik

Die Musiktherapie im Sinne von psychotherapeutischen Interventionen unterstützenden und ergänzenden Verfahrensweisen eröffnet ein breites Feld an Beschäftigungsmöglichkeiten für Musikpsychologen. Es bestehen institutionalisierte Aus- und Weiterbildungsmöglichkeiten. In nahezu allen westlichen Ländern existieren Studiengänge, die entweder als Aufbaustudium zur Medizin, Psychologie oder Pädagogik oder als eigenständiges Studium belegt werden können. Der Einsatz von Musik im klinisch-therapeutischen Bereich erfährt zunehmende Akzeptanz. Dies könnte unter anderem darin begründet sein, daß die Geschichte der Musiktherapie sehr weit zurückreicht. Seit Jahrtausenden wird Musik bei der Behandlung von Krankheiten eingesetzt. Die historischen Grundlagen reichen bis in die Antike zurück. Bereits Homer beschreibt in seinem Werk »Ilias«, wie gesungene Beschwörungsformeln eine Blutung stillen. Im Mittelalter versuchte man, den Pulsschlag therapeutisch durch Musik zu beeinflussen. Im 20. Jahrhundert erfuhr die Musik als Heilungsmethode eine Renaissance, die hauptsächlich auf die Bestrebungen der Sonderpädagogik und der anthroposophischen Heilpädagogik zurückzuführen ist. Der Begründer der Anthroposophie, Rudolf Steiner (1969), hielt Musik für einen elementaren Bestandteil des menschlichen Lebens.

Der gegenwärtige Wirkungsbereich der Musiktherapie erstreckt sich auf Patienten mit psychischen Störungen, psychosomatischen Erkrankungen oder neurologischen Leiden, geistig und körperlich Behinderte sowie Delinquenten und Suchtpatienten. Die unterschiedlichen Zielgruppen erfordern den differenzierten

Einsatz therapeutischer Intervention. Während bei Patienten mit affektiven Störungen die Beeinflussung der Stimmung durch musikalische Rezeption genutzt und die relaxierende Wirkung von Musikstücken gezielt eingesetzt wird, kann bei Alzheimer-Patienten Musik eine kommunikative Funktion einnehmen, da beim vorzeitigen Abbau geistiger Fähigkeiten musikalische Kompetenzen weitaus länger als sprachlich-semantische bewahrt bleiben. Bei der Rehabilitation von Suchtpatienten oder in der Forensischen Psychiatrie kann Musik dazu beitragen, daß eine soziale Reintegration erleichtert wird. Im klinisch-praktischen Anwendungsfeld weitet sich der Einsatz schmerz-, angst- und streßvermindernder Musik bei prä- oder postoperativen Behandlungen, in der Zahnmedizin oder der Anästhesiologie sowie bei der Behandlung chronischer Schmerzerkrankungen aus. Zielbereiche stellen hier die Beeinflussung des autonomen Nervensystems, wie beispielsweise die Senkung der Herzfrequenz und des Blutdrucks, Harmonisierung des Atemrhythmus, Senkung des Streßhormonspiegels, Herstellen der Schlafbereitschaft und die Herabsetzung des Muskeltonus dar. Auch das subjektive Befinden der Patienten kann durch Musik in positive Richtung beeinflußt werden. Weitere Anwendungsfelder im klinisch-medizinischen Bereich sind Gynäkologie und Geburtshilfe, in welchen die angstlösende, beruhigende Wirkung von Musik im Vordergrund steht. Die angst- und streßreduzierenden therapeutischen Effekte sind empirisch nachweisbar unter der Bedingung, daß der Einsatz von Musik situations- und individuumsspezifisch angepaßt erfolgt (Spintge 1982, Spintge & Droh 1992).

Generell unterscheidet man *rezeptive* und *aktive Musiktherapie*. Die rezeptive Musiktherapie wird, wie schon erwähnt, vornehmlich zur Angstreduktion mit ihren beruhigenden Wirkungen auf das autonome Nervensystem eingesetzt, während die aktive Musiktherapie praktisches Musizieren als eine Methode zur Aktivierung, zur Korrektur von Fehlverhaltensweisen und zur Regeneration gestörter Lebensvollzüge versteht. Je nach Psychotherapieschule werden unterschiedliche musiktherapeutische Verfahren mit jeweils spezifischen Zielvorstellungen verwendet. In der Gestalttherapie zum Beispiel wird Musik als Kommunikationsmedium eingesetzt, das zwischen Therapeut und Klient einen Dialog entstehen läßt, oder in den verhaltenstherapeutischen Ansätzen, wo Musik als Stimulus betrachtet wird, der bestimmte körperliche und/oder emotionale Reaktionen auslöst.

Abschließend muß kritisch angemerkt werden, daß trotz institutionalisierter Ausbildungsmöglichkeiten und reger Aktivität in den Einsatzbereichen der Musiktherapie die Verknüpfung von Musik und Therapie aus wissenschaftlicher Perspektive noch zu sehr intuitiv als kontrolliert gehandhabt wird. Einheitliche theoretische Grundlagen, die eine Ableitung direkter musiktherapeutischer Interventionen erlauben, sind gerade erst im Entstehen und bilden eine Herausforderung für die musikpsychologische Forschung. Auch die Effizienz der verschiedenen Richtungen der Musiktherapie ist noch lange nicht hinreichend empirisch nachgewiesen. So kann die musikpsychologische Forschung als noch weitgehend unerschlossenes Tätigkeitsfeld für Psychologen gelten, insbesondere, wenn im Zuge des neuen Psychotherapeutengesetzes jede Therapieform den Beleg ihrer Nützlichkeit anhand von Studien zur Qualitätssicherung erbringen muß.

3.3.5.2 *Musikpsychologische Marktforschung*

An fast jedem Ort und fast jederzeit erklingt heutzutage Musik. Man denke an die Weihnachtslieder und die Pop-Songs in den Geschäften, an die »Pausenmusik« bei der Herstellung telefonischer Verbindungen, an Radiomusik in Wartezimmern usw. Musik ist im alltäglichen Leben derart verbreitet, daß einige diese Entwicklung geradezu als »musikalische Umweltverschmutzung« anprangern. Bereits 1968 stellte Adorno fest, Musik sei nicht länger »ein Ausnahmezustand, sondern hat eine Ubiquität erlangt, durch welche sie dem Alltag sich einreiht«. In fast jedem deutschen Haushalt steht ein Fernseher und üblicherweise mehrere Rundfunkapparate. Plattenspieler, Kassettenrekorder und CD-Player sind meist in mehrfacher Ausfertigung vorhanden, ganz zu schweigen vom Grad der musiktechnischen Aufrüstung der Autos. Hummel, Brodbeck, Breitenbacher und Meyerhöfer (1991) errechneten allein für die alten Bundesländer in den Wirtschaftsbereichen, die sich mit der Musikbranche befassen, einen Umsatz von 54 Milliarden DM pro Jahr. Dieser Wert beläuft sich auf 2,9 % der gesamtwirtschaftlichen Bruttowertschöpfung und hat daher einen vergleichbaren Stellenwert wie das Ernährungsgewerbe oder die Getränkeherstellung. Die Zahlen zeigen, daß durch Musikausübung und Musikhören ein qualitativ großer musikbezogener Markt unterhalten wird. Dieser schließt die Herstellung und den Verkauf von Musikinstrumenten, Notensätzen, Tonträgern und Abspielgeräten ein. Untersuchungen zu Musikpräferenzen, Analysen von Hörergruppen und Hörerverhalten sowie Forschungen über die Musizierpraxis sind für die gesamte Musikbranche von großer Wichtigkeit, vor allem um die Absatzchancen auf dem breiten Musikmarkt kalkulierbar zu machen. Öffentlich-rechtliche Rundfunkanstalten sind seit langer Zeit daran interessiert, durch Umfragen für genau umschriebene Hörergruppen die passende Musik anzubieten. In den verschiedenen Altersgruppen sind unterschiedliche Motive bei der Rezeption von Musik bedeutsam, unterschiedliche Musikrichtungen finden zu unterschiedlichen Zeiten ihre Hörerschaft. Beispielsweise wenden sich bestimmte Gruppen Jugendlicher besonders provokativer Musik, wie beispielsweise »Punk« oder »Heavy Metal« zu, um unter anderem z.b. ihren Protest gegenüber gesellschaftlichen Normen zum Ausdruck zu bringen. Das Kaufverhalten von Tonträgern ist demnach stark emotional bedingt. Faktoren, wie Selbstkonzept, Lebensstil, soziales und politisches Engagement spielen ebenso eine Rolle wie die Identifikation mit einer Gruppe bezüglich bestimmter Musikrichtungen. Dies alles zu ergründen und umzusetzen stellt ein Arbeitsfeld dar, das geradezu auf den Musikpsychologen zugeschnitten ist.

3.3.5.3 Musikpsychologie in Medien und Werbung

In kaum einer Radio-, Fernseh- oder Kinowerbung wird auf die Verwendung von Musik verzichtet. Musik taucht hierbei in unterschiedlichen Formen auf: als gesungener Slogan, dem sogenannten »Jingle«, z.B. »Haribo macht Kinder froh«, als Kurzmotiv, wie z.B. das kurze Anspielen der Carmina Burana im Werbespot der »Sprengel»-Schokolade, als ganzes Werbelied, z.B. »Ein schöner Tag…« der »Diebels«-Bier-Werbung oder in Form von Hintergrundmusik, z.B. während des Werbespots von »Vizier Color«. Dabei werden durch die Musik bestimmte Zwecke verfolgt. Zum einen soll die Musik dazu beitragen, daß die Aufmerksamkeit des Zuschauers geweckt wird. Hierfür greift man besonders auf bekannte Melodien oder einprägsame Jingles zurück. Weiter kann die musikalische Untermalung dazu beitragen, daß sich ein Produkt besser im Gedächtnis festsetzt; Wiedererkennungseffekte sollen erzielt werden. Schließlich ist Musik gerade durch die emotionale Wirkungskomponente ein geeignetes Medium, um inhaltliche Botschaften zu unterstreichen oder um das Image eines Produktes mit zu beeinflussen. Dabei bevorzugen verschiedene Bevölkerungsgruppen unterschiedliche Stilrichtungen, was so weit reichen kann, daß sich bestimmte Gruppen durch Musik definieren. Die Präferenz von Musikstilen hängt maßgeblich vom Selbstbild, vom Lebensstil und vom sozial-politischen Engagement ab. Diese Tatsache kann sich die Werbung zunutze machen, um klar die gewünschten Zielgruppen anzusprechen und das Produktimage durch die Musik mit einer Art »Lebensphilosophie« zu verknüpfen, insbesondere wenn es sich um die Zielgruppe Jugendlicher handelt, die sich mit ihrer Musikrichtung sehr stark identifiziert.

In der Praxis erfolgt die Gestaltung und der Einsatz von Musik in der Werbung meist aufgrund einfacher Regeln. Die Musik soll aktivieren, der Zielgruppe gefallen und den Inhalt der Werbebotschaft unterstreichen. Die Auswahl erfolgt oft rein intuitiv. Dies liegt darin begründet, daß bis jetzt zu wenige und auch widersprüchliche empirische Ergebnisse über die genaue Wirkung musikalischer Untermalung von Produktwerbungen existieren. Insgesamt läßt sich jedoch feststellen, daß Musik unter bestimmten, bislang allerdings noch unzureichend erforschten Bedingungen sowohl die Möglichkeit einer differenzierteren emotionalen Besetzung einer Werbebotschaft bietet, als auch zur verbesserten Vermittlung eines Produktimages beitragen kann. Durch Musik ist es demnach möglich, die Werbewirksamkeit zu steigern und eine gegebene Marketingstrategie zu unterstützen. Psychologische Theorien aus den Bereichen Aufmerksamkeit und Gedächtnis sowie klassische und sozial-kognitive Lerntheorien können die Grundlage für eine differenzierte Forschung liefern. Hier ist die Notwendigkeit des Einsatzes psychologischer Theorien und Methoden begründet und zwar sowohl im Bereich der psychologischen Grundlagenforschung als auch in der Mitarbeit in Werbeagenturen, um die Auswahl und den Einsatz musikalischer Elemente unter Einbezug bestehender Theorien und bisheriger Forschungsergebnisse optimal abzustimmen (vgl. dazu auch Kapitel 3.7).

Auch die Untermalung von Filmszenen, Texten im Rundfunk, Film und Fernsehen sind Aufgaben des anwendenden Musikpsychologen. Ziel der musikalischen Untermalung ist es, die Handlung eines Films zu unterstützen, zu kontrastieren oder zu paraphrasieren. Diese Tätigkeiten werden in der Praxis jedoch leider fast ausschließlich von Berufsmusikern in Absprache mit Regisseuren und Produzenten ausgeführt. Damit die Erfüllung dieser Aufgaben noch besser gelingt, sollte die Praxis nicht auf die Nutzung des Wissens von Musikpsychologen und deren Kompetenz bei der Entwicklung erfolgreicher Konzeptionen verzichten.

3.3.5.4 Musikpsychologie und kirchliche Institutionen

Eine Ausdehnung bisheriger Arbeitsfelder musikpsychologischer Tätigkeit könnte auch innerhalb kirchlicher Institutionen erfolgen. Musikpsychologische Arbeit in einer größeren Kirchengemeinde oder in einem Dekanat wäre denkbar. **Übersicht 11** enthält eine Auswahl möglicher Aktivitäten in diesem Tätigkeitsfeld.

Übersicht 11: Musikpsychologische Angebote im kirchlichen Bereich

Zielgruppen	Angebote
Kinder und Jugendliche	– Musizierangebote (z.B. Flötenkreise, Orff-Gruppen) – Vertonung von Geschichten; Theatergruppen – kindgerechtes Heranführen an klassische Komponisten und Werke – Basteln von Instrumenten; spielerischer Umgang mit Tönen und Musik im Vorschulalter – Organisation von Musikfreizeiten für Jugendliche – Kinderchorleitung
musikinteressierte Erwachsene und Senioren	– »Musikkreise«, in denen (Kirchen)Musik gehört und unter Einbeziehung historischer Grundlagen vorgestellt wird – Organisation von Ausflügen zu Konzerten oder Museen
Senioren	– Gesangsgruppen – gemeinsames Musizieren – Musiktherapie bei bettlägrigen Senioren und in Altersheimen

Eine weitere Aufgabe des Musikpsychologen könnte darin bestehen, geistig und körperlich Behinderte in Einrichtungen mit kirchlicher Trägerschaft über das Medium Musik zu Gemeinschaften zu integrieren. Die in der **Übersicht 11** aufgeführten Aktivitäten sind genauso auch für Behinderte geeignet. Ein Problem stellt sicherlich die Tatsache dar, daß einige der angedeuteten Initiativen ehrenamtlich von musikinteressierten Gemeindemitgliedern übernommen werden, was ja sehr zu begrüßen ist. Mit fachkompetenter Unterstützung könnte jedoch sehr viel mehr erreicht werden. Ob und wie weit dieses in der Praxis realisiert werden kann, wird sehr stark von der angespannten Finanzlage der Kirchen in der Zukunft abhängen. Diesbezügliche Prognosen sind jedoch eher düster! Insofern wäre es eher erfolgversprechend, als Psychologe das Serviceangebot für die Gemeinde über die musikalischen Aktivitäten hinaus mit Hilfe anderer psychologischer Kompetenzen zu erweitern und einen multifunktionalen Dienst anzubieten.

3.3.6 Ausblick

Wir haben den Versuch gemacht, Möglichkeiten aufzuzeigen, wie sich musikpsychologische Forschung und Anwendung wechselseitig befruchtende Impulse geben können. Die Spannbreite der Möglichkeiten reicht von klinisch-therapeutischer Tätigkeit bis hin zur Mitarbeit in Werbeagenturen und in Marktforschungsinstituten. Jedoch sind die Anforderungen der skizzierten Tätigkeitsfelder sehr spezifisch, die Aufgaben vielfältig, so daß ein fundiertes Fachwissen im Bereich der Musikwissenschaft sowie eine praktische musikalische Erfahrung notwendige Voraussetzungen für den Erfolg sind. Eine Weiterbildung zum »Musikpsychologen« zum Beispiel durch Besuch entsprechender Aufbaustudiengänge sowie eine hohe Bereitschaft zu interdisziplinärem Engagement sind ebenso erforderlich. Die hohen Anforderungen einerseits könnten eine Ursache dafür sein, daß in den genannten Bereichen noch nicht so viele Psychologen beschäftigt sind, als Bedarf besteht. Andere Gründe liegen in den unzureichenden finanziellen Ressourcen, die für derartige Dienstleistungen zur Verfügung stehen. Aber vielleicht wagt es doch die eine oder der andere, in neue Bereiche vorzudringen und damit neue Beschäftigungsmöglichkeiten auch in für Psychologen noch »unüblichen« Gebieten zu erschließen.

Wer den nächsten Schritt tun möchte, um in die Musikpsychologie weiter einzudringen, dem sei ein weiterführender Artikel von Rösing und Bruhn (1992) zur Lektüre empfohlen.

3.4 Religionspsychologie

Religionspsychologie, gibt es die überhaupt? Und wenn ja, wo verbirgt sie sich? – Weder das Handwörterbuch der Angewandten Psychologie von Schorr (1993) noch das von Asanger und Wenninger (1999) enthalten einen Beitrag zum Stichwort »Religionspsychologie«. Eine Nennung findet sich in einem Nebensatz bei Zitterbach (1999, S. 383), wo Religionspsychologie zugleich als Teilgebiet einer umfassenderen Kulturpsychologie wenigstens erwähnt wird. In Frey et al. ist ihr immerhin ein ganzes Kapitel gewidmet (1992, S. 466 ff.).

In jeder Kultur gibt es Religion und Religiosität. Aber nicht nur die völkerumspannende Universalität dieser Phänomene unterstreicht ihre Wichtigkeit, sondern auch die zum Teil deutlich voneinander verschiedenen Ausformungen in ein und demselben Kulturkreis, was sich in der Geschichte dramatisch in Religionskriegen bis hin zum seit Jahren andauernden Nordirlandkonflikt dokumentiert. Da gibt es den Wehrdienstverweigerer, der sich auf ethisch-religiöse Motive stützt, wenn er den Dienst mit der Waffe ablehnt, ebenso wie den religiösen Eiferer, der bereit ist, aus religiösen Gründen sich oder andere zu töten. Beide berufen sich auf religiöse Werte, um ihre Verhalten zu rechtfertigen. Nun ist es nicht Aufgabe der Psychologie, moralische Urteile zu fällen, aber vielleicht kann sie durch die Untersuchung von religiösen Phänomenen nützliche Hinweise für einzelne, Gruppen und Institutionen geben, wie sie besser mit Religion und Religiosität umgehen könnten. Wenn es sich dabei wirklich um zentrale Fragen menschlichen Erlebens und Verhaltens handelt, müßte das für die Psychologie als Wissenschaft Anlaß genug sein, sich mit den religiösen Bedürfnissen, Motiven und Gefühlen und sowie dem damit zusammenhängenden religiösen Verhalten theoretisch und praktisch zu befassen. Bucher und Oser geben eine gute Übersicht über die Hauptströmungen der religionspsychologischen Theoriebildung, der wir zunächst ein Stück weit folgen wollen (1992, S. 466 ff.).

3.4.1 Was ist Religion, Religiosität und Religions-psychologie?

Für die Beschreibung des Arbeitsfelds der Religionspsychologie ist es wichtig, zwischen Religion und Religiosität zu unterscheiden. Der Begriff »Religion« wird innerhalb der christlichen Tradition von dem lateinischen Verb »religari« = »umwinden, anbinden, festbinden, losbinden« hergeleitet, doch ist die Herkunft des Wortes etymologisch nicht eindeutig geklärt. Das dazugehörige lateinische Wort »religiosus« bedeutet »voller Bedenken, ängstlich, gewissenhaft, gottesfürchtig, fromm, heilig«, aber auch »abergläubig und scheinheilig«! Auch das Substantiv »religio« hat nicht nur die Bedeutung »Gottesfurcht, Frömmigkeit, Verehrung, Gottesdienst, Zeremonien, Bräuche und Kult«, sondern auch »Religionsfrevel, Sünde, Fluch und Aberglaube«. Für unsere Zwecke ist es ausreichend, unter »Religion« die expliziten Bekenntnissysteme und Glaubensinhalte, unter »Kirchen« ihre Institutionalisierungen zu verstehen. »Religiosität« meint das Bezogensein des Menschen auf ein Transzendentes und Unbedingtes, was inhaltlich z.b. als biblisch-christlicher Gott, als Göttervielfalt, als übernatürliche Existenzen oder als unbedingter ethischer Anspruch zu präzisieren wäre. In diesem fundamentalen Sinn verstanden betrifft Religiosität das Denken, Fühlen und Handeln eines jeden Menschen, sei er nun kirchengebunden oder nicht. Jeder Mensch gerät im Verlauf der Zeit unweigerlich in Situationen, wo sein Leben durch unvorhergesehene Ereignisse erschüttert wird, sei es durch das Ausbrechen einer schweren Krankheit, den Tod eines Angehörigen oder das Hereinbrechen einer Katastrophe. »Warum muß es gerade mich treffen?«, »Warum mußte es so kommen?«, »Hätte es nicht auch anders geschehen können?«, sind Fragen, die sich bei solchen Geschehnissen stellen, die – aus der Betroffenensicht – weder in dieser Form noch überhaupt sein müßten. »Not lehrt beten!« ist ein geläufiges Sprichwort, das genau auf die geschilderten Situationen zutrifft, wo der Adressat dieser Fragen eben jene für den Beter verbindliche Transzendenz ist. Charakteristisch ist, daß ein religiöser Mensch über die Kommunikation mit diesem »Absoluten« hinaus zumeist auch an dessen wohlwollendes oder strafendes Eingreifen glaubt. Das Interesse an Transzendenz und an Religiosität nimmt offenbar nicht ab, sondern verlagert sich auf eine nicht kirchlich gebundene Religiosität. Psychomarkt und Esoterikszene boomen, »Illusionsverkäufer« kommen ständig auf neue Ideen und verdienen damit viel Geld. Sekten, Neue Jugendreligionen und destruktive Kulte verzeichnen ungebrochenen Zulauf.

Die *Religionspsychologie* befaßt sich mit den empirisch beobachtbaren Fakten, daß Menschen, trotz des Rückgangs von Kirchlichkeit, der sich an Kirchenaustritten, nachlassendem Kirchenbesuch und kirchlichem Engagement zeigt, immer noch »religiös« denken und fühlen, ihr Handeln religiös begründen, kritische Lebensereignisse mit Hilfe religiöser Symbole und Riten zu bewältigen versuchen. »Echtes religiöses Erleben« entzieht sich jedoch dem unmittelbaren Zugriff wissenschaftlich betriebener Psychologie. Demnach kann der Gegenstand von Religionspsychologie, jedenfalls soweit sie sich als empirisch wissenschaftlich versteht, nur die Analyse verbalisierten religiösen Erlebens, geäußerte Meinungen und Einstellungen zu Religion und Kirche sowie das Beobachten, Beschreiben und Prognostizieren religiös motivierten Verhaltens sein. Die Psychologie untersucht also nicht, ob es transzendente Wahrheiten gibt oder nicht, darum bemühen sich Theologie und Teilbereiche der Philosophie. Religionspsychologie ist ein Anwendungsfach der methodologisch-agnostischen Psychologie, die von empirisch beobachtbaren Fakten ausgeht, wenn sie Religion zum Gegenstand ihrer Forschung macht (vgl. Huber 1997). Insofern gibt es für die Religionspsychologie keine konfessionellen Abhängigkeiten.

In einem gewissen Gegensatz zur Religionspsychologie steht die *Pastoralpsychologie*. Sie stützt sich auf individuell als richtig erkannte Glaubenswahrheiten, hat also ihren Standort *innerhalb* der christlichen Religionen. Der Pastoralpsychologe untersucht nicht nur religiöse Ausdrucksformen aus der Distanz, vielmehr stellt er sich selbst mit seiner Religiosität in den Dienst der Gemeindearbeit und der Seelsorge.

3.4.2 Zur Geschichte der Religionspsychologie

Obwohl die Religionspsychologie unter dieser Bezeichnung erst mit der Etablierung der Psychologie als eigenständiger Wissenschaft ausgangs des 19. Jahrhunderts entstanden ist, gibt es viele Vorläufer in der Philosophie und der Religionsgeschichte. In der frühchristlichen Literatur finden sich schon einige Ansätze, so zum Beispiel in den Briefen des Paulus (um 50 n. Chr.) zum Konversionsphänomen, wie Saulus zum Paulus wurde. Aber auch in den Schriften des Kirchenlehrers Augustinus im 5. nachchristlichen Jahrhundert werden relevante Fragen zur Religiosität aufgeworfen. Weiter lassen sich die Schriften der Reformatoren nennen und später dann die frühen religionspsychologischen Reflexionen von Feuerbach, Schleiermacher, Marx und Nietzsche, um nur einige wichtige Namen zu nennen (ausführlich dazu Schischkoff 1978).

Zu den eigentlichen »Vätern« der Religionspsychologie zählt G. Stanley Hall (1846–1924), der sich besonders für den Religionswechsel, die Konversion, interessierte, wofür Heranwachsende besonders empfänglich seien. Er gründete die erste religionspsychologische Zeitschrift »The Journal of Religious Psychology« 1881 in den USA, in der bald Fragebogenerhebungen über die Ursachen von Konversionen, Einstellungen zum Gottesdienst und zum Gebetsverhalten veröffentlicht wurden. Hall hat religionspsychologische Forschung auch insofern beeinflußt, als er das biogenetische Grundgesetz, nach dem jeder Fötus die Geschichte der Gattung Mensch wiederhole, auch auf den Bereich des Geistigen übertrug. Er nahm an, daß jeder Mensch die Menschheitsgeschichte in seiner eigenen geistigen Entwicklung noch einmal rekapituliere. Diese Auffassung hat sich zum Beispiel auf die Stufenlehre der Entwicklung des formal-logischen Denkens bei Jean Piaget und seinen Nachfolgern nachhaltig ausgewirkt. Ein weiterer Förderer empirisch betriebener Religionspsychologie war E.D. Starbuck (1899), der sich ganz auf die Erhebung von Verhaltensdaten in Zusammenhang mit der Praktizierung von Religion beschränkte. Diese Richtung religionspsychologischer Forschung mit fließenden Übergängen zur Religionssoziologie hat sich bis heute gehalten.

Neben Wilhelm Wundt (1832–1920), der Religionspsychologie als Völkerpsychologie konzipierte und Religion mehr als ein soziales Phänomen betrachtete, ist William James (1842–1910) zu nennen, der neben anderen Beiträgen als erster Fälle religiöser Psychopathologie, wie zum Beispiel krankhaftes Sündenbewußtsein, religiöse Melancholie und zersetzende Selbstzweifel vor Gott, untersuchte und Ansätze zu deren Therapie erprobte.

In Deutschland unterbrach der Nationalsozialismus die religionspsychologische Forschung. Es dauerte bis 1961, daß die »Internationale Gesellschaft für Religionspsychologie« wiedergegründet werden konnte.

3.4.3 Theoretische Orientierungen

Es wäre vermessen zu behaupten, es gäbe eine in sich konsistente Religionspsychologie. Man kann zumindest drei Stränge der religionspsychologischen Forschung ausmachen, den tiefenpsychologischen, den persönlichkeitspsychologischen und den entwicklungspsychologischen. Zur Darstellung des ersten müssen wir zeitlich noch einmal etwas weiter zurückgreifen.

3.4.3.1 Tiefenpsychologische Ansätze

Sigmund Freud (1857–1939) hat wohl die krasseste und nachhaltigste Religionskritik betrieben. Für ihn steht jede religiöse Überzeugung und Betätigung im Verdacht, infantil zu sein und neurotisierend krankmachend zu wirken. Religiöse Überzeugungen seien nur Illusionen, mit denen sich der Mensch vor den Bedrohungen der Realität schützen will. In seiner Schrift »Die Zukunft einer Illusion« (1978, S. 329 ff.) beschreibt er den Menschen als der mitleidlosen Natur schicksalhaft ausgeliefert, vom Tod lebenslang bedroht und als Mitglied einer Kultur, deren Vorschriften ihn am Ausleben seiner Triebe hindern. Er vergleicht diese Situation mit derjenigen des Kindes, das sich in seinem hilflosen Ausgeliefertsein an Unbeeinflußbares und in seinen Entbehrungen an seinen Vater klammernd »Angstschutz« und Sicherheit sucht. »Wenn nun der Heranwachsende merkt, daß es ihm bestimmt ist, immer ein Kind zu bleiben, daß er des Schutzes gegen fremde Übermächte nie entbehren kann, verleiht er diesen die Züge der Vatergestalt, er schafft sich die Götter, vor denen er sich fürchtet, die er zu gewinnen sucht und denen er doch seinen Schutz überträgt. So ist das Motiv der Vatersehnsucht identisch mit dem Bedürfnis nach Schutz gegen die Folgen der menschlichen Ohnmacht.« Zu diesem Gott als überhöhter Vaterfigur habe der Mensch ein ambivalentes Verhältnis: »So fürchtet man ihn nicht minder, als man sich nach ihm sehnt und bewundert« (beide Zitate 1978, S. 343). Außer daß er Sicherheit biete, fordere er Triebverzicht. Der aber führe, wenn er nicht in irgendeiner Form bewältigt werden kann, geradewärts in die Neurose. Schlußendlich erklärt er Religion in toto als *Zwangsneurose*. Beim krankhaften Narzißmus (Selbstverliebtheit) sei Gott nicht nur Objekt, sondern es fände eine Identifikation mit Jesus, Gott oder anderen gottgleichen Wesen statt. Wen wundert es, daß Freuds Angriffe auf jede Form von Religion heftigsten Widerspruch hervorgerufen haben? Es ging Freud allerdings nicht darum, zum Wahrheitswert der religiösen Lehren Stellung zu nehmen. Religionslehren sind für ihn »ein fertiger Schatz von religiösen Vorstellungen ..., wie ihn die Kultur dem einzelnen übermittelt«. Von Erich Fromm kam später das Argument, Freuds Religionskritik sei selbst ein religiöser Akt gewesen, weil sie gegen die repressiven und infantilisierenden Formen der Religionsausübung gerichtet war, wie er sie im Wien nach der Jahrhundertwende erlebt hatte (1979, S. 26 ff.). Unter dieser Perspektive ist Freuds Religionspsychologie durchaus von pastoralpsychologischer Relevanz.

Die Position Carl Gustav Jungs (1875–1961) ist eine ganz andere. Sein Ausgangspunkt ist die psychische Realität, so wie er sie sieht. Er geht von der Existenz eines »Kollektiven Unbewußten« aus, das er als psychisches Fundament der gesamten Menschheit ansieht. Ein Teil des Kollektiven Unbewußten, das jeder Mensch in sich trägt, mache die Existenz sogenannter *Archetypen* aus, die für ihn insofern wirklich sind, als sie interkulturell universal antreffbar seien und die Quelle psychischer Energie darstellten. Auch Gott sei eine solche archetypische, erfahrbare Realität: »Diejenige psychologische Tatsache, welche die größte Macht in einem Menschen besitzt, wirkt als Gott, weil es immer der überwältigende psychische Faktor ist, der ›Gott‹ genannt wird« (1963, S. 88). Als Archetyp sei Gott eine im Unbewußten verankerte psychische Realität, konkretisierte Gottesbilder seien nichts anderes als deren Spiegelung in unseren bewußten Lebensvollzügen.

Eine wichtige Rolle in Jungs Religionspsychologie spielt das *Symbol*. Während Symbole für Freud Maskierungen sexueller Wünsche darstellen, betont Jung dagegen deren positive Funktionen. In ihnen kämen innerpsychische Geschehnisse bildhaft zum Ausdruck; so sei zum Beispiel ein Mandala Ausdruck psychischer Ganzheit und Harmonie. Positive Symbole, wie sie in Träumen und in der psychoanalytischen Therapie, den »Steigrohren des Unbewußten« (bei Freud wie bei Jung) zum Vorschein kämen, bewußt zu erfahren, sei für den Menschen lebenswichtig (1968). Religion ist für Jung ein »geoffenbarter Heilsweg«, weil sie den Menschen davor bewahre, dem Unbewußten ausgeliefert zu sein, und er damit gefährdet sei, neurotisch zu werden.

Indem Erich Fromm (1900–1980) autoritär-repressive Religionen von humanistischen Religionsformen unterscheidet, nimmt er eine von vornherein differenziertere Position ein als die einseitig ausgerichteten beiden Vorgänger. Zu den autoritären Formen zählt er den Calvinismus oder den römischen Katholizismus, die den Menschen einem allmächtigen und allwissenden Gott unterwerfen, dessen Gunst und Gnade nur durch Gehorsam und Einordnung in hierarchische kirchliche Strukturen zu erwerben seien. Zu den humanistischen Religionen rechnet er den Frühbuddhismus, die Naturlehre des Taoismus, die Lehre von Jesus, von Spinoza und anderen, die den Menschen aus seiner Abhängigkeit zum Beispiel von der Macht seiner Ahnen oder von tyrannischen Gottesvorstellungen befreien wollen. Fromms Ansatz ist stark durch sein Engagement für Humanität geprägt. Er ist insofern praxisrelevant, als er die psychischen Funktionen von Religion differenziert analysiert und zur Auseinandersetzung mit deren neurotisierenden Elementen auffordert.

In neuerer Zeit wird Religion von Vertretern der Psychoanalyse eher positiv bewertet. Richter beispielsweise sieht hinter dem »Gotteskomplex« nicht mehr wie Freud eine vergöttlichte, allmächtige Vaterfigur, die dem Menschen Triebverzichte auferlegt, sondern den Menschen selbst, der Gott von sich gestoßen hat und sich selbst an dessen Stelle setzte (1979). Folge sei die Illusion menschlicher Allmacht und Allwissenheit, die sich intrapsychisch zerstörerisch auswirke. Allgemein geht man heute in der Psychoanalyse im Gegensatz zu Freud davon aus, daß sich die Orientierung auf eine wie immer gedachte Transzendenz auf die psychische Gesundheit durchaus positiv auswirken könne.

Bucher und Oser (1992, S. 471 ff.) beantworten die Frage nach dem Ertrag und den Anwendungsmöglichkeiten der Psychoanalyse folgendermaßen: Sie habe die unbewußten Aspekte der Religiosität ins Bewußtsein getragen und insbesondere auf Wege zum Erkennen religiöser Abnormitäten wie Besessenheit, Ritualzwang, Melancholie, krankhaftem Sündenbewußtsein und ähnlichem aufmerksam gemacht. Inwieweit ihre Therapien religiöser Auffälligkeiten erfolgreich waren und sind, ist angesichts fehlender repräsentativer Untersuchungen ungeklärt. Speziell die Pastoralpsychologie sei durch sie dahingehend sensibilisiert worden, daß in seelsorgerlichen Gesprächen hinter den Nöten der Gläubigen immer auch verdrängte Erfahrungen und Wünsche stünden, die es herauszufinden und zu beachten gälte. Den jüngeren Ansätzen komme das Verdienst zu, die Religionspädagogik darauf aufmerksam zu machen, worin persönlichkeitsfördernde und worin neurotisierende Funktionen von Religion bestehen können. Die Autoren kommen abschließend zu der Feststellung, daß der tiefenpsychologische Zweig der Religionspsychologie in mancherlei Hinsicht problematisch und ungenügend sei, schon deshalb, weil seine »Erkenntnisse« oft nicht nur divergieren, sondern einander grob widersprächen. Insgesamt teile er die wissenschaftstheoretischen und empirischen Mängel der Psychoanalyse als ganzer.

3.4.3.2 Persönlichkeits- und entwicklungspsychologische Ansätze

Allport unterschied zwischen *unreifer* und *reifer Religiosität* und zwischen intrinischen und extrinsischen religiösen Orientierungen (1950). Unreife Religiosität sei an magisches Denken gebunden. Sie sei auf die Selbstrechtfertigung und die Erfüllung egoistischer Interessen ausgerichtet. Eine solche Religiosität sei nicht nur bei Kindern, sondern auch bei manchen Erwachsenen zu finden. Reife Religiosität dagegen zeichne eine Persönlichkeit aus, die autonom, zur Selbstreflexion fähig, konsistent und konsequent ist. Bei extrinsischer religiöser Orientierung stehe die Erfüllung »egozentrischer« Wünsche im Vordergrund, der Glaube werde nach religiösen Instituten, Traditionen und Pflichten ausgerichtet. Menschen mit intrinsischer religiöser Orientierung dagegen richteten ihr Leben mehr in Sorge für andere aus; ihr Glaube ist von äußerlicher Religion emanzipiert und für sie von unbedingtem, persönlichem Wert.

Die Stärke der amerikanischen Religionspsychologie nach Allport besteht wohl darin, daß ihr Schwerpunkt in der empirischen Forschung liegt, und daß sie, anders als in Deutschland, relativ autonom ist von benachbarten Wissenschaften wie der Theologie, der Philosophie und der Religionswissenschaft. Verdienst des persönlichkeitsorientierten Ansatzes ist vor allem die Entwicklung zahlreicher Meßinstrumente zur Erfassung der Religiosität, zum Beispiel spezieller Fragebögen, die immer wieder überarbeitet und verbessert wurden. In vielen dieser Untersuchungen zeigte sich eine positive Korrelation zwischen extrinsischer Religiosität und ausgeprägter Furcht vor dem Tod und dem, was danach kommt. Positiv, wenn auch nicht so stark ausgeprägt, stellen sich die Korrelationen zwischen intrinsischer Religiosität und geringer Todesfurcht dar.

Von den entwicklungspsychologischen Beiträgen zur Religionspsychologie sind vor allem die von Piaget, Kohlberg, Fowler sowie Oser und Gmünder erwähnenswert.

Piaget konnte aufgrund einer Untersuchung mit Kindern (1926) folgende Phänomene kindlichen Denkens feststellen:
- den *Artifizialismus*, also die Tendenz des Kindes, alle Dinge als von Gott »fabriziert« anzusehen,
- den *Animismus*, wonach selbst Steine belebt sein können, und
- den *Realismus*, der sich z.B. darin zeigt, daß Kinder meinen, Träume und Gedanken seien real existente psychische Objekte.

Diese Charakteristika des kindlichen Weltbildes führte Piaget auf den Egozentrismus des Kindes zurück. Später befaßten sich Goldman (1964) und Elkind (1971) damit, Piagets Stufenmodell der Intelligenzentwicklung auf den Bereich der Religiosität zu übertragen. Religiöse Entwicklung wird dabei auf kognitive Entwicklung beschränkt betrachtet. Die drei Stufen der religiösen Entwicklung nach Goldman sind:
- intuitives religiöses Denken (prärealistisches Stadium; bis ca. 7 Jahre)
- konkretes religiöses Denken (Gott als Übermensch; bis ca. 13 Jahre)
- abstraktes religiöses Denken (setzt ab dem 13. Lebensjahr ein)

Von Kohlberg stammt das Stufenmodell des moralischen Urteils (1984). Dieses zeigt die Entwicklung von einer präkonventionellen und egozentrischen Moralität hin zu einer postkonventionellen und prinzipgeleiteten Moralität über sechs verschiedene Stufen. Da er bei Untersuchungen immer wieder auch auf religiöse Inhalte stieß, führte er später noch eine siebte Stufe des moralischen Urteils ein, die er als »Stufe der kosmischen religiösen Perspektive« bezeichnete.

Fowler (1984) unterscheidet grundsätzlich den Beziehungs- und Erkenntnisaspekt des Glaubens. Glaube ist für ihn im Wesentlichen Beziehung zu Mitmenschen *und* zur Transzendenz. Nach Fowler umfaßt Glaube die gesamte Persönlichkeit. Da Glaube prinzipiell im Zusammenhang mit der Lebensgeschichte gesehen wird, verwendet er die Methode des biographisch orientierten Tiefeninterviews. Die Glaubensentwicklung erfolgt in maximal sechs voneinander qualitativ verschiedenen, hierarchisch geordeten Stufen.

Oser und Gmünder (1984) versuchen Religiosität durch die auch von Kohlberg verwendete *Dilemmamethode* zu erfassen. Dabei wird der Proband aufgefordert, sich in die Lage des Agenten einer Geschichte hineinzuversetzen, in welcher es um Kontingenzsituationen geht, also um besondere Ereignisse der Konfrontation mit Unheil aller Art. Ein Beispiel:

»Paul, ein junger Arzt, fliegt nach bestandenem Staatsexamen in den Urlaub. Aber sein Flugzeug stürzt ab. In der Todesangst verspricht er Gott, sein Leben fortan in den Dienst der Entwicklungshilfe zu stellen, sofern er gerettet würde. Er überlebt und ringt nun um die Entscheidung, ob er nicht doch eine verlockende Stelle in seinem Heimatland antreten soll« (Oser & Gmünder 1984, S. 130 ff.). In einem halbstandardisierten Interview soll der Proband dazu Stellung nehmen, wie er die Situation beurteilt und wie er sich verhalten hätte. Mit Hilfe des aus solchen Untersuchungen gewonnenen Materials wurden fünf Entwicklungsstufen des sogenannten »religiösen Urteils« aufgestellt, die auch an nicht christlichen Religionen überprüft und bestätigt wurden. Gegenwärtig fehlen noch Daten aus Längsschnittuntersuchungen zur Absicherung der Ergebnisse.

Die entwicklungspsychologisch orientierte Religionspsychologie hat neue Erkenntnisse über die kindliche Religiosität ermittelt, welche besonders im schulischen Religionsunterricht nützlich sein können. So wurde zum Beispiel die Behandlung symbolischer Bibeltexte in der Grundschule als eindeutig verfrüht erkannt (vgl. Bucher 1992). Religiöse Erziehung allgemein sollte Rücksicht darauf nehmen, daß Kinder auch in religiöser Hinsicht anders denken als Erwachsene.

3.4.4 Themen und Tätigkeiten

Religionspsychologische Forschung weist eine Vielfalt von Themen auf – behandelte wie Desiderata –, was durch die breite Definition von Religiosität von selbst evident ist. Religiosität ist ein
Phänomen, das man in allen Bereichen der Kultur, in Wissenschaft, Politik, Wirtschaft, Kirchen und Kunst, ebenso findet wie in
den alltäglichen sozialen Beziehungen und der intimsten Privatheit. Dies ist – außer der Vielfalt theoretischer Herangehenswei-
sen – ein weiterer wichtiger Grund dafür, daß es die Religionspsychologie eigentlich nicht gibt. Religionspsychologie ist keine
einigermaßen integrierte Teildisziplin der Angewandten Psychologie und hat, bis auf wenige Ausnahmen, auch keine konkret ein-
grenzbaren Anwendungsfelder. Nimmt man Einblick in die
aktuelle Literatur, insbesondere in die religionspsychologischen
Fachzeitschriften, ergibt sich folgender, wenn auch unvollständi-
ger Katalog von Forschungsgegenständen und Aufgaben:

1. Grundlagen
Das Verhältnis zwischen Psychologie, Religion, Theologie, Philosophie und Religionspädagogik; Ethik und Moral; Religiosität
und Religion; religiöse Einstellungen und religiöses Verhalten;
kognitive moralische Individualentwicklung.

2. Religionskritik
Säkularisationsformen der Religiosität; Gesinnungsmanipulation;
quasireligiöse Erscheinungen der Idolverehrung; unkritische
Autoritätsgläubigkeit; politische Aspekte der Religiosität (Eid,
Schwur, Gelöbnisse aller Art).

3. Historische Quellen
Entstehen von Religionen in der Menschheitsgeschichte; psychologische Implikationen von Kreuzzügen, Glaubenskriegen,
Hexen- und Ketzerverfolgung; Projektions- und Wunschcharakter
der Religionen im Wandel der Zeiten; frühere Abwehrversuche
von Angst; Umgang mit Tabus, Vorurteilen und Dogmen.

4. Themenkreis »Angst«
Entstehung und Bewältigungsformen; Fanatismus; Toleranz vs.
Intoleranz; Mission; Seele und Gewissen; Askese; Schuldbekennt-
nis, Beichte; Sublimationsformen.

5. Deutung religiöser Vorgaben
Inhalte, Bedeutungen, Funktionen und Wandel von Dogmen,
Mythen, Legenden und Symbolen.

6. Religiöses Brauchtum
Rituale, Kulte, Zeremonien, Feste, Magik und Tabu; Initiation und Transition; Schamanentum; Umgang mit Besessenheit.

7. Sinn menschlicher Existenz
Suche nach Transzendenz; religiöse Glaubenserfahrungen; Offenbarungen; Erscheinungen.

8. Soziale Dimension
Persönlichkeitsmerkmale von Mitgliedern religiöser Gruppen; Attraktivität religiöser Gruppierungen (aktuell: Neue Jugendreligionen); Zusammenhalt, Rollenverhalten, Vorurteile; Konfliktverarbeitung.

9. Handlungsorientierung
Religion und Motivation; Religionspsychologie und praktische Theologie; pastoralpsychologische Umsetzung religionspsychologischer Erkenntnisse im Dienst der Kirchen, speziell in Seelsorge und Gemeindearbeit; Religion und Gesundheit; Psychotherapie und Religion; Konzepte zur Selbstveränderung; Meditation vs. Drogenwirkung; Psychomarkt, Esoterikwelle, Okkultismus, Aberglaube.

Religionspsychologische Kenntnisse und Kompetenzen sind zur Erfüllung vieler psychologischer Berufsaufgaben sehr wichtig. Man denke nur an den Psychotherapeuten im klinischen Bereich, an die Psychologen in der Konfliktpartner-, Erziehungs-, Drogen-, Familien-, Schwangerschafts- und vielen anderen Beratungen, denen von ihrer Klientel häufig die Rolle eines »säkularisierten Seelenhirten« zugeschrieben wird. Auch in der Aus- und Weiterbildung von Theologen und Laienhelfern hat die Religionspsychologie ihren, wenn auch noch eher »randständigen« Platz. Die nach wie vor wichtigsten Arbeitgeber für den religionspsychologisch geschulten Psychologen sind die Kirchen, in deren Diensten er Bildungsaufgaben, Beratungsaufgaben (z.B. auch als Sektenexperte), Aufgaben im pastoralen Bereich, aber auch Leitungsaufgaben in Schulen, Heimen für Kinder, Jugendliche, Senioren oder Behinderte sowie anderen caritativen Einrichtungen übernehmen kann.

Eine Psychologie, die den Menschen in seiner globalen Vernetzung in Gesellschaft und Kultur zu beschreiben und zu verstehen sucht, kann weder die profane Dimension des Umgangs mit dem Geld noch die Auseinandersetzung des Menschen mit elementaren Sinnfragen ihrer Existenz ausklammern.

3.5 Sportpsychologie

3.5.1 Was ist Sportpsychologie?

Mode ist einem ständigen Wandel unterworfen, sie kann als Spiegel des Zeitgeistes angesehen werden. Es ist nicht zu übersehen, daß die Kleidung immer sportlicher wird. Der Trainings- oder Freizeitanzug ist gesellschaftsfähig geworden; kaum ein Jugendlicher ist ohne (Plateau-)Turnschuhe unterwegs. Ist die sportliche Kleidung ein Indiz dafür, daß unsere Gesellschaft sportlicher geworden ist?

Seit einigen Jahren rollt eine Fitneß-Welle. Es ist eine regelrechte Fitneß-Ideologie entstanden. Um Fitneß zu erwerben, soll man – kilometerweit joggen, viele Bahnen schwimmen, den Herzschlag auf 60–90 % des Maximus steigern (»Trimming 130«), dieses Level mindestens 20 bis 30 Minuten halten, und das ganze 4 bis 5mal pro Woche betreiben. »Wer fit ist, hat ein höheres Selbstbewußtsein«, »Wer fit ist, sieht besser aus«, »Fitneß hat positive Auswirkungen auf die Gesundheit«, »Sportliche Menschen sind dynamisch und fair!«. Mit solchen und ähnlichen Behauptungen konfrontieren uns nicht nur die Werbemedien. Die Propaganda für Fitneß-Studios verspricht, daß intensive sportliche Betätigung im Studio Ernährungssünden ausgleiche, und sportliche Betätigung einen Schutz vor Streß biete. Weiter wird suggeriert, daß der gesundheitliche Wert normaler Bewegung wie Spazierengehen und Treppensteigen weit hinter dem der sportlichen Bewegung in einem Fitneß-Studio zurückbliebe. Dabei zeigen viele ein widersprüchliches Verhalten: Sie benutzen den Fahrstuhl, um zum Fitneß-Center hinaufzufahren, und nach schweißtreibender Tätigkeit setzen sie sich mit ihren ebenfalls sporttreibenden Freunden in die Kneipe, um den Flüssigkeitsverlust nicht nur mit alkoholfreien Getränken auszugleichen.

Und noch eine Marktlücke füllt sich durch die Fitneß-Welle: Es erscheinen ständig Bücher, in denen Themen behandelt werden, wie mentales Training, Selfmanagement oder Coaching in vielen Varianten im Zusammenhang mit sportlicher Betätigung. Die Kommerzialisierung des Sports allgemein, und beileibe nicht nur die des Leistungssports, ist ein anscheinend zu einem seiner Hauptmerkmale geworden. Daneben fällt aber auch die steigende Professionalisierung und die zunehmende wissenschaftliche Durchdringung sportlicher Abläufe auf.

Jeder Mensch hat irgendwann in seinem Leben für mehr oder weniger lange Zeit mit dem Phänomen »Sport« zu tun, sei es als aktiver Sportler oder mehr als passiver Zuschauer. Spätestens in der Schule beginnt die sportliche Betätigung im Sportunterricht, dessen Anforderungen sich kein Schüler auf Dauer entziehen kann. Sport ist eine der beliebtesten Freizeitbeschäftigungen, sei es im Sportverein oder vereinsungebunden zum Erhalt oder der Förderung der Gesundheit, aus Geselligkeit, so in Partner- oder Mannschaftssportarten, aus Spaß an körperlicher Betätigung, zur Selbstbestätigung der eigenen Fähigkeiten und noch aus einigen anderen Gründen. Manche nutzen die Angebote ihrer Firma zu sportlicher Aktivität nach der Arbeitszeit oder in den Arbeitspausen. Andere stecken sich hohe Ziele, die sie als Leistungssportler erreichen wollen. Sie sind bereit, dafür sogar schulische Aufgaben, den Aufbau einer beruflichen Karriere, die Pflege sozialer Kontakte und anderes zu vernachlässigen, um ihr Ziel eines Meistertitels, einer Medaille oder eines Profivertrags zu erreichen.

Was ist in diesem Zusammenhang Sportpsychologie? Welchen Beitrag kann sie in welcher Weise und für wen leisten?

»Die Sportpsychologie als wissenschaftliche Disziplin untersucht die Ursachen und Wirkungen der psychischen Vorgänge und Erscheinungen, die sich beim Menschen vor, während und nach sportlicher Tätigkeit abspielen« (Thomas 1995, S. 9). Nach Nitsch befaßt sich die Sportpsychologie mit zwei Problembereichen, nämlich erstens mit den Gesetzmäßigkeiten der psychischen Regulation sportbezogener Handlungen und zweitens mit den psychischen, psychosomatischen und psychosozialen Auswirkungen eigener sportlicher Betätigung sowie bestimmter Organisations- und Präsentationsformen des Sports (1999, S. 726). Sie verfolgt das praktische Ziel, wissenschaftlich begründete Möglichkeiten zu deren Beeinflussung zu entwickeln, die in ethisch vertretbarer Weise eingesetzt werden können. Sportbezogene Handlungen sind solche, die am sportlichen Geschehen unmittelbar orientiert sind (dazu gehört z.B. auch das Zuschauerverhalten), die es gezielt organisieren und regulieren (z.B. das Verhalten von Trainern, Schiedsrichtern, Sportlehrern und Sporttherapeuten) und selbstverständlich die sportlichen Aktivitäten selbst, sei es im Leistungs-, Schul-, Breiten- und Freizeit- oder im rehabilitativen Sport. Bierhoff-Alfermann konstatiert ein auch mit anderen Definitionen übereinstimmendes Verständnis von Sportpsychologie, das sie in drei Punkten zusammenfaßt (1986, S. 11). Danach ist Sportpsychologie erstens eine empirische (nicht ausschließlich eine experimentelle) Wissenschaft, die versucht, Verhalten und

Erleben objektiv, d.h. intersubjektiv nachprüfbar zu erfassen, zu erklären und vorherzusagen, wobei Nitsch weitergreift und auch die Beeinflussungsstrategien mit einschließt. Zweitens wird Sportpsychologie als Wissenschaft aufgefaßt, welche die sportliche Aktivität einschließlich deren passiven Konsum durch die Zuschauer zum Gegenstand hat und darauf ihre Methoden, Meßinstrumente und Theorien abstellen muß. Drittens wird sie als Wissenschaft begriffen, die nicht nur äußerlich beobachtbares Verhalten, sondern auch inneres Erleben im Zusammenhang mit sportlicher Aktivität zum Gegenstand hat.

3.5.2 Zur Entwicklung der Sportpsychologie

Sportpsychologische Themen tauchen in der wissenschaftlich betriebenen Psychologie in den USA schon vor der Wende vom 19. zum 20. Jahrhundert auf. In Deutschland setzte die empirisch-experimentell angelegte Forschung, zunächst noch zögerlich, in den zwanziger Jahren des 20. Jahrhunderts ein. Wichtige Vorbereitungsarbeit für den Aufschwung der Sportpsychologie in den sechziger Jahren leistete Carl Diem (1882–1962), der als Mitbegründer der Deutschen Hochschule für Leibesübungen in Berlin von 1920 bis 1940 ein sportpsychologisches Laboratorium einrichtete, betrieb, und dort mit der Ausbildung von Sportstudenten in Sportpsychologie begann. Er war maßgeblich an der Organisation der Olympischen Spiele von 1936 in Berlin beteiligt. Später begründete er die Deutsche Sporthochschule Köln (1947), eine der heutigen »Hochburgen« der Sportpsychologie neben Berlin und Leipzig. Die ersten Lehrstühle für Sportpsychologie wurden 1961 in Leipzig und 1965 in Köln eingerichtet. Seitdem hat sich die Sportpsychologie, neben der Sportlehrerausbildung, in die sportwissenschaftlichen Studiengänge und in die Trainerausbildung hinein ausgeweitet.

In den USA wurde 1967 die »North American Society for the Psychology of Sport and Physical Activity« (NASPSPA) gegründet, welche seit 1973 jährliche internationale Kongresse veranstaltet.

In Europa fand 1965 der erste »Internationale Kongreß für Sportpsychologie« in Rom statt. Dabei wurde die »International Society of Sport Psychology« (ISSP) gegründet. 1969 folgte der Dachverband »Fédération Européenne de Psychologie des Sports et des Activités Corporelles« (FEPSAC), der die internationale Zusammenarbeit im Bereich der Sportpsychologie fördert.

Die 1969 ins Leben gerufene »Arbeitsgemeinschaft für Sport-psychologie in der Bundesrepublik Deutschland (asp) e.V.« ist die Vertretung der Sportpsychologen und Sportpsychologinnen in der Bundesrepublik Deutschland im universitären und außeruni-versitären Bereich. Ihr gehören auch Vertreter anderer Fachdiszi-plinen an, meistens Sportwissenschaftler, welche ungefähr die Hälfte der insgesamt etwa 250 Mitglieder ausmachen (Stand März 1999). Ziel der ASP ist die Förderung und Weiterentwicklung der Sportpsychologie in Forschung, Lehre und Anwendung. Sie sieht dabei insbesondere folgende Aufgaben:

– Anregung und fachliche Unterstützung sportpsychologischer Forschung, Lehre und Anwendung sowie Stellungnahme zu entsprechenden Fragen;
– Förderung des Informationsaustausches über sportpsychologi-sche Erkenntnisse und Verfahren, insbesondere im Rahmen wissenschaftlicher Tagungen und Veröffentlichungen;
– Verbreitung von Nachrichten aus dem Fachgebiet sowie Infor-mation der Öffentlichkeit;
– Förderung des wissenschaftlichen Nachwuchses, insbesondere durch Fortbildungsmaßnahmen;
– Vertretung der Belange der Sportpsychologie im nationalen und internationalen Bereich.

Weitere Wegmarken wurden mit dem Erscheinen wichtiger Fach-zeitschriften gesetzt, insbesondere des »International Journal of Sport Psychology« als offiziellem Organ der ISSP (1970), des »Journal of Sport Psychology« (1979), »The Sport Psychologist« (1987) und »psychologie & sport« als offiziellem Organ der ASP.

Wichtige Voraussetzungen für die Förderung der sportpsycho-logischen Forschung wurden mit der Gründung des *Bundesinsti-tuts für Sportpsychologie* und der Einrichtung der *Unterkommis-sion Sportpsychologie im Bundesausschuß Leistungssport des Deutschen Sportbundes* geschaffen, die sich in erster Linie um die Trainerfortbildung sowie um Beratung und Betreuung im Lei-stungssport kümmert. In der Ausbildung von Diplompsychologen kann Sportpsychologie an einzelnen Hochschulen als Schwer-punktthema im Rahmen des Kernfachs »Angewandte Psycholo-gie« gewählt werden, ein eigenes Vertiefungs- und damit Prü-fungsfach Sportpsychologie gibt es dagegen noch nicht. Für die berufliche Fortbildung organisiert die ASP seit 1985 gemeinsam mit dem BDP ein auf insgesamt 270 Stunden angelegtes Curricu-lum »Fortbildung in Sportpsychologie«. Es umfaßt neben Grund-lagenbereichen wie »Handlungs- und Bewegungstheorie« die

Anwendungsfelder »Leistungssport«, »Freizeit-, Breiten- und Gesundheitssport«, »Rehabilitation« sowie »Sportpsychologie im Erziehungsbereich«. In jedem Quartal findet jeweils eine Fortbildungsveranstaltung statt, die auch sportpraktische Anteile umfaßt. Der Abschluß wird gemeinsam von ASP und BDP zertifiziert.

3.5.3 Theoretische Orientierungen und inhaltliche Schwerpunkte

Die Anstöße zur Etablierung einer Sportpsychologie kamen aus dem Bereich des Leistungssports. Man hatte beobachtet, daß sich Athletinnen und Athleten im Hochleistungsbereich in ihrem Leistungsvermögen kaum voneinander unterscheiden, daß aber die psychische Verfassung oft den Ausschlag über Sieg und Niederlage gab. Dieser leistungspsychologische Gesichtspunkt steht auch heute noch im Vordergrund sportpsychologischer Forschung. Dabei geht es um die Fragen nach den persönlichen Voraussetzungen, den Entwicklungsmöglichkeiten sowie den fördernden und hemmenden Faktoren für das Erbringen von Höchstleistungen. Die zugehörigen Anwendungsaspekte sind die Talent- und Eignungsdiagnostik, die Trainingsmethodik und die Wettkampfbetreuung.

Die sportpsychologische Forschung kann auf einen großen Fundus an Theorien und Erkenntnissen der Grundlagenfächer und einiger anderer Teildisziplinen der Angewandten Psychologie, so der Allgemeinen Psychologie, der Persönlichkeitspsychologie, der Entwicklungspsychologie, der Sozialpsychologie, der Physiologischen Psychologie, der Pädagogischen, Klinischen und der ABO-Psychologie sowie deren Methoden zurückgreifen, um sie auf das sportliche Handeln anzuwenden. Nitsch (1999, S. 728 ff.) hebt folgende acht Schwerpunktthemen besonders hervor:

1. Psychologische Determinanten leistungssportlicher Betätigung
Hier geht es darum herauszufinden, ob und inwieweit sportliche Betätigung allgemein und die Ausübung bestimmter Sportarten in Zusammenhang mit bestimmten Persönlichkeitsstrukturen gesehen werden können, und inwieweit Sport wiederum die Persönlichkeitsentwicklung beeinflußt. Untersuchungen zur Sportmotivation versuchen zu klären, warum sich wer welchen Sportarten zuwendet und diese längerfristig ausübt. Dabei hat sich herausgestellt, daß es »die« Sportmotivation nicht gibt, sondern meistens

sehr unterschiedliche Motive wie zum Beispiel Gesundheitsförderung, Geselligkeit, Selbstbestätigung und Selbstverwirklichung in unterschiedlicher Kombination gleichzeitig vorhanden sind. Talententdeckung und Talentförderung finden ebenfalls starke Beachtung. Auch die Erforschung der Ursachen vorzeitigen Abbruchs von Sportkarrieren (»Drop-out«-Problematik) zeigt zunehmende Tendenz.

2. Psychologische Trainingsmethoden

Eine Fülle von Arbeiten befaßt sich mit psychologischen Möglichkeiten zur Verbesserung von Wettkampfvorbereitungen. Dabei geht es sowohl um die Optimierung der Psychomotorik (mentales Training), der kognitiven Funktionen (Wahrnehmungstraining) und der Selbstkontrolle, wozu Motivationstraining (Zielsetzungstraining) und Psychoregulationstraining (Entspannungstraining) gleichermaßen gehören. Ein neueres Forschungsthema ist die Analyse sogenannter »naiver« psychologischer Konzepte und Techniken der Selbst- und Fremdbeeinflussung. Damit sind die alltagspsychologischen Vorstellungen und Praktiken gemeint, wie sie sich Sportler, Trainer und Sportlehrer selbst zurechtgelegt haben, um sich zu beruhigen (Relaxationstechniken) oder sich zu stimulieren (Mobilisationstechniken) oder um ihr eigenes oder anderer Verhalten in eine günstige Richtung zu beeinflussen, wobei das Spektrum von »richtiger« Ernährung bis hin zu magischen Praktiken reicht.

3. Wettkampfanalyse

Hier geht es um die Untersuchung des Umgangs mit Beanspruchung und deren Bewältigung vor, während und nach dem Wettkampf, weiter um die Untersuchung sozialer Interaktion der Athleten und ihrer Bedeutung u.a. für die Gruppenleistung in den entsprechenden Sportarten. Auch die Anzahl an Studien über die Auswirkungen aggressiven Verhaltens steigt beschleunigt an. Forschungsdefizite gibt es in bezug auf das individuelle und kollektive Entscheidungsverhalten beim Sportspiel, das psychosoziale Geschehen bei passiver Sportteilnahme (Trainer, Coaches, Physiotherapeuten, Publikum) und Verfahren zur Intervention bei akuten Leistungskrisen.

4. Pädagogisch-psychologische Ansätze

Diese beziehen sich auf alle möglichen Arten von Unterweisung im Sport, vor allem aber auf den schulischen Sportunterricht. Wichtige Teilthemen sind die Optimierung des Fertigkeitserwerbs, Unterrichtsbeanspruchung, Unterrichtszufriedenheit, die

Auswirkung sportlicher Betätigung auf die geistige Leistungsfähigkeit, die Förderung der Motivation zum Sporttreiben und die Sozialisationsprozesse innerhalb des Sportunterrichts. Weitere Impulse für diese Forschungsrichtung sind aufgrund des gegenwärtig zu beobachtenden Trends einer stärkeren Gewichtung der wissenschaftlich-informierenden und der erzieherischen Momente gegenüber der leistungsorientierten Fertigkeitsvermittlung zu erwarten.

5. Gesundheitspsychologische Ansätze

Von der Idee des unmittelbaren wechselseitigen Zusammenspiels von Körper und Psyche waren offenbar schon die Menschen im griechischen und römischen Altertum überzeugt – mens sana in corpore sano. Eng mit dieser Idee verwandt ist die, durch Sport konkrete präventive und therapeutische Möglichkeiten für die Wiederherstellung und den Erhalt körperlicher und psychischer Gesundheit gewinnen zu können. Dies wird besonders in Betriebs-, Freizeit- und im rehabilitativen Sport augenfällig. Besonders für letzteren hat eine geradezu stürmische Entwicklung eingesetzt. Vom Grundsätzlichen her lassen sich zwei Ansätze unterscheiden: Der erste geht davon aus, daß körperliche Betätigung, so auch Sport, an sich schon günstige psychosoziale Auswirkungen hat, z.B. in bezug auf die Intensivierung der Selbsterfahrung, die Entwicklung eines realistischen Selbstbildes, die Förderung von Selbstkontrolle und die Ausformung des Sozialverhaltens. Der zweite, empirisch besser fundierte Ansatz sieht den Sport als Hilfsmittel, als Medium der Psychotherapie. Dem liegt die Annahme zugrunde, daß sich bei sportlicher Betätigung psychische Störungen besonders augenfällig zeigen, z.B. in überängstlichem, gehemmtem oder aggressivem Verhalten. Wenn das so ist, dann bietet der Sport ein leicht zugängliches oder herstellbares Feld, in welchem die psychotherapeutischen Techniken unmittelbar intervenierend ansetzen können. Ein weiterer Vorteil liegt in der psychovegetativen Stabilisierung durch eine daraufhin ausgerichtete sportliche Betätigung. Durch sie wird eine wichtige Voraussetzung für eine erfolgreiche therapeutische Intervention geschaffen.

6. Motorikforschung

Sie ist eines der Hauptarbeitsgebiete der Sportpsychologie. Die Analyse motorischer Lern- und Entwicklungsprozesse ist dabei ebenso wichtig wie die testdiagnostische Erfassung motorischer Leistungsfähigkeit und die Behandlung psychomotorischer Funktionsstörungen. Dies ist ein Bereich, in dem nicht nur auf in der

Psychologie vorhandene Theorienbestände zurückgegriffen werden kann, sondern, ganz in unserem Verständnis von Angewandter Psychologie, Anregungen aus der Praxis des Sports aufgegriffen und zu neuen Konzepten entwickelt werden.

7. Theorie der Handlung

In letzter Konsequenz stellt sich der Sportpsychologie wie jeder anderen Teildisziplin der Angewandten Psychologie auch in ihrem Zuständigkeitsbereich die unabweisbare Frage nach den allgemeinen Gesetzmäßigkeiten der psychischen Regulation, in unserem Fall der Regulation sportlicher Tätigkeit, im Spannungsfeld von person-, umwelt- und aufgabenspezifischen Anforderungsfaktoren. Allgemeines Ziel ist die Entwicklung einer die Spezifika des Sports berücksichtigenden Handlungstheorie, eine Aufgabe, deren Bewältigung trotz vielversprechender Ansätze (vgl. Nitsch 1986) noch lange nicht als erledigt abgehakt werden kann.

8. Methodische Entwicklung

In den ersten Jahrzehnten der Sportpsychologie versuchte man die anstehenden Forschungsprobleme mit Hilfe in der Psychologie allgemein eingeführter diagnostischer, experimenteller und datenverarbeitender Methoden zu lösen, vielleicht mit Ausnahme arbeitswissenschaftlicher Verfahren wie der Situations- und der Tätigkeitsanalyse. Neuerdings zeichnet sich eine Umorientierung hin zur Entwicklung sportspezifischer Untersuchungs- und Testverfahren ab, zumindest in Erweiterung oder Abwandlung der gängigen Methoden.

3.5.4 Aktuelle und künftige Aufgaben und Tätigkeitsfelder

Sportpsychologie ist seit ihren Anfängen als Antwort auf einen entsprechenden Bedarf des Marktes und unserer Zivilisation zu sehen (vgl. Thomas 1995, S. 15). Auf diese Weise ist Sportpsychologie beides zugleich, wissenschaftliche Disziplin und praxisbezogenes Anwendungsfeld. **Übersicht 12** faßt die Aufgaben in einem Schema zusammen, das von dem Gedanken ausgeht, Sport als ein spezifisches menschliches Handlungs- und Erlebnisfeld aufzufassen. In Wissenschaft und Praxis geht es bei jeder Analyse eines sportpsychologischen Problems darum zu fragen, welche Personen unter welchen Bedingungen und welcher Zielrichtung sportlich aktiv sind, welche psychischen Prozesse beteiligt und welche Wirkungen damit verbunden sind (vgl. Thomas 1995, S. 30).

Übersicht 12: Strukturschema sportpsychologischer Aufgaben *(nach Thomas 1995, S. 31)*

Allgemeine Aufgaben:
- Theorie der Sportpsychologie als Teil der Angewandten Psychologie und der Sportwissenschaft
- Methodik der Sportpsychologie als wissenschaftliche Disziplin und als praktisches Anwendungsfach
- Praxis der Sportpsychologie in Lehre, Beratung und Betreuung

Spezifische Aufgaben
Die spezifischen Aufgaben der Sportpsychologie ergeben sich aus einer Kombination der Einzelelemente im folgenden vierdimensionalen Strukturschema:

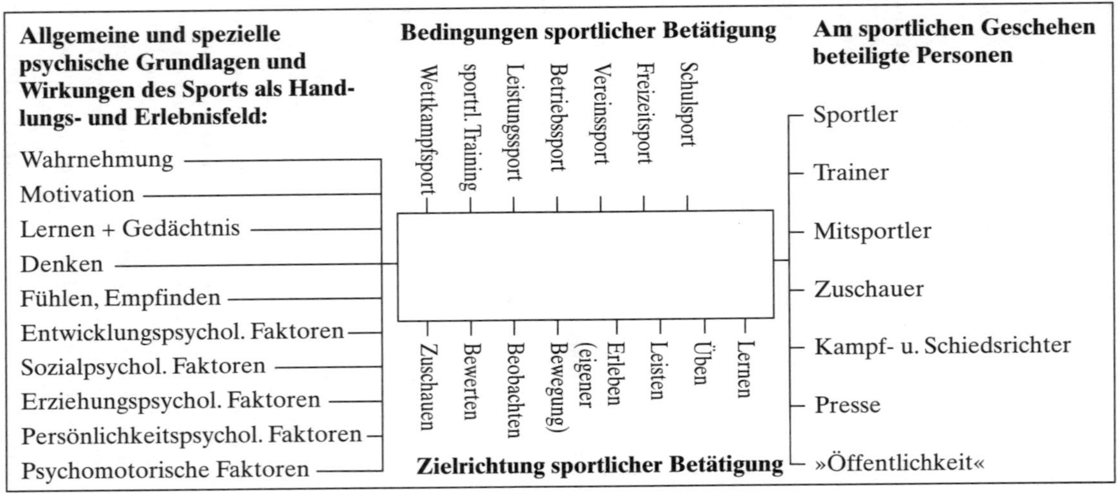

Am sportlichen Geschehen beteiligte Personen
- Sportler
- Trainer
- Mitsportler
- Zuschauer
- Kampf- u. Schiedsrichter
- Presse
- »Öffentlichkeit«

Bedingungen sportlicher Betätigung
- Schulsport
- Freizeitsport
- Vereinssport
- Betriebssport
- Leistungssport
- sportl. Training
- Wettkampfsport

Zielrichtung sportlicher Betätigung
- Lernen
- Üben
- Leisten
- Erleben (eigener Bewegung)
- Beobachten
- Bewerten
- Zuschauen

Allgemeine und spezielle psychische Grundlagen und Wirkungen des Sports als Handlungs- und Erlebnisfeld:
- Wahrnehmung
- Motivation
- Lernen + Gedächtnis
- Denken
- Fühlen, Empfinden
- Entwicklungspsychol. Faktoren
- Sozialpsychol. Faktoren
- Erziehungspsychol. Faktoren
- Persönlichkeitspsychol. Faktoren
- Psychomotorische Faktoren

Sportpsychologie ist nicht nur ein Teilgebiet der Angewandten Psychologie, sie ist gleichzeitig auch ein Teilgebiet der Sportwissenschaft neben der Sportmedizin, der Sportpädagogik und der Sportsoziologie. Sie leistet ihren Beitrag zu einer erfolgreich gar nicht anders als interdisziplinär zu betreibenden wissenschaftlichen Analyse sportlichen Geschehens. Als *Adressaten*, die für die Weitergabe sportpsychologischer Erkenntnisse, z.B. in deren Aus- und Fortbildung, für die Beratung und eventuell auch für die Betreuung durch Sportpsychologen in Frage kommen, nennt Nitsch (1999, S. 730) je nach Aufgabenstellung, das Sportmanagement, Trainer, Übungsleiter, Sportlehrer, Sporttherapeuten, andere Sportwissenschaftler im interdisziplinären Informationsaustausch, die Sporttreibenden, ihre Familienangehörigen insbesondere beim Kinder- und Jugendleistungssport oder bei Sportprogrammen mit psychisch beeinträchtigten Kindern. Als Beispiel für Letztere seien die Jugenddorf-Christophorusschulen des Christlichen Jugenddorfwerks Deutschland e.V. genannt, die in besonderer Weise sowohl psychophysisch belastete, aber auch besonders sportlich talentierte Kinder und Jugendliche intensiv fördern, so im Asthmazentrum des Jugenddorfs Buchenhöhe bei Berchtesgaden oder im Jugenddorf für Leistungssport in Obersalzberg (vgl. Dannenmann 1988). Nitsch weist allerdings mit Nachdruck darauf hin, daß die praktisch-psychologische Tätigkeit im Sport immer noch in zweifacher Hinsicht ernsthaft belastet ist: Der Sportpsychologe ist einerseits mit der von Vorurteilen bestimmten Befürchtung der Nutzer konfrontiert, bei Inanspruchnahme psychologischer Hilfe als psychisch defekt zu gelten, und andererseits mit überzogenen Erwartungen und der Bereitschaft, jedem Rat blind zu folgen, der eine Leistungssteigerung verheißt.

Einsatzfelder für den speziell in Sportpsychologie ausgebildeten Psychologen gibt es bei weitem mehr, als bisher erschlossen sind, was in vielen Fällen an der mangelnden Kenntnis dessen liegt, was diese Experten zu leisten imstande sind, und an den oft fehlenden finanziellen Möglichkeiten, um ihnen eine leistungsadäquate Honorierung zu sichern. Dies gilt insbesondere für den Bereich Schule, wo sportpsychologische Erkenntnisse nur über den Weg der Sportlehrerausbildung, nicht aber durch den Psychologen direkt einfließen und umgesetzt werden. Die schulpsychologischen Dienste, die für diese Aufgabe fachliche Kompetenz entwickeln könnten, sind im Regelfall durch ihre anderen Aufgaben mehr als ausgelastet (vgl. Kapitel 2.2.7). Auch an den Volkshochschulen sind Sportpsychologen nur gelegentlich eingesetzt bei

Themen wie »Gesundheitsvorsorge«, »Entspannungstrainings«, »Bewegungstrainings durch Spiel und Sport«. Selten im Hauptamt denn als freie Mitarbeiter und Lehrbeauftragte werden sie an Universitäten, Trainerakademien, in der Trainerausbildung in den Fachverbänden und für die Ausbildung von Übungsleitern in den Landessportbünden herangezogen. Zunehmend mehr gefragt ist die Nutzung psychologischen Know-hows bei der professionellen Sportlehrerausbildung z.B. für Tennis, Eiskunstlauf, Eisschnelllauf und für die alpinen Wintersportarten, in denen im Vergleich zu anderen Sportarten zum Teil noch erheblicher Nachholbedarf besteht.

Hahn weist auf eine Vielzahl von Möglichkeiten im *Breitensport* hin, wo sportpsychologischer Rat erwünscht und, etwa in Form von Gutachten, auch in Anspruch genommen wird (1985, S. 36 ff.): Mitwirkung und Beratung bei Sportstätten- und Gerätebau, Aufstellung von Regeln, sportliche Aktivierung älterer Menschen, Einrichtung betriebseigener Sportanlagen mit Nutzungsmöglichkeiten für die Familien der Beschäftigten, attraktive Angebote für Frauensport – auch mit Kleinkindern – zu vernünftigen Tageszeiten, Sportanimation im Urlaub, Mitwirkung bei der Gestaltung von Fitneß-Studios in allen Varianten oder die Einrichtung und Organisation von Tanzschulen. Ein Berufsfeld für hauptamtliche Sportpsychologen ist der Breitensport allerdings nicht.

Im *Leistungssport*, wo es zunehmend mehr Stellen für vollzeitbeschäftigte Sportpsychologen gibt, ist der Haupteinsatzbereich nicht die Therapie, sondern die Ausbildung, die Trainingsbegleitung und die Prävention im Sinne der Aufklärung beispielsweise bei möglichen psychosozialen Risiken des Leistungssports, bei der Talentförderung im Kindes- und Jugendalter. Nicht Krisenmanagement, nicht der Sportpsychologe mit Feuerwehrfunktion, sondern die Steigerung psychologischen Wissens bei Trainern und Athleten sowie deren Trainings- und Karrierebegleitung sollten das Berufsbild des modernen professionellen Sportpsychologen prägen. Sportpsychologen mit spezifischen Kenntnissen in einer oder mehreren Sportarten arbeiten hauptberuflich in den entsprechenden Fachverbänden, z.B. im Deutschen Leichtathletik-Verband. Ihre Aufgaben reichen von der Zusammenarbeit bei Ausbildungskonzepten über die Mitwirkung bei Aus- und Fortbildungsmaßnahmen, der Begleitung der Sportler zu Trainingslagern, zu internationalen Wettkämpfen bis zur Einzelberatung der Athleten in besonders gelagerten Fällen. Außer den Sportverbänden beschäftigen auch große Sportvereine, z.B. im Fußball und in anderen Mannschaftssportarten, neben den Sportärzten und

Physiotherapeuten auch Psychologen, wenngleich diese eher im Hintergrund arbeiten und weniger in den Arenen ihrer Arbeit nachgehen.

Gelegentlich können in Kommunen oder in Firmen primär für andere Zwecke eingestellte Psychologen einen Teil ihrer Arbeitszeit für sportpsychologische Beratung auf lokaler Ebene verwenden, z.B. zur sportpsychologischen Beratung von Werksangehörigen, Vereinen oder von kommunalen Entscheidungsträgern für die Genehmigung, Einrichtung und das Betreiben von Sportanlagen.

Eine weitere wichtige Aufgabe für Sportpsychologen ist die Mitarbeit bei der Rehabilitation. Das Spektrum der Klientel reicht von Körperbehinderten (z.B. Amputierte, Rollstuhlfahrer, Herzinfarktpatienten, Diabetiker, Spastisch Gelähmte), Sensorisch Behinderten (z.B. Blinde, Hörbehinderte), Kognitiv Behinderten (z.B. Geistigbehinderte, Lernbehinderte) bis zu Behinderten mit Persönlichkeitsstörungen; nicht zu vergessen die Suchtgefährdeten, die Drogenabhängigen oder auch die Strafgefangenen.

Wo die Klienten ambulant in Schulen oder Vereinsgruppen behandelt werden, gibt es zwar zum Teil sehr gut ausgebildete Fachkräfte, Psychologen sind jedoch sehr selten dabei. Andere Stätten der Förderung sind Sonderschulen, Heime, Krankenhäuser, Sanatorien und Kureinrichtungen oder nach Krankheitsbildern zusammengestellte Vereinsgruppen. Wo die Klienten stationär untergebracht sind, gehören Psychologen in den meisten Fällen mit zum Betreuungsteam. Die psychologischen Dienste sind jedoch in erster Linie für die psychologische Gesamtbetreuung zuständig. Erfreulicherweise wächst dort mehr und mehr die Einsicht in die Notwendigkeit, die sportliche Betätigung der Klienten in das Betreuungs- und Therapieprogramm zu integrieren. Sportpsychologische Kenntnisse und Methoden sind so in den gesamten Rehabilitationsprozeß einzubringen.

3.5.5 Fazit und Ausblick

Sportpsychologische Erkenntnisse sind prinzipiell überall anwendbar, wo Sport betrieben wird. In den aufgeführten Tätigkeitsfeldern hat die Sportpsychologie, so ist wohl deutlich geworden, aber keine dominante, sondern eine Servicefunktion. Die Durchführung und Kontrolle der sportlichen Programme leisten die Trainer, Lehrer, Übungsleiter oder Bewegungstherapeuten.

Psychologische Hilfestellung soll nicht erst dann abrufbar sein, wenn krisenhaft Probleme beim Sportler oder in seinem Umfeld auftauchen. Daher ist es Sache der Sportpsychologie, bei der Ausbildung von für Sportunterricht, Sportlertraining und Behindertenprogramme verantwortlichen und zuständigen Personen mitzuwirken, gezielte Übungs- und Förderungsprogramme unter psychologischen Aspekten mitzugestalten, diese mit diagnostischen und evaluierenden Maßnahmen zu begleiten, Sportler, Schüler und Behinderte notfalls individuell zu betreuen und – als ultima ratio – zu therapieren.

Bedarf für den Einsatz vollberuflicher Sportpsychologen gibt es dennoch genug, konkrete Stellenangebote sind aber nach wie vor eher dünn gesät.

In Ergänzung seiner Kompetenzpalette ist es durchaus wichtig, daß auch der Klinische, der Pädagogische und der ABO-Psychologe etwas von Sportpsychologie versteht, da in seinem angestammten Tätigkeitsfeld erstens Sport als häufiges Phänomen vorkommt, und zweitens er in seiner erweiterten psychologischen Kompetenz für die Gestaltung, Durchführung und die Auswirkungen sportlicher Betätigung einen ernst zu nehmenden Beitrag leisten kann.

In inhaltlicher Sicht und mit Blick auf den Verlauf weiterer sportpsychologischer Forschung läßt sich mit Nitsch (1999, S. 731) vermuten, daß pädagogisch- und gesundheitspsychologische Aspekte des Sports stärker ins Zentrum der Aufmerksamkeit rücken werden. In methodischer Hinsicht wird sich die Entwicklung eigenständiger sportpsychologischer Untersuchungskonzepte sowohl für die Feldforschung als auch für die experimentell betriebene Sportpsychologie in einer auch für andere Bereiche der Psychologie fruchtbaren Weise verstärken. Erweitern und intensivieren wird sich die Aus- und Fortbildung in Sportpsychologie besonders für Trainer in immer mehr Bereichen des Sports wie auch für die Sportpsychologen selbst, um bei ersteren die Sensibilität für sportpsychologische Probleme und bei letzteren die Kompetenz für sportpsychologische Interventionen weiter zu erhöhen. Schließlich wird es die große gemeinschaftliche Aufgabe aller im Bereich des Sports tätigen Personen sein, mit viel Einfallsreichtum, Kreativität und zäher Überzeugungskraft darauf hinzuarbeiten, daß sich die organisatorischen und stellenmäßigen Voraussetzungen für eine erfolgreiche praktisch-psychologische Tätigkeit im Sport nachhaltig verbessern.

3.6 Tourismuspsychologie
(unter Mitarbeit von Daniela Oberholz und Stefan Schwarm)

3.6.1 Tourismus und die Geschichte des Reisens

»Was tun Menschen, wenn sie nicht arbeiten oder schlafen?« Frey et al. beantworten diese Frage so: »Sie reisen, lesen Bücher und Zeitungen, sehen fern oder hören Radio, musizieren auch selbst, sie treiben Sport und beschäftigen sich im weitesten Sinne mit kulturellen und religiösen Fragen« (1992, S. 465). Der Tourismus, das Reisen, zählt demnach ebenso zu den Themen der Angewandten Psychologie im Bereich »Kultur und Freizeit« wie die Musik, der Sport oder die Religion.

Der Tourismus gilt in der Öffentlichkeit als ein riesiger Industriezweig, der alle Formen von Reisen unter ökonomischen Gesichtspunkten organisiert und vermarktet. Bleiben die Touristen aus, hat das für manches Land und manche Region katastrophale Folgen, wie z.B. nach der Algenpest an der Adria, dem Bürgerkrieg in Ex-Jugoslawien oder wegen der Kurden-Problematik in der Türkei. Nach Angaben der World Tourism Organization (WTO) in Madrid stiegen die Einnahmen aus dem Tourismus 1998 weltweit um 2 % auf die unvorstellbare Summe von 444,7 Milliarden US-Dollar. Alleine die deutschen Touristen steigerten ihre Ausgaben von 77,7 Milliarden D-Mark 1990 auf 111,4 Milliarden 1998, was einer Zunahme von 30 % oder einer jährlichen Zuwachsrate von knapp 4 % entspricht.

Wie ist das Tourismus-Phänomen entstanden?

Reisen ist eine der ältesten Verhaltensweisen des Menschen; jahrtausendelang reiste man jedoch aus existentiellen Gründen: Die Reisen unserer Vorfahren hatten meist entweder ökonomischen Charakter (Erschließen von neuen Siedlungsräumen, Handelsreisen), religiösen Charakter (Pilgerreisen) oder auch militärische Gründe (Eroberungen, Feldzüge, Kreuzzüge); man floh vor Krieg, Armut oder ansteckenden Krankheiten. Aber auch in der Antike gab es schon nicht existentiell begründete Bildungs- und Erholungsreisen ähnlich wie im modernen Tourismus, wenn auch nicht für die breite Masse der Bevölkerung (vgl. Spode 1993, S. 3). Diese Reiseformen verschwanden in der mittelalterlichen Feudalgesellschaft aber wieder. Erst im 17. Jahrhundert wurde das Bildungs- und Ausbildungsmotiv als Grund für das Reisen aktuell.

Im Rahmen der »Grand Tour« begann der englische Adel und dessen Nachwuchs durch Europa zu ziehen. Dies sollte dazu dienen, das Wissen vor allem der jungen Leute zu erweitern und sie auf ihre künftigen staatlichen und internationalen Aufgaben vorzubereiten; außerdem spielte auch das mit Reisen verbundene Vergnügen durchaus eine wichtige Rolle. Im 17. und 18. Jahrhundert begann das erstarkende Bürgertum den Adel nachzuahmen; man reise nun auch aus Prestigegründen (vgl. Kagelmann & Eggert 1992, S. 499 f.). Viele gebildete Leute reisten jetzt, so zum Beispiel Goethe, Rousseau, Humboldt und Darwin. Sie begründeten dies mit wissenschaftlicher Neugierde, Entdeckerdrang oder der Erweiterung künstlerischer Horizonte.

Im Jahr 1845 eröffnete Thomas Cook in England das erste »Reisebüro« und legte damit einen Grundstein für den organisierten Massentourismus. Seiner Idee folgten bald darauf Stangen 1863 als Veranstalter von Fernreisen und in den USA 1881 die American Express Company.

Während der Zeit des Kaiserreichs (1871–1918) bekam in Deutschland zunehmend auch die Mittelschicht die Möglichkeit zu reisen. Üblich wurden Kurzreisen, vor allem ans Meer oder in die Alpen, wobei als Hauptmotiv für den Urlaub die Regeneration im Vordergrund stand. Ein wichtiger Schritt in Richtung auf den heutigen Massentourismus war die Gründung des proletarischen »Touristenvereins ›Die Naturfreunde‹« im Jahr 1895 (vgl. Spode 1993, S. 5). Während der Zeit der Weimarer Republik wuchs der Tourismus zunächst nur langsam weiter, wobei die Arbeiterschaft noch immer stark unterrepräsentiert war. In Folge der Weltwirtschaftskrise ging die Zahl der Reisenden stark zurück.

Im Nationalsozialismus wurde der »Erholungsanspruch« jeder arbeitenden Person gesetzlich verankert. So nahm der Tourismus in den Vorkriegsjahren erheblich zu, blieb aber immer noch eine Domäne der mittleren und höheren Schichten. Erst ab den 50er und 60er Jahren sorgte der wirtschaftliche Aufschwung für einen erheblichen Zuwachs des Tourismus. Von stark normierten Pauschalreisen bis zum selbstbestimmten, individuellen Reisen sind heute die verschiedensten Urlaubsformen üblich. In jüngster Zeit zeichnet sich ein neuer Trend ab hin zu »aktiven Erholung«. Reisen ist in den meisten westlichen Industriegesellschaften zur Massenbewegung und zur sozialen Norm geworden. Der kontinuierliche Aufschwung des Tourismus hat nach Günter (1991, S. 27) drei sich ergänzende Ursachen: Der Massenwohlstand, das wachsende Budget an freiverfügbarer Zeit und die zunehmende touristische Mobilität durch Motorisierung und den Ausbau des Straßen- und Eisenbahnnetzes. Hinzu kommt das Populärwerden der Personenschiffahrt, die rasche Verbreitung des Automobils, die enorme Ausweitung des weltweiten Flugverkehrs sowie die Bildungsexpansion seit dem Kriegsende. Mit dem allgemeinen Anstieg des Tourismus ging ein Anstieg der Pauschalreisen einher, was den Bildungstourismus zu einem hochinteressanten Spezialmarkt für die Veranstalter gemacht hat. Das Reisen ist für die meisten Deutschen so wichtig geworden, daß viele selbst in konjunkturell schwachen Zeiten lieber Konsumverzicht an anderen Dingen als gerade am Urlaub üben.

Der Studienkreis für Tourismus e.V. führte bis vor kurzem jedes Jahr eine »Reiseanalyse« durch, die das Reiseverhalten der Deutschen zum Gegenstand hatte. Jeweils zu Jahresbeginn wurde eine repräsentative Stichprobe von rund 6.000 jugendlichen und erwachsenen Bundesbürgern nach ihrem Urlaubsverhalten im vergangenen Kalenderjahr befragt. Es wurden sowohl quantitative Daten (Zahl der Reisen, der Mitreisenden, der Kosten usw.) als auch qualitative Aspekte (Motive, Interessen, Zufriedenheit) erhoben. Diesen Reiseanalysen zufolge ist das wichtigste Verkehrsmittel aller Reisenden der private Pkw (einschließlich Wohnmobil und Wohnwagen). Er bietet die höchstmögliche Mobilität. Bei Pauschalreisen überwiegt der Bus, bei Fernreisen, ob kontinental oder interkontinental, das Flugzeug, gefolgt von kombinierten Flug- und Busreisen (nach Günter 1991, S. 48). Schiffskreuzfahrten, auch in Kombination mit anderen Reisemitteln, verzeichnen einen deutlichen Aufwärtstrend. Das nach wie vor wichtigste Reisemittel wird allerdings mit großem Abstand der Pkw bleiben. In einem Vortrag beim dritten Automobilwirtschaftlichen Symposion an der Universität Bamberg 1997 äußerte sich der Hamburger Freizeitforscher Opaschowski dazu etwa folgendermaßen: Auf der Suche nach immer Neuem, nie Dagewesenem, nach dem »Event«, seien übersättigte Konsumenten zu hoher Mobilität bereit. Infolgedessen entwickelten sich Sport-, Kultur- und Städtereisen zu einer freizeitmobilen Massenbewegung an der Schwelle zum 21. Jahrhundert. Zwei Drittel der Tagesausflügler und Kurzurlauber seien regelmäßig mit dem Auto unterwegs, Tendenz steigend. Das Auto dominiert bei den Tagesausflüglern (1994: 63 % – 1997: 67 %) und ist auch bei den Kurzurlaubern konkurrenzlos (1994: 59 % – 1997: 64 %). Dies geht aus einer repräsentativen Vergleichserhebung des B.A.T Freizeit-Forschungsinstituts hervor, in der 3.000 Bundesbürger ab 14 Jahren 1994 und 1997 nach ihrem Mobilitätsverhalten befragt wurden (vgl. Opaschowski 1997a, b). Nach dieser Studie spielt der Öffentliche Personennahverkehr (ÖPNV) im Freizeitbereich fast keine Rolle. Und auch die Bahn verliert deutlich an Attraktivität: Nur jeder zwanzigste Bundesbürger (1994: 5 % – 1997: 4 %) nimmt bei seinen Tagesausflügen den ÖPNV in Anspruch. Die Bahn führt bei den Fahrten ins Grüne oder Blaue geradezu ein Schattendasein (1994: 5 % – 1997: 4 %). Die Ergebnisse der aktuellen Umfrage weisen nach, daß Bahn und ÖPNV den Trend zu Kurzreisen offensichtlich verpaßt haben. Der ÖPNV hat bei den Kurzreisenden fast eine Null-Attraktivität (1994: 2 % – 1997: 2 %), und die Bahn verliert deutlich an Bedeutung (1994: 12 % – 1997: 9 %). Sie kann mit attraktiver Preis-, Streckennetz- und Fahrpreisgestaltung versuchen, verlorenes Terrain zurückzugewinnen, allerdings in härtester Konkurrenz zu sinkenden Flugpreisen.

3.6.2 Was ist Tourismuspsychologie?

Tourismuspsychologie – gibt es die überhaupt? Und wenn ja, wo und von wem wird sie betrieben?

Auf unserer Suche nach diesem Stichwort wurden wir weder bei Schorr (1993) noch bei Asanger und Wenninger (1999) fündig. Immerhin gibt es bei Häcker und Stapf einen Eintrag unter der Bezeichnung »psychologische Tourismusforschung«, worunter die psychologischen Aufgaben verstanden werden, Fragen der Reiseaktivität, der Reisemotivierung, des Erlebens und Verhaltens, des Spielens von Rollen und der Gewohnheiten beim Reisen zu durchleuchten. Dieser Forschungszweig sei auch für die Klärung medizinischer und pädagogischer Tourismusprobleme (Gesundheitswert des Reisens, Reisetherapie, Jugendtourismus u.ä.) bedeutsam (1998, S. 883). Sie ist ein Teil der umfassenderen Freizeitpsychologie, die sich mit Motivationen, Einstellungen, Verhaltens- und Erlebensweisen und damit verbundenen Lernvorgängen auch in anderen Feldern als dem Tourismus beschäftigt, so in Zusammenhang mit Arbeitslosigkeit, frühzeitiger Pensionierung, Sport (vgl. Kapitel 3.5), neuen Medien oder alternativen Kulturszenen (vgl. Tokarski & Schmitz-Scherzer 1999, S. 200).

Tourismuspsychologische Ansätze in diesem Sinne gibt es schon seit mindestens 40 Jahren. Bereits in den 20er und 30er Jahren haben sich Sozial- und Wirtschaftswissenschaftler mit dem aufkommenden Phänomen des »Fremdenverkehrs« beschäftigt. Das Entstehen wirtschaftswissenschaftlicher Verkehrsinstitute in den 50er Jahren und das Aufblühen der Demoskopie mit ihrem methodischen Instrumentarium zur Erkenntnisgewinnung sind als Grundlagen für das Aufgreifen der Tourismusphänomene in psychologischen Studien zu nennen. Deren Ergebnisse waren über Jahrzehnte jedoch nirgendwo gebündelt, vielmehr wurden sie über betriebswirtschaftliche, kulturwissenschaftliche und geographische Zeitschriften verstreut publiziert. Erst die in USA seit 1974 erscheinende Zeitschrift »Annals of Tourism Research« hat hier Abhilfe geschaffen und in den letzten 10 Jahren wesentlich dazu beigetragen, Ansätze aus der Sozialpsychologie auf touristische Fragestellungen anzuwenden. Sie war von Beginn an für alle Disziplinen offen, die sich mit dem Tourismus befassen, so z.B. neben der Ökonomie auch die Soziologie, Geographie, Pädagogik, Politik- und Geschichtswissenschaften und eben die Psychologie, in jüngerer Zeit auch die Ökologie (vgl. Ellenberg, Scholz & Beier 1997). Dies zeigt schon, daß die Tourismuspsychologie noch weit mehr als die anderen Teilgebiete der Angewandten Psychologie sehr stark interdisziplinär eingebunden ist. Es soll jetzt aber nicht der Eindruck entstehen, bei der Tourismuspsychologie handle es sich um ein an den wissenschaftlichen Hochschulen etabliertes Fach, das mit den anderen kooperiere; denn im deutschen Sprachraum hat sich bisher keine Tradition akademischer Grundlagenforschung entwickelt. Tourismuspsychologie ist in tourismuswissenschaftlichen Studiengängen, die an einigen Fachhochschulen, z.B. in München und Heilbronn angeboten werden, nur eines von mehreren Teilfächern, so auch in dem von der Universität Bielefeld eingerichteten zweisemestrigen Weiterbildenden Studium Tourismuswissenschaft, das mit seinem interdisziplinären und praxisnahen Ansatz kultur-, sozial- und wirtschaftswissenschaftliche Beiträge zu einem Gesamtkonzept integriert und den Bezug zur touristischen Praxis über die Durchführung von Projektarbeiten herstellt. Im übrigen hat die akademische Psychologie das Phänomen Tourismus lange Zeit geradezu ignoriert. Jahrzehntelang wurde Tourismus mit Touristik gleichgesetzt, wurden die ökonomischen Aspekte stark in den Vordergrund gestellt, zu Lasten der sozial- und verhaltenswissenschaftlichen Faktoren. Dass in der Tourismusthematik aber eine Fülle psychologisch relevanter Sachverhalte steckt, ist auch heute noch in Fachkreisen ebensowenig hinreichend erkannt wie die Tatsache, daß hier ein zukünftiger Markt für psychologische Dienstleistungen verschiedenster Art im Entstehen ist. Es wäre kurzsichtig und vorschnell geurteilt, in diesem Zusammenhang Psychologie einseitig im Dienste des Tourismusmarketings und damit als für kommerzielle Interessen vereinnahmte Wissenschaft zu sehen, ohne zu bedenken, daß das Reisen für die meisten Menschen ein besonders häufiges, beliebtes und manchmal auch gefährliches Unterfangen von hohem Erlebniswert darstellt. Dadurch wird per se Tourismus zum legitimen Gegenstand psychologischer Forschung, Beratung und Intervention.

3.6.3 Tourismuspsychologische Forschung

Von manchen Autoren wird die Gründung des Studienkreises für Tourismus e.V. 1960 in München und Starnberg als die »Geburtsstunde« einer psychologisch-soziologisch orientierten und für interdisziplinäre Kooperation aufgeschlossene Tourismuswissenschaft gefeiert. Hier schlossen sich einige Reiseunternehmer mit Vertretern der Kirchen, der internationalen Bildungsarbeit und der Hochschulen zusammen, um einen Dialog zwischen Forschern und Praktikern zustande zu bringen (vgl. Kagelmann & Eggert 1992, S. 503). Von ihm wurde die erste größere Studie im deutschsprachigen Raum in Auftrag gegeben, die Anstoß und Modell für viele nachfolgende Studien war. »Die Reise im Vorstellungsbild und in den Erwartungen des Touristen« lautete der Titel des Untersuchungsberichts, der schon vor 40 Jahren Fragen aufwarf und für die damaligen Gegebenheiten auch beantwortete, die aber ständig wieder neu gestellt werden müssen, wenn es darum geht, die wesentlichen Motive für das Reisen zu erkunden, Reiseerwartungen, Reiseverhalten und Reiseerfolge in ihrer Abhängigkeit von persönlichen, sozialen, geographischen und organisationalen Faktoren zu ergründen. Dieser Studienkreis bestand bis 1993 und wurde 1994 abgelöst durch die Neugründung des Studienkreises für Tourismus und Entwicklung e.V. mit Sitz in Ammerland am Starnberger See. Er versteht sich als eine Institution, die kritisch, wissenschaftlich fundiert, praxisbezogen und konstruktiv die Förderung der menschlichen Würde, Sicherheit und Gerechtigkeit aller am Tourismus Beteiligten als generelles Ziel hat. Ein Blick in die Projektarbeit des Studienkreises vermittelt zumindest einen Eindruck über aktuelle Aufgaben und das methodische Herangehen, bei denen die Mitwirkung von Psychologen augenfällig Sinn macht: Motivationsseminare für Dritte-Welt-Reiseleiter mit dem Ziel des Reiseleiters als Kulturvermittler und der Qualifikation »Interkultureller Lehrer«; Publikationen von Arbeiten aus Wissenschaft und Praxis, die sich mit Aspekten und Phänomenen, Chancen und Risiken touristischer Entwicklung beschäftigen; Aufzeigen von touristischem Fehlverhalten, besseres Kennen- und Verstehenlernen des Gastlandes, Vermittlung von Einsichten aus der Perspektive der »Bereisten«; umwelt- und sozialverträglicher Tourismus; das Fremde im Urlaubsland (Wahrnehmungsmuster im Urlaub, z.B. in islamischen Ländern des Mittelmeerraums oder buddhistisch geprägten Ländern Asiens); qualitative und quantitative touristische Nachfrageanalysen, teilnehmende Beobachtungen zur Analyse von Urlaubssituationen, Urlaubsformen und Reisearten, Expertenbefragungen zu Spezialthemen touristischer Entwicklung, Befragungen von Einheimischen in touristischen Zielgebieten; Erstellung von Expertisen im Bereich der Konzeptionierung touristischer Informationsfilme und vieles andere.

Tourismuspsychologische Forschung im engeren Sinn fassen Kagelmann und Eggert (1992, S. 503 ff.) in vier Gruppen zusammen:

1. Marktpsychologische Studien

In diesen steht die psychologische Hilfestellung für den Verkauf von Reisen aller Art und bei der Gestaltung der diesem Zweck dienenden Werbemittel im Vordergrund. Dazu gehören auch Arbeiten, die versuchten bestimmte Urlaubertypen zu identifizieren, – ein Ansatz, von dem man inzwischen abgerückt ist zugunsten interaktionistischer Ansätze. Ein nach wie vor starkes Forschungsinteresse gilt der Untersuchung der »Motive« bestimmter Gruppen von »urlaubshungrigen« Menschen und damit einhergehenden »Einstellungen« zu bestimmten Urlaubsregionen, Reiseformen, Reisemitteln und dergleichen.

2. Motivationspsychologische Studien

Es lassen sich zwei große Fragenkomplexe – allgemeine und spezielle Reisemotivation – unterscheiden:

a) Warum wollen Leute überhaupt verreisen?

Nach der »compensatory leisure hypothesis« tun sie es, weil sie einen wie immer gearteten Ausgleich für ihre Arbeitssphäre brauchen. Die »spillover leisure hypothesis« besagt, daß Menschen, aus welchen Gründen auch immer, danach trachten, den Freizeitbereich in ähnlicher Weise zu gestalten wie ihren Arbeitsbereich. Die »Fluchthypothese« ist sowohl im wissenschaftlichen als auch im Alltagsbereich weit verbreitet. Sie nimmt an, daß Urlaub, Ferien, Reisen, Tourismus generell notwendige, gesellschaftlich akzeptierte, sozial normierte Möglichkeiten und Funktionen sind, die Zwänge der Arbeitssituation abzubauen oder wenigstens zu verdrängen.

Befragungen zeigen immer wieder, daß es stets mehr als ein Motiv zu verreisen gibt. Die Annahme eines einzelnen (Grund-) Reisemotivs ist kaum haltbar. Die Reisemotivation ist stets eine *komplexe mehrdimensionale Motivationsstruktur,* die soziologische, sozialpsychologische, entwicklungspsychologische und persönlichkeitspsychologische Bezüge aufweist. Vereinfachend argumentiert, lassen sich die Motive zwei unterschiedlichen Grundtendenzen zuordnen. Die eine kennzeichnet ein »Weg-von»-Bedürfnis, d.h. weg von Alltag, Arbeit und Streß, die andere eine besondere »Ich-Betonung«: bestimmen wollen, genießen wollen, sich verwöhnen lassen.

Auffällig häufig zeigen sich in den Studien bemerkenswert große Diskrepanzen zwischen den geäußerten Reisemotiven und dem tatsächlichen Verhalten. Das äußert sich z.B. darin, daß viele Leute, wenn sie verreist sind, nicht etwas so ganz anderes als zu Hause tun, sondern ihren häuslichen Feierabend gerade ein paar hundert Kilometer verlegen, um dort einfach das, was sie auch sonst tun, nur noch intensiver als sonst auszuleben.

An den Basisbedürfnissen hat sich über die Jahrzehnte hinweg wenig geändert, wohl aber in den Urlaubsformen. Es wird nicht mehr so sehr die passive Erholung gesucht, sondern daneben oder auch statt dessen Aktivität und »Events«, z.B. in Animationsurlauben, Erlebnisurlauben, Abenteuerreisen, Sporturlauben oder anstrengenden Bildungsreisen.

b) Warum, wann und unter welchen Umständen oder welchen Bedingungen entscheiden sich Menschen für eine bestimmte Reiseform, für ein bestimmtes Reisemittel und für ein bestimmtes Reiseziel? Wie und in welchen Phasen läuft dieser Prozeß der Entscheidungsfindung ab?

Schwerpunkte der Forschung sind hier die Analyse der Einstellungen den erwähnten Dingen gegenüber und die Erkundung der Attraktivität von deren Merkmalen. Hier liegt ein bei weitem nicht ausgereiztes Feld der Anwendung sozialpsychologischer Theorien und Verfahren der Einstellungsforschung mit zu erwartenden, zumindest möglichen Rückwirkungen auf die grundlagenwissenschaftlichen Fragestellungen. Hierher gehören auch die Analysen spezieller Reisemotivation bei umschriebenen sozialen Gruppierungen wie Single-Urlaubern, Langzeiturlaubern oder Jugendlichen.

Es bleibt kritisch anzumerken, daß an konkreten und kurzlebigen Marktproblemen orientierte psychologische Untersuchungen meist zu spezifisch sind, als daß sie zu einer allgemeinen Theoriebildung beitragen könnten. Vor allem die Beschränkung auf Befragungsmethoden, die meist nicht gegebene Repräsentativität und die starke Bindung an die Interessen der Auftraggeber halten den wissenschaftlichen Wert solcher Studien in engen Grenzen.

3. Sozialpsychologisch orientierte Studien

Die sozialpsychologische Herangehensweise akzentuiert die Bedeutung des sozialen Kontexts des touristischen Verhaltens. Die ersten Untersuchungen richteten sich allerdings mehr auf die Erhellung kognitiver Phänomene wie Erwartungen, Einstellungen, Wünsche oder »kognitive Landkarten« von Touristen und Reisenden. In methodischer Hinsicht sind inzwischen Trendverschiebungen im Gange, die Studien mehr auf das konkrete Verhalten der Touristen und Reisenden im »Feld« zu richten, statt im Labor kaum valide Daten zu sammeln. In Zusammenhang mit dem Aufleben der Diskussion um Einsetzbarkeit und Nutzung von Verfahren der qualitativen, phänomenologischen und naturalistischen Datengewinnung werden sich auch hier viele neue Möglichkeiten auftun, tiefer in das Verständnis des touristischen Geschehens einzudringen.

Als gegenwärtige Schwerpunkte der Forschung sind zu nennen:
– *Analyse der Entscheidungsprozesse bei Reisevorhaben*
   Der Entscheidung für eine Reise geht meist ein längerer Prozeß des Einholens von Informationen, des Aushandelns mit potentiellen Mitreisenden und des Sichvergewisserns voraus, in welchen Gespräche mit Bekannten, Freunden und Verwandten, Personal im Reisebüro, die Meinung »Vielgereister« und Berichte in den Medien eine mehr oder minder bedeutsame Rolle spielen.
– *Untersuchungen von (Urlaubs-)Stereotypen*
   Hierzu gehören Vergleiche zwischen verschiedenen Gruppen, z.B. von Reisenden, Reisebüroagenten, Veranstaltern oder Reiseleitern hinsichtlich der Cluster ihrer Ansichten, Meinungen und Einstellungen zu Fragen wie »Was macht den ›perfekten‹ Urlaub?« oder »Wie soll eine optimale Ferienanlage für Animationsurlaub gestaltet sein?« oder »Wie sieht das Idealbild einer Stewardess für unsere Fluglinie aus?«
– *Soziales Verhalten von und gegenüber Reisenden*
   Beispiele wären Untersuchungen zum Hilfeverhalten von Mitreisenden und Ortsansässigen, der Serviceleistungen in Flugzeug, Schiff, Bahn und Bus, des Umgangs mit Beschwerden, der Entstehung und des Verlaufs von Kontakten zwischen den Touristen und vieles mehr.

- *Interaktion und Kommunikation von Touristen und Einheimischen*

  Die Thematik dieses Schwerpunkts ist die Analyse von Erstbegegnungen und des Verlaufs von Kontakten zwischen Touristen und den »Bereisten«, also den Menschen am Zielort und in der Zielregion.

- *Soziale Einstellungen von Reisenden und Bereisten, Auto- und Heterostereotyp*

  Studien hierzu sollten nicht nur die Einstellungen via Fragebogen oder Interview erheben, sondern ihre Auswirkungen im Umgang von Reisenden und Bereisten feststellen und Vorschläge zu ihrer Veränderung mit dem Ziel besseren gegenseitigen Verstehens und Respektierens ausarbeiten.

- *Bedeutung von Persönlichkeitsfaktoren*

  Ein Beispiel zu diesem Themenkreis ist die Untersuchung von Persönlichkeitsfaktoren, die »Stammurlauber« von solchen Menschen unterscheiden, die ihr Urlaubs-»Biotop« häufiger wechseln, ein anderes wäre die Aufklärung von Zusammenhängen zwischen Persönlichkeitsmerkmalen und Wertungen von Urlaubserlebnissen.

- *Rolle(n) des Touristen*

  Rollen sind das Insgesamt an Erwartungen, die an den Spieler der Rolle, in unserem Fall den Touristen herangetragen werden. Die Untersuchungen differenzieren diese Erwartungscluster je nach Touristentyp z.B. Geschäftsreisender, Jet-Setter, Bildungsreisender, Rucksacktourist, Strandurlauber, Kreuzfahrttourist und andere. Diese Studien gehören eigentlich auch zu den oben genannten Hetero- bzw. Autostereotypanalysen. Sie müssen sich mit dem Vorbehalt auseinandersetzen, typologisches Denken quasi durch die Hintertür wieder in die psychologische Forschung zurückkehren zu lassen.

- *Touristen-Gruppe und Führer-Rolle*

  Unter dieser Überschrift versammeln sich viele Einzelthemen, die angesichts der zunehmenden Bedeutung von organisiertem oder »Pauschal«-Tourismus immer wichtiger werden.

- *Medienspezifische Analysen*

  Dazu gehören alle Untersuchungen darüber, welche Einflüsse die Medien, angefangen bei den Reiseprospekten über die Reiseliteratur, die Offerten der Touristik-Branche in den Printmedien bis hin zu Informations- und Werbesendungen in Radio, Fernsehen und im Internet, ausüben auf die Wahrnehmung, die Informationsverarbeitung, die Reiseentscheidung und das Erleben und Verhalten nach der Reise.

- *Urlaubszufriedenheit und soziale Erwünschtheit*
Die Erhebungen zur Urlaubszufriedenheit weisen im allgemeinen hohe bis sehr hohe Werte von bis zu 90 % positiver
Äußerungen auf, Kritik an Einzelheiten wird zwar geübt, was
aber auf die Gesamtbewertung meist ohne Auswirkungen
bleibt. Es wäre allerdings ein fataler Fehlschluß zu glauben,
daß demnach die touristische Welt eine heile Welt sei. Es
könnte ja durchaus so sein, daß auch negative Gesamteindrü-
cke in positive schöngewertet werden, um vor anderen und vor
sich selbst die eine oder andere Fehlentscheidung zu kaschie-
ren. Solches lehrt die Theorie der kognitiven Dissonanz für
den Umgang und die Beseitigung derselben! (vgl. Herkner
1996, S. 33 ff.).

4. Klinisch-psychologische Studien

Leitthema der meisten Untersuchungen ist die Frage nach den
»psychischen Kosten« des Tourismus für alle möglichen davon
Betroffenen. Die Ergebnisse sind sehr punktuell, heterogen und
additiv, und demnach nicht unter einem gemeinsamen Konzept
oder einer Theorie faßbar: So fand man, daß latente psychische
Probleme durch die Belastungen einer Reise gravierend und
manifest werden; andererseits waren Besserungen psychosomati-
scher Beschwerden bei eher streßarmen Reiseformen wie z.B.
Kreuzfahrten zu beobachten. Andere Studien befassen sich mit
dem sogenannten »Kulturschock«, der sich als Folge des Versetzt-
werdens in eine kulturell anders strukturierte Umgebung in starken Anpassungsproblemen bemerkbar macht.

Psychische und psychopathologische Probleme bei den Bereisten wurden in einer zehnjährigen Studie von Guntern untersucht
(zit. nach Kagelmann & Eggert 1992, S. 511). In dem vormals iso-
liert am Ende eines Tals gelegenen Schweizer Dorf Saas-Fee ging
es um die Beobachtung von psychopathologischen und anderen
Veränderungen nach Einsetzen des Massentourismus. Die Analyse der Entwicklung von einem »Alpendorf« zu einem renom-
mierten Touristenort zeigte, daß Streßsymptome, psychosomatische Beschwerden, Ängste, steigender Alkoholkonsum und
andere Verhaltensänderungen als Folgen auftauchten und blieben.

3.6.4 Fazit mit Blick auf die Praxis

Tourismuspsychologie ist zum größten Teil nach wie vor Übertragung und Anwendung von psychologischen Methoden, Konzepten und Theorien auf das Praxisfeld Tourismus. Ob sie sich trotz aller empirisch forschender Bemühungen zu einem wissenschaftlichen Teilgebiet der Angewandten Psychologie etablieren wird, ist zumindest fraglich. Zu unbefriedigend ist der Theorie- und Methodenstand. Kritisch ist auch anzumerken, daß sich die Forschung noch zu sehr auf die kognitiven Variablen und nicht, wie es wünschenswert wäre, gleichzeitig auch auf das Verhalten im Feld konzentriert. Das unverbundene Nebeneinander einer Vielzahl von Daten und Ergebnissen sollte verstärkt zu einer Suche und Entwicklung übergreifender Konzepte anregen, unter denen sie zusammengeführt werden könnten. Insofern ist die Grundsituation auch hier nicht viel anders, als z.B. in der Sportpsychologie oder anderen Bereichen der Freizeitpsychologie auch, nur daß sich diese Problematik hier besonders nachdrücklich zeigt.

Wie sieht die Praxis für den anwendenden Psychologen heute und künftig aus?

Es wird immer wieder als Defizit beklagt, daß ein Großteil der Tourismuswissenschaften eindeutig im Dienst der Touristik-Branche stünde mit dem Zweck, unmittelbar verwertbare Befunde zu liefern und das auch noch ohne Ausschöpfung des statistischen Instrumentariums. Solche Vorwürfe und die darin zum Ausdruck gebrachte Berührungsangst mit den »Niederungen« kommerzieller Realität passen nicht mehr in unsere Zeit. Wissenschaftlich betriebene Psychologie darf sich nicht im Sinne eines »l'art pour l'art « in sich selbst zurückziehen. Sie hat ihre Aufgabe in und für die Gesellschaft und alle, die diese ausmachen, wahrzunehmen, von der Frage einmal ganz abgesehen, wer die (fachlich selbstverständlich von jedem selbst zu verantwortende) Forschungsarbeit des Psychologen zu Themen der Tourismusphänomene bezahlt, wenn nicht das Tourismus-Management. Ein Wiederaufleben des alten Dualismus zwischen der sakrosankten wissenschaftlichen Forschung und der vergleichsweise nachrangigen anwendungsbezogenen, auftraggeberabhängigen Forschungen dürfte wohl das Letzte sein, was man einer aufstrebenden, um Profilierung kämpfenden Disziplin wie der Tourismuspsychologie – und der Angewandten Psychologie insgesamt – wünschen sollte.

Psychologen arbeiten bisher vor allem bei einschlägigen Marktforschungsinstituten und dort in Konkurrenz zu Marktforschern wirtschaftswissenschaftlicher Herkunft. Ihre Aufgaben liegen in der Planung, Durchführung, Auswertung und Interpretation von Befragungsaktionen und Interviews. Daneben gibt es einige »Nischen« mit Spezialaufgaben im Interventions- und Trainingsbereich, so z.b. die Aus- und Weiterbildung von Servicepersonal bei Fluggesellschaften oder der Deutschen Bahn AG, oder die Durchführung von Kursen zum Abbau von Flugangst.

An neuen Arbeitsfeldern für die Zukunft nennen Kagelmann & Eggert (1992, S. 511) das Gebiet des *Abbaus von Vorurteilen und des Aufbaus humaner Interaktion,* unter anderem mit dem Ziel, zur Völkerverständigung beizutragen. Dazu kommen die Gebiete des *Jugendtourismus* und des *Dritte-Welt-Tourismus,* wobei für beide Zielgruppen ein vergleichsweise großes Lern- und Bildungsinteresse und eine intensive Aufgeschlossenheit für fremde Länder und Kulturen angenommen werden kann. Hier könnte durch psychologische Initiative eine systematische Schulung von Mediatoren, z.B. von Reiseführern oder Trainern für die touristische Bildungsarbeit stattfinden. Ziele wären eine ökonomische Weitergabe psychologischen Fachwissens über andere Völker und Kulturen, die Vorbereitung vorurteilsfreier Begegnungen und die Förderung des sanften Tourismus, also eines Tourismus, der einen möglichst hohen Nutzen für alle Beteiligten anstrebt bei gleichzeitiger Minimierung der Nachteile, seien sie ökonomischer, ökologischer oder sozialer Art (vgl. Günter 1991). Der erwähnte Studienkreis für Tourismus und Entwicklung e.V. bietet ganz in diesem Sinne seit 1994 Motivationsseminare für Dritte-Welt-Reiseleiter an, aber auch Touristeninformationssysteme, z.B. eine Schriftenreihe für Tourismus und Entwicklung oder die sogenannten »Sympathie-Magazine«, die den Reisenden vor Reiseantritt über die wichtigsten nationalen Eigenarten des Ziellandes und seiner Bewohner informieren und vor vorurteilsverhaftetem Verhalten bewahren wollen. Weiter gehören aufklärende Filmserien und die Ausrichtung von internationalen Wettbewerben, z.B. zu sozial verantwortlichem Tourismus, dazu.

Durch ihr Wissen um die spezifischen Bedürfnisse von Kindern, Eltern, Behinderten und Senioren sind Psychologen geradezu prädestiniert, speziell auf diese Gruppen zugeschnittene *Reiseangebote* zu entwerfen oder zumindest daran mitzuarbeiten.

Bei anhaltendem Trend zum Erlebnisurlaub könnte es sich für Reiseveranstalter, Club-Betreiber und Hoteliers lohnen, Psychologen als *Animateure* einzusetzen, um Anonymität, Kontaktbarrieren, Hemmungen und soziale Ängste überwinden zu helfen. Hier öffnet sich ein neues Feld für die psychologische Berufspraxis, wo auf der Basis lern-, motivations-, sozial- und therapeutisch-psychologischen Wissens in Verbindung mit Theorien der Freizeit-Soziologie und Praxisformen der Animationspädagogik sozial-kommunikative Dienstleistungsangebote aufgebaut werden könnten.

Als eine von vielen Möglichkeiten, sich als Diplom-Psychologe für das Berufsfeld Tourismus weiterzuqualifizieren, sei noch einmal auf das zweisemestrige Weiterbildende Studium Tourismuswissenschaft an der Universität Bielefeld hingewiesen, das prinzipiell allen Hochschulabsolventen aus den Studiengängen Kultur-, Sozial- und Wirtschaftswissenschaften offensteht. Dieses Aufbaustudium ist mit DM 6.000,– studiengebührpflichtig. Über andere Weiter- und Zusatzqualifikationen informiert der Studienkreis für Tourismus und Entwicklung e.V. in Ammerland/Starnberger See.

3.7 Werbepsychologie
(unter Mitwirkung von Corinna Knudsen und Bernd Engelhardt)

3.7.1 Zur Geschichte der Werbepsychologie

Werbung entwickelte sich mit der Industrialisierung und der Massenproduktion. Die Geschichte der deutschen Werbepsychologie begann 1912 mit dem Buch von Hugo Münsterberg *»Psychologie und Wirtschaftsleben«*, in dem er diese neue Wissenschaft erstmals einem breiten Publikum vorstellte. Er versuchte, die Werbepsychologie als Wissenschaft darzustellen, die zwischen Volkswirtschaftslehre und Experimenteller Psychologie vermitteln sollte. Seiner Meinung nach sollte hier das psychologische Experiment in den Dienst des Wirtschaftslebens gestellt werden. Ausgangspunkt war, daß in der Wirtschaft mit steigendem Entwicklungsstand Marktforschungsabteilungen in den Unternehmen entstanden, um das aufgrund steigender unternehmerischer Aktivitäten gleichfalls steigende unternehmerische Risiko möglichst gering zu halten. Diese arbeiteten jedoch nur mit dem Wissen der Wirtschaftswissenschaften und orientierten sich am ökonomischen Verhaltensmodell, das den Menschen als völlig rational und immer eine Nutzenmaximierung anstrebenden *homo oeconomicus* ansieht. Man nahm an, daß bestimmte materielle Sachzwänge zu einem bestimmten Verhalten führen müßten, und sich die optimale Bedürfnisbefriedigung dann praktisch von selbst einstellte.

Dieses Modell erwies sich jedoch als sehr wirklichkeitsfremd, da es zumindest scheinbar irrationales Kaufverhalten nicht befriedigend erklären konnte. Durch die steigenden Warenangebote vergrößerte sich der Handlungsspielraum der Konsumenten immer mehr. Dadurch geriet die früher im Vordergrund stehende Deckung des notwendigen Bedarfs nach und nach in den Hintergrund. Ausschlaggebend wurden nun die Erwartungen der Kunden an das Produkt und dessen subjektiven Nutzen. Für Werbetreibende bedeutete das, möglichst viel Information über das Produkt und dessen möglichen Nutzen anzubieten. Obwohl zusehends Nachfrage nach psychologischem Wissen über Käuferverhalten und Käuferwünsche bestand, kam es dennoch längere Zeit nicht zu einer effektiven Zusammenarbeit von Psychologie und Wirtschaftswissenschaft. Als erster Grund hierfür ist zu nennen, daß es sich bei der Psychologie damals um eine sehr junge Disziplin handelte, der man noch mißtraute. Sie konnte noch kein Angebot an komplexen Verhaltensmodellen zur Verfügung stellen und beschäftigte sich meist nur mit Teilprozessen menschlichen Verhaltens unter Laborbedingungen, vor allem im Hinblick auf abnormes Verhalten. Insofern war die psychologische Forschung für die wirtschaftliche Praxis von geringer Bedeutung. Münsterberg und Scott, der 1908 mit seinem Buch »*Psychology of Advertising*« in den USA die Werbepsychologie begründete, versuchten nun, auf die Wirtschaft übertragbare Experimente durchzuführen. Es ging dabei zum Beispiel um die Erforschung der Gedächtnissteigerung bei Variation von Anzeigengröße oder -häufigkeit und auch um Wahrnehmungs- und Lernexperimente. Für diese Form der Psychologie wurde der Begriff *Psychotechnik* geprägt. Die praktische Bedeutung blieb jedoch weiterhin gering, da auch diese Laborexperimente nicht wirklichkeitsnah und komplex genug waren. 1923 versuchte König mit seinem Buch »*Reklame-Psychologie*«, den Münsterbergschen Ansatz auszubauen und den gesamten »seelischen Mechanismus« zwischen Werbeeinwirkung und Kaufhandlung zu erklären. Im Vordergrund seines Modells stand die Frage nach dem Aufmerksamkeitswert von Anzeigen und Packungen und die Vorstellung, daß die psychophysische Qualität eines Reizes Hauptanhaltspunkt für die Werbewirksamkeit sei. Dieses Modell bestimmte die Werbepsychologie der 20er Jahre (Gutjahr 1972, S. 20). Eine Wende kam erst 1932 durch Fellers Buch »*Psychodynamik der Reklame*«. Feller selbst arbeitete als Werbeberater. Sein Hauptinteresse lag auf den psychoanalytischen Theorien. Bezogen auf die Praxis hieß das für ihn, daß Werbung die menschliche Antriebsstruktur berücksichtigen müsse, Hemmungen abbauen und das Unbewußte ansprechen solle. Dieser Ansatz lieferte mit der Psychotechnik zusammen die Grundlage der neueren Werbetheorien.

Der zweite Weltkrieg bedeutete eine Unterbrechung der Werbepsychologie in Deutschland. Ab 1948 versuchte man dann, die während des Krieges in den USA gewonnenen Erkenntnisse auf den deutschen Markt zu übertragen. Außerdem bezog man auch Theorien der Sozialpsychologie mit ein. In diesem Zusammenhang sei auf die Feldtheorie Kurt Lewins hingewiesen, die ihre Auswirkungen auf das neue Menschenbild der Werbepsychologie hatte, insofern sie den Menschen als von »Feldkräften« seiner Umgebung *und* von seinen Antrieben bestimmt sah. Man versuchte, die Reiz-Reaktions-Modelle des Behaviorismus, die Grundbausteine der weiterentwickelten Psychotechnik gewesen waren, mit den Vorstellungen über die tiefenpsychologischen Mechanismen und den Auswirkungen spezifischer Umwelteinflüsse miteinander zu verbinden. Auf diesen Grundlagen konnte sich die Werbepsychologie bis heute als eigenständiger Zweig der Psychologie etablieren.

3.7.2 Was ist Werbung und was ist Werbepsychologie?

Nach Neumann & v. Rosenstiel wird Werbung gewöhnlich als geplante öffentliche Übermittlung von Nachrichten definiert, die das Urteilen und Handeln bestimmter Personengruppen beeinflußt und damit den Zielen einer güter-, dienstleistungs- oder ideenproduzierenden bzw. – absetzenden Gruppe oder Institution dienen soll (1999, S. 841). Kroeber-Riel unterscheidet fünf Funktionen: Sie soll informieren, motivieren, sozialisieren, verstärken und unterhalten (1992, S. 612). Sie sind mal mehr, mal weniger Bestandteil jeder Werbung. Im Markt hat die Werbung, neben diesen allgemeinen, unterschiedliche spezielle Funktionen, je nach dem, welche Situation auf dem Markt herrscht, und welche Ziele ein Unternehmen mit der Werbung verfolgt. Felser hebt vier Arten der Werbung hervor:

1. *Einführungswerbung:* Das Produkt soll beim Verbraucher eingeführt werden. Der Verbraucher soll Interesse am Produkt aufbringen und sich ein positives Urteil über das Produkt bilden. Das Endziel ist, den Verbraucher als ständigen Kunden zu gewinnen.
2. *Durchsetzungswerbung:* Im Vordergrund steht hier die Abgrenzung gegen die Konkurrenz. Das Ziel ist, eine dauer-

hafte Präsenz auf dem Markt neben den Mitbewerbern zu sichern.

3. *Verdrängungswerbung:* Im Unterschied zur Durchsetzungs-werbung legt es die Verdrängungswerbung direkt darauf an, den Konkurrenten Marktanteile abzunehmen. Diese Strategie wird notwendig, wenn der Markt eine Ausweitung nicht mehr zuläßt, weil er gesättigt ist und zu viele Angebote einer gerin-gen oder stagnierenden Nachfrage gegenüberstehen. Hier ist eine Kombination aus Image- und Produktwerbung besonders wertvoll, wenn die Zielgruppe längerfristig an die Marke über das Produkt gebunden werden soll.

4. *Expansionswerbung:* Im Falle der Expansionswerbung versu-chen die Anbieter, neue Kunden zu gewinnen. Im Unterschied zur Verdrängungswerbung macht Expansionswerbung aber die Voraussetzung, daß es ansprechbare Konsumenten gibt, die das Produkt noch nicht verwenden, und die dem Markt neu hinzugewonnen werden können.

Über diesen verschiedenen Funktionen steht als wichtigstes das Ziel die Verhaltensbeeinflussung. Dieses Ziel ist allen anderen Zielen vorrangig. Eine Werbung, die wirksam informiert, die auch ihre Spuren im Gedächtnis hinterläßt, die unterhält, die vielleicht sogar Emotionen weckt oder Einstellungen ändert, aber nicht zu einem bestimmten beobachtbaren Verhalten führt, hat ihr Ziel nicht erreicht (vgl. Felser 1997, S. 9 f.).

Werbung ist für jeden so alltäglich und allgegenwärtig gewor-den, daß sich wohl niemand ihr gänzlich entziehen kann. Kon-krete Beispiele sind Verkehr, Politik, Medizin und Gesundheit sowie alle Arten der Werbung für Wirtschaftserzeugnisse, wofür sämtliche Kommunikationsmedien genutzt werden.

Werbung hat immer mehrere Aspekte, wie technische, rechtli-che, ökonomische und gestalterisch-künstlerische. Werbung hat psychologische und soziologische, auf bestimmte Zielgruppen gerichtete Perspektiven und entfaltet ihre Wirkung auf einzelwirt-schaftlicher und gesamtwirtschaftlicher Ebene. An diesen Hinwei-sen ist schon zu erkennen, daß Werbung immer interdisziplinäre Arbeit erfordert.

Werbepsychologie ist ein wichtiges Teilgebiet der Angewandten Psychologie. Sie wird mit Marktpsychologie meist in einem Atem-zug genannt, und beide Bezeichnungen werden oft synonym ver-wendet. Für viele ist Werbung gedanklich mit Manipulation und Verführung verknüpft, was vermutlich ein Grund dafür ist, warum anstelle von Werbepsychologie heute verstärkt von Konsumenten-, Verbraucher-, Verkaufs-, Marketing- oder ganz neutral, wenngleich irreführend, von »Kommunikationspsychologie« geredet und geschrieben wird.

In der Werbepsychologie geht es um die Beobachtung, Beschreibung, Erklärung, Prognose und Kontrolle des Beeinflussungsprozesses. Die Nutzung empirisch erhobener Daten und deren Analyse ist heute zur Absatzförderung, zur Absicherung großer Produkt-Einführungskampagnen, zur Strategieentwicklung für bessere Absatzwege und zur Sicherung von Marktanteilen unverzichtbar geworden.

Vor dem zweiten Weltkrieg beschäftigte sich die Werbepsychologie vor allem mit der Werbegestaltung. Heute spielen jedoch auch Probleme der Verbrauchermotivation, die Erklärung des Käuferverhaltens, die Werbemittelforschung und die Produktforschung eine Rolle. Für alle diese Beschäftigungsfelder ist auch die Bezeichnung *Marktpsychologie* als Oberbegriff gebräuchlich.

Eine Aufgabe der Werbepsychologie ist es, Markttransparenz für den Hersteller zu schaffen, d. h. ihm jene Informationen über den Verbraucher und dessen Verhalten zur Verfügung zu stellen, die ihm weitgehend risikofreies Planen und Entscheiden ermöglichen sollen. Für den Werbepsychologen bedeutet das die systematische Untersuchung des Erlebens und Verhaltens der am Markt beteiligten Personen und der Prozesse zwischen ihnen. Es geht darum, den Ist-Zustand zu erheben, den zukünftigen Zustand prognostizierbar zu machen und Maßnahmen zur Überprüfung anzubieten. Die Psychologie kann hier beitragen, auch die Grenzen der Werbewirkung aufzuzeigen, Kenntnisse zum Beispiel über das menschliche Verhalten in Bezug auf Geschlechts- oder Altersgruppenunterschiede beisteuern, und Strategien und Bewertungsmethoden zur Werbewirkungskontrolle liefern.

3.7.3 Der Markt und die Zielpersonen

Der Markt ist zunächst einmal die Lebensumwelt des Individuums. Hier findet nicht nur der Austausch von Gütern statt, sondern auch der Austausch von Information und die Pflege sozialer Beziehungen. Da jedoch der Markt als Umwelt zunehmend komplexer wird, kommt es zu einer Informationsüberlastung des Individuums. Außerdem tritt die Orientierung am Konsum immer mehr in den Vordergrund. Diese beiden Entwicklungen können dazu führen, daß sich das Individuum vom Markt zurückzieht, was sich zunehmend mehr in einem negativen Image der Werbung bemerkbar macht. Vermeidbar wäre das eventuell dadurch, daß Werbetreibende versuchen, möglichst überprüfbare, konkrete Kriterien eines Produktes und leicht zugängliche Informationen anzubieten.

Wie bereits erwähnt, ist der Markt ein Ort, an dem Informationen ausgetauscht werden, also ein Ort der Kommunikation. Die nach ihrem Urheber so benannte Laswellsche Formel lautet: »WER sagt WAS zu WEM über WELCHEN Kanal und mit WELCHER Wirkung?« Dahinter steht das Modell, daß ein Sender (der Anbieter) versucht, eine entsprechend codierte Nachricht über einen ausgewählten Übertragungskanal (das Medium) an den Empfänger (den Nachfrager) zu übermitteln. Dieser Prozeß ist jedoch sehr anfällig für Störungen (vgl. Schweiger & Schrattenecker 1995). Es kann zum Beispiel zu einer falschen Interpretation der Nachricht durch den Empfänger kommen, oder es kann eine Voreingenommenheit dem gewählten Medium gegenüber bestehen, wodurch dann der Empfang der Botschaft abgewehrt oder verzerrt wird. Für den Werbepsychologen ist es also wichtig, Eigenschaften der Zielgruppe zu bestimmen, um das geeignete Medium wählen und die Botschaft richtig codieren zu können. Die Information kann hierbei *symbolisch,* d. h. durch Wort und Bild, oder durch die Produktgestaltung vermittelt werden. Wichtig ist vor allem die Verständlichkeit der Information und die Beschränkung der Informationsmenge. Außerdem kann man zwischen der einseitigen *Massenkommunikation* via Medium oder der *Individualkommunikation,* die besonders bei erklärungsbedürftigen Produkten empfehlenswert ist, unterscheiden. Zielgruppen lassen sich zum Beispiel nach sozio-demographischen, psychologischen oder soziologischen Merkmalen sowie nach Konsumdaten unterteilen.

Neben dem Markt sind die *Zielpersonen* für den Werbetreibenden natürlich von besonderem Interesse. Wir erläutern daher einige Modellvorstellungen, die benutzt werden, um Entscheidungsbildung und Verhalten der Zielgruppen zu erklären, da nur mit einem Verständnis dieser Prozesse wirkungsvolle Werbung zu realisieren ist.

Den »souveränen Verbraucher«, im Sinne von »rational in allen Lebensbereichen«, gibt es nicht. Werbung ist beeinflussend, auch wenn man ein aus der Sicht des Verbrauchers freiwilliges Verhalten herbeiführt. Die Freiwilligkeit besteht oft nur darin, daß er sein Verhalten als freiwillig empfindet, er tatsächlich jedoch unbewußt gesteuert wird. Dennoch ist es falsch zu glauben, daß die Wirkung einer Werbebotschaft nur von der Aufmerksamkeit abhängig ist, die es zu wecken gelte. Lange Zeit hing man in der Werbepsychologie rein behavioristischen Vorstellungen an, welche die Wirksamkeit direkter Reiz-Reaktionsverbindungen in den Vordergrund rückten. Man meinte, die Aufmerksamkeit hinge wesentlich von der Reizstärke der Werbung ab und weniger vom Inhalt. Man glaubte, daß man einen Werbeslogan nur lange genug ›einhämmern‹ müsse, um ohne weiteres die gewünschte Reaktion, nämlich eine Kaufhandlung zu erhalten. Diese Grundannahmen haben unbestritten wesentlich zum Erfolg bestimmter Produkte beigetragen und finden auch heute noch ihre Anwendung bei low-interest-Produkten, d. h. Produkten des täglichen Bedarfs, zur Aufrechterhaltung gewohnheitsmäßiger Kaufhandlungen. Beispiel: »Alles Müller oder was?«

Heute versucht man stärker zu berücksichtigen, daß auch Gefühle, Wünsche, Interessen usw. das Verhalten des Verbrauchers bestimmen. Diese zwischen Reizaufnahme und Reaktion zwischengeschalteten Variablen nennt man *Organismusvariablen.* Um diese Annahme zu überprüfen, entwickelte man *Total-* und *Partialmodelle.*

Totalmodelle versuchen, das Zusammenwirken aller identifizierbaren Wirkfaktoren und die daraus resultierenden Stufen des Wirkungsprozesses mit dem Endziel der Kaufhandlung darzustellen. Diese Totalmodelle werden zur ganzheitlichen, theoretischen Analyse komplexer Kaufentscheidungen herangezogen, sind aber bei der Übertragung in die Werbepraxis für die meisten Unternehmen in der Regel zu aufwendig.

Partialmodelle hingegen beschränken sich auf einen Erklärungsausschnitt, d. h. auf einige der wichtigsten Organismusvariablen. Sie liefern somit Erklärungen für bestimmte abgrenzbare Vorgänge, die mit der Kaufentscheidung zusammenhängen, und sind so von direktem Nutzen in der werbepsychologischen Praxis. Im folgenden sollen einige davon vorgestellt werden.

Die *Wahrnehmung* ist eine notwendige Voraussetzung, um Werbewirkungen zu erzielen. Als Wahrnehmung bezeichnet man gemeinhin das visuelle, taktile, auditive usw. Aufnehmen von Reizen. Wahrnehmung ist immer subjektiv und immer selektiv. Sie ist abhängig sowohl von den Reizmerkmalen als auch von der Zielperson und deren Eigenschaften. Damit es überhaupt zur Wahrnehmung kommt, muß Aufmerksamkeit erzeugt werden. Das Wahrgenommene soll anregend erlebt werden, eine Handlungsbereitschaft auslösen und schließlich eine Handlung bewirken. Wahrnehmung ist demnach keine hinreichende Bedingung für das Kaufverhalten und damit für den Werbeerfolg. Vielmehr ist ausschlaggebend, ob die Zielperson überzeugt werden kann.

Mit der Annahme, daß es keinen Widerstand gegen die Beeinflussungswirkung mehr geben würde, wenn sich die gedankliche Kontrolle beim Umworbenen minimieren ließe, nahmen die Experimente zur unterschwelligen Wahrnehmung ihren Anfang. 1957 berichteten mehrere amerikanische Zeitschriften über das Experiment eines kommerziellen Unternehmens, der sogenannten Vicary-Studie, deren Ergebnisse in der Öffentlichkeit für einige Aufregung sorgten. Dort wurde beschrieben, daß während ganz gewöhnlicher Kinovorführungen die Aufforderung »Eat Popcorn« und »Drink Coca-Cola« jeweils für die Dauer von nur 1/3000 Sekunde mehrere Male im Abstand von 5 Sekunden in laufende Filme eingeblendet wurde. Diese Expositionszeit hielt man für kurz genug, um annehmen zu können, daß Kinobesucher diese Botschaften nicht bewußt bemerkt haben konnten. Als Ergebnis, so die Berichte, sei der Umsatz von Popcorn in den Pausen und nach der Vorführung um 57 %, der von Coca-Cola um 18 % angestiegen. Die Befürchtungen der beunruhigten Öffentlichkeit richteten sich nicht einmal so sehr auf die sich augenscheinlich offenbarenden sublimen Möglichkeiten der Konsumentenbeeinflussung als vielmehr darauf, daß politische Botschaften mit diesen Methoden unkontrolliert unter die Leute gebracht werden könnten. In Prozessen und Auseinandersetzungen am Markt, z.B. mit Pepsi-Cola, konnte nichts über Durchführungsbedingungen und eventuelle methodische Kontrollen dieser Studien geklärt werden. Im Gegenteil, bis heute sind immer wieder begründete Vermutungen laut geworden, daß diese Studie so nie durchgeführt worden wäre und nur eine spektakuläre Erfindung dieser Firma gewesen sei, um am Consulting-Markt Furore zu machen und für ihre Klientel attraktiv zu bleiben. Dennoch sind seitdem die Versuche zur unterschwelligen Wahrnehmung nicht abgerissen. In Replikationsstudien ließen sich Wirkungen kurzzeitiger Exposition von Werbeslogans nur nachweisen, wenn die Information zumindest teilweise eben doch bewußt wahrgenommen worden war. Außerdem ließen sich nur unspezifische Bedürfnisse wie Hunger oder Durst aktivieren, nicht aber Kaufhandlungen für bestimmte Marken. Abschließend bleibt anzumerken, daß der Zeitpunkt der Wahrnehmung und der Zeitpunkt der Kaufhandlung in diesen Untersuchungen meist ziemlich weit auseinanderlagen, so daß dazwischenliegende wichtige Lernprozesse und Einstellungsänderungen überhaupt nicht kontrolliert werden konnten (vgl. dazu Koeppler 1972).

Lernprozesse können zunächst einmal durch *operantes Konditionieren,* also durch Verstärkung, zustande kommen. In Bezug auf die Werbewirkung können Generalisierungen beobachtet werden, was sich darin äußert, daß man dem bevorzugten Produkt ähnliche Erzeugnisse ebenfalls akzeptiert, wenn man die gleichen Vorteile mit ihnen verbindet. In der Werbepraxis wird daher oft versucht, Marktführerprodukte zu imitieren (Markenpiraterie). Weiterhin ist für die Werbung das Prinzip des Einprägens durch Wiederholung, erstmals systematisch erforscht von Ebbinghaus (1885), wichtig. Er ließ seine Versuchspersonen sinnlose Silben auswendiglernen und erstellte Lern- und Vergessenskurven. Diese wurden später als sogenannte *Response-Functions* auf die Wirtschaft übertragen. Sie geben produktspezifisch darüber Aufschluß, wie viele Wiederholungen nötig sind, um einen gewissen Lernerfolg beim Erinnern zu erzielen. Zu beachten ist hierbei für Werbetreibende jedoch, daß sich eine schlechte Gestaltung offensichtlich nicht durch viele Wiederholungen kompensieren läßt. Schließlich ist noch das Konstrukt des *sozialen Lernens* oder des »*Lernens am Modell*« zu erwähnen. Nach diesem ist die aufmerksame Beobachtung eines handelnden Modells nötig; die zu lernende Werbebotschaft wird durch ein Medium/Modell vermittelt. Das so Eingeprägte wird jedoch nur als Verhaltensmöglichkeit abgespeichert, zieht also nicht unbedingt das gewünschte Verhalten gleich nach sich, sondern setzt die entsprechende Motivation zum Handeln voraus.

Der Begriff *Motivation* kennzeichnet die Handlungsbereitschaft in einer konkreten Situation. In der psychologischen Literatur finden sich einige Motivlisten, die dem Werbetreibenden erste Anhaltspunkte geben können, auf welche Bedürfnisse er die Zielpersonen am besten ansprechen könnte. Ein Beispiel wäre Maslows Bedürfnisklassifikation, die eine zwar unvollständige, aber brauchbare Sammlung wichtiger Humanbedürfnisse enthält, von denen das Streben nach Anerkennung und nach Selbstverwirklichung besonders hervorgehoben werden (Maslow 1970).

Bei einer *Einstellung* handelt es sich um eine gelernte, relativ stabile Bereitschaft, ein Einstellungsobjekt positiv oder negativ zu bewerten. Eine Einstellung besteht zudem immer aus einer affektiven und einer kognitiven Komponente. Die kognitive Komponente ist das Wissen über das beworbene Produkt, wohingegen die affektive Komponente die rein gefühlsmäßige Bewertung beinhaltet. Je nachdem, welche Seite überwiegt, wird der Konsument seine Wahl entweder rational, d. h. nach konkreten Informationen über das Produkt, treffen oder er wird das Gefühl und damit das Image des Produktes in den Vordergrund stellen. Um im Nachhinein herauszufinden, was zu der gewünschten Kaufentscheidung geführt hat, werden Blindtests durchgeführt. Kann der Kunde hierbei seine Marke durch qualitative Unterschiede herausfinden, so überwiegt die kognitive Komponente. Dieses Wissen kann zur Produktgestaltung herangezogen werden. Allgemein bleibt aber festzustellen, daß Verhalten nicht immer mit der geäußerten Bewertung eines Objekts übereinstimmt. Ob eine Einstellung verhaltenswirksam wird, ist immer auch situationsabhängig. Weiterhin für die Werbung von Belang ist die Tatsache, daß Personen, die gar keine Einstellung zu einem abzusetzenden Produkt haben, am leichtesten zu beeinflussen sind.

Unter *Denkprozessen* versteht man unter anderem *Schlußfolgern, Urteilen* und *Entscheiden*. Da Denken außer in Bildern mit Hilfe von Symbolen (Sprache) vonstatten geht, sollten in einer Werbung, die vor allem auf diese Prozesse abzielt, die Objekte verbalisiert und bildhaft dargestellt werden. Grundlage für *Schlußfolgern,* das letztendlich zum wiederholten Kauf führt, sind Attributionsprozesse. Der Konsument sucht oft im Nachhinein eine Ursache für seine Entscheidung, wenn er ein bestimmtes Produkt gekauft hat. Er sieht dann entweder in der Situation, in seiner eigenen Person oder in den Qualitäten des Produktes den Auslöser für sein Kaufverhalten. Für die Werbung ist natürlich entscheidend, daß die Ursache beim angebotenen Artikel gesehen wird. Um das zu unterstützen, sollte möglichst *Konsensusinformation* (viele andere beurteilen das Produkt positiv), *Distinktheitsinformation* (das Produkt hebt sich von allen anderen ab) und *Konsistenzinformation* (die Güte hat sich schon oft bewiesen) gegeben werden. Für das Urteilen gibt es unterschiedliche Modellvorstellungen. Während einige davon ausgehen, daß nach der Summe aller Einzelinformationen geurteilt würde, meinen andere, wie etwa Anderson (vgl. Stroebe et al. 1996, S. 133), daß eine Mittelung der bewerteten Einzelinformationen geschähe. Fest steht jedoch, daß die Reihenfolge der präsentierten Informationen sehr wichtig ist. In der Werbung sollten die wichtigsten Informationen entweder an den Anfang oder ans Ende gesetzt werden, um Aufmerksamkeit und Erinnerung günstig zu beeinflussen. *Entscheiden* schließlich kann sich durch Elimination von immer mehr Alternativen vollziehen. Eine andere Möglichkeit wäre, daß nur hinsichtlich eines subjektiv sehr wichtigen Merkmals entschieden wird. Insgesamt ist die Berücksichtigung der angesprochenen kognitiven Prozesse in der Werbung hauptsächlich bei der Vermarktung von Investitionsgütern und dauerhaften Konsumgütern wichtig.

Die Entstehung von *Emotionen* hängt stark von den kognitiven Einschätzungen von Objekten und Sachverhalten ab. Die *Anmutung* ist die erste spontane emotional gefärbte Reaktion. Sie bestimmt, ob der Reiz weiter beachtet und verarbeitet wird oder nicht. Emotionen, die mit dem Objekt verbunden werden, führen schließlich über Aktivierung zu einer Handlungsbereitschaft. In der Werbung ist also ein Produktdesign von Bedeutung, das geeignet ist, eine positive Anmutung beim potentiellen Käufer zu erzeugen. Weiterhin findet in der Werbepraxis das Prinzip der *emotionalen Konditionierung* Anwendung. Hierbei werden Bilder, die positive Emotionen hervorrufen, wie z. B. Urlaubsbilder, immer zusammen mit einem neutralen Wort, dem Markennamen, gezeigt. Das gute Gefühl soll auf den Markennamen übertragen, das Produkt mit einer positiven Emotion besetzt werden. Dieser Effekt trägt auch zur Produktdifferenzierung bei. Werbetreibende werden sehr dazu verleitet, auch negative Reize anzubieten, da negative oder gar schockierende Werbung leichter ins Auge fällt und auch eher behalten wird. Geht man jedoch von den Annahmen der emotionalen Konditionierung aus, ist hierbei äußerste Vorsicht geboten, da sich auch die negativen Emotionen auf das Produkt oder den Markennamen übertragen können.

Mit Blick auf den Konsumalltag entsteht *Dissonanz,* nach Festingers *Dissonanztheorie* (1978) ein unangenehmer Zustand innerer Spannung, dadurch, daß eigentlich jede Kaufentscheidung einen Konflikt mit sich bringt. Es handelt sich ja immer um die Wahl einer Alternative oder mehrerer Alternativen und damit auch um die Ablehnung anderer Möglichkeiten einschließlich deren Vorteile. Das Wissen um diese entgangenen Vorteile steht im Widerspruch zur Kaufentscheidung und führt so zu einem Spannungszustand in der Person. Diese Dissonanz ist in ihrer Stärke abhängig von der Wichtigkeit der Entscheidung, dem Ausmaß der Unsicherheit, mit der sie getroffen worden ist, und dem Grad der Identifizierung mit der Entscheidung. Der Konsument wird versuchen, diese Dissonanz zu reduzieren. Es kommt zur selektiven Wahrnehmung von Informationen im Sinne der eigenen Kaufentscheidung und zur Abwertung der nicht gewählten Alternativen, zum Beispiel auch bei der Entscheidung für Konsumverzicht. Reicht das jedoch nicht aus, wird unter Umständen alles versucht, den Kauf rückgängig zu machen. Um das zu verhindern muß der Werbetreibende Anlässe für die Entstehung von Dissonanz von vornherein möglichst gering zu halten versuchen.

Dies kann geschehen durch das Angebot vieler positiver Informationen zu seinen Produkten und durch intensive Nachkaufwerbung durch optimistische Dauerpräsenz in den Medien.

Die Theorie der *Reaktanz* stammt von Brehm (1980) und besagt, daß ein Individuum, das sich in seiner Verhaltens- und Meinungsfreiheit beschnitten fühlt, versuchen wird, diese zu verteidigen oder wiederzuerlangen. Dies geschieht, indem es ein dem geforderten oder gewünschten Verhalten genau entgegengesetztes zeigen wird. Der Werbewirkungsprozeß wird also gestört, sobald der Umworbene das Gefühl hat, durch den Kommunikator manipuliert und damit in der persönlichen Entscheidungsfreiheit eingeengt zu werden. Um diese Reaktanztendenz abzuschwächen, werden in der Werbung oft ›getarnte‹ Anzeigen verwendet. Es handelt sich hierbei um Anzeigen in Form von scheinbar redaktionellen Beiträgen, mit ebenso nur scheinbar sachlich aufklärendem Charakter. Auch versuchen Werbetreibende oft, allgemeine, also nicht nur auf das zu verkaufende Produkt bezogene Beratung zu bieten, um einen möglichst positiven Gesamteindruck zu erwecken.

3.7.4 Werbewirkung und Werbemedien

Zur Erklärung der *Werbewirkung* wurden zahlreiche Modelle entwickelt. Schweiger und Schrattenecker schlagen das in **Übersicht 13** wiedergegebene Stufenmodell der Werbewirkung vor. Hierzu ist jedoch kritisch anzumerken, daß ein streng hierarchischer Aufbau der Stufen in der Realität nicht gegeben ist.

Man kann die einzelnen Stufen jedoch als miteinander in Wechselwirkung stehende Determinanten für Konsumverhalten betrachten. Prägnanter sind ähnliche Sachverhalte zum Beispiel in der sogenannten *AIDA-Regel* (Huth & Pflaum 1996, S. 238) formuliert. **A** steht für **A**ctivation (Aktivierung), **I** für **I**nterest, **D** für **D**esire (Verlangen/Wunsch) und **A** für **A**ction (Handlung). Besonders ganzseitige oder großformatige Zeitungsanzeigen werden häufig gemäß der AIDA-Regel gestaltet. Ein besonders großes, beziehungsweise auffälliges Bildelement erzeugt Aktivierung, eine etwas ausführlichere Textinformation könnte Interesse wecken, das beworbene Produkt könnte eine Problemlösung des im Text dargestellten Sachverhaltes sein und somit den Wunsch des Besitzes wecken und schließlich könnte ein Coupon (beispielsweise eine kostenlose Information oder ein Gewinnspiel) zur Handlung des Konsumenten führen. Aufgrund der Tatsache, daß

Übersicht 13: Stufenmodell der Werbewirkung
(aus Schweiger & Schrattenecker 1995, S. 57)

Wirkungsstufe	Kriterium der Werbewirkung	Merkspruch
0. Ausgangslage	Sozialdemographische Merkmale und Motive der Zielpersonen, Befriedigung durch vorhandene Produkte, usw.	
1. Wirkungsstufe	Aufmerksamkeit und Wahrnehmung	Gesendet heißt noch lange nicht empfangen!
2. Wirkungsstufe	Verstehen der Werbebotschaft (also verarbeiten der Werbeaussage, Markenkenntnis, Produktwissen usw.)	Empfangen heißt noch lange nicht verstanden!
3. Wirkungsstufe	Einstellung, Image, Kaufabsicht	Verstanden heißt noch lange nicht einverstanden!
4. Wirkungsstufe	Handlung (z.B. Kauf, Probierkauf)	Einverstanden heißt noch lange nicht getan!
5. Wirkungsstufe	Handlungswiederholung (Wiederkauf) aufgrund von Erinnerung und Präferenz	Getan heißt noch lange nicht dabei geblieben!

nicht jeder gleich stark und im selben Maße von einer Werbung angesprochen wird, leidet jede Werbeaktion unter einem gewissen Streuverlust. Deshalb muß man versuchen, immer möglichst viele Personen einer Zielgruppe anzusprechen, alle kann man ohnehin nie erreichen. Je größer die Gruppe der tatsächlich erreichten Menschen der definierten Zielgruppe ist, die dann auch gemäß der Konzeptvorstellung handelt, um so besser ist die Werbewirkung.

Der *Medienauswahl* geht die Medienplanung voraus. Die Zielgruppe soll personell und räumlich gut abgedeckt sowie auf möglichst wirtschaftliche Weise erreicht werden. Daran orientiert sich die Auswahl der Werbeträger mit der gewünschten Zahl der Präsentationen im gewünschten Umfeld und die Bestimmung des optimalen Zeitpunkts der Werbeaktion.

Jedes Medium bietet spezifische Vor- aber auch Nachteile, deshalb hier einige Beispiele zur Verdeutlichung:

Zeitungsleser suchen aktiv Informationen. *Zeitungen* sind sehr gut geeignet für lokal beschränkte Informationen. Zeitungsanzeigen sind häufig kostengünstig zu verwirklichen und sehr flexibel veränderbar. Von Nachteil ist jedoch die große Konkurrenz, die oft schlechte Druckqualität sowie die meist kurze Aktualität und Lebensdauer einer Zeitung.

Fachzeitschriften sind gut geeignet zur Ansprache von Zielgruppen mit Spezialinteressen. Diese Zielgruppen sind so auf kurzem Weg und mit relativ geringen Kosten zu erreichen. Zeitschriften haben oft ein gutes Image (Druckqualität, Farben, Exklusivität), das sich auf die beworbenen Produkte überträgt. Oft werden solche Zeitschriften weitergereicht und damit von mehr als einer Person gelesen. Nachteilig ist, daß die Werbung als eher ablenkend oder als notwendiges Übel zur Niedrighaltung des Kaufpreises in Kauf genommen und damit doch leicht emotional negativ besetzt wird.

Rundfunkwerbung sollte klar, unkompliziert und akustisch gut verständlich dargeboten werden. Das Radio läuft zwar oft im Hintergrund, einem akustischen Reiz kann man sich jedoch schlechter entziehen als einem optischen. Durch akustische Effekte ist es möglich, die Aufmerksamkeit von Hörern, die das Radio eigentlich nur zur ›Untermalung‹ benutzen, zu erreichen. Durch die Auswahl bestimmter Sender oder definierter Sendezeiten sind außerdem die gewünschten speziellen Zielgruppen nach Auswertung der Analysen der Hörergewohnheiten gut erreichbar.

Die Medien *Fernsehen/Kabelfernsehen/Satellitenfernsehen* bieten die Möglichkeit zu ausführlicher und aufwendiger Informationsdarbietung. Handlungen und Produktdarbietungen sind durch audiovisuelle Information wesentlich effektiver als in anderen Medien darstellbar. In naher Zukunft wird wohl das ›interaktive‹ Fernsehen Standard sein (z. B: Pay-TV/Video-on-demand oder Bestellungen durch einen ›Ja-Knopf‹ auf der Fernbedienung, was im Moment auf deutschen Testmärkten bereits in größerem Rahmen getestet wird). Die neuen Medien haben wesentlich spezialisiertere Zielgruppen (vgl. Sport- oder Musiksender wie DSF oder MTV). Gerade die privaten Sender sind beim Werbeeinsatz deutlich weniger eingeschränkt als die öffentlich-rechtlichen Fernsehanstalten.

Bildschirmtext/Datex-J macht in Verbindung mit einem PC eine Informationsübermittlung zwischen Unternehmen, Behörden und privaten Haushalten möglich, z. B. zur Kontoführung, für Reisebuchungen oder als persönliche ›Briefkästen‹.

Das *Internet (World-Wide-Web)* bietet weltweite Informationen zu (noch) minimalen Kosten. Das Interesse der Industrie an diesem Medium ist sehr groß, seine genaue Weiterentwicklung kaum vorhersagbar. Große Flexibilität ist im Umgang mit diesem Medium unbedingt notwendig. Multimediale Werbung mit Bild, Ton und Text ist möglich; der spielerische Umgang sowie das selbständige ›Entdecken‹ von neuen Inhalten weckt Interesse und das Gefühl, sich Informationen selbst ausgesucht zu haben, und nicht von Werbung ›zugeschüttet‹ worden zu sein. Ein vorübergehender Nachteil ist noch die Begrenztheit der Zielgruppen auf Schüler, Studenten, Universitätsangehörige oder Computerfreaks.

Auch bei der *CD-ROM* ist eine multimediale Darbietung möglich, durch Ton-, Bild- oder Spielproben kann der Kaufanreiz erhöht werden. Hier sind die Zielgruppen aber ebenfalls noch relativ eingeschränkt. Das Interesse von Handel und Industrie ist jedoch so groß, daß ›testweise‹ riesige Summen investiert werden, so zum Beispiel vom Otto-Versand mit seinem Katalog auf CD-ROM. Hier wurde bewußt in Kauf genommen, daß die Information die eigentliche Zielgruppe nur zu einem ganz geringen Teil erreichen wird. Primäres Ziel war in diesem Fall, mehr Wissen im Umgang mit der neuen Technologie zu erwerben. In der Computerszene ist diese Aktion bei einem Preis von DM 10,– pro CD-ROM gut angekommen. Als problematisch erweist sich jedoch die völlig neuartige Technologie: Wie macht man Information möglichst schnell zugänglich? Wie muß eine Oberfläche zur schnellen, effektiven Bedienung und Informationssuche auf einer CD-ROM aussehen, die ja so viele Informationen enthält, daß diese ›von Hand‹ nicht mehr zu ordnen sind? Außerdem ist die Entwicklung einer CD-ROM sehr teuer.

Plakate und Schilder gehören zur *Außenwerbung*. Sie haben eine sehr hohe Reichweite und bieten bei geschickter Plazierung eine sehr hohe Kontakthäufigkeit mit dem potentiellen Kunden. Probleme ergeben sich bei der breiten Kundenansprache für die kreative Gestaltung der Plakate. Auch muß bei zunehmender Umweltsensibilisierung dem Vorwurf der ›Umweltverschandelung‹ konstruktiv begegnet werden.

Die Aufgabe des *Schaufensters* ist es, Aufmerksamkeit zu erzeugen, den potentiellen Kunden zum Betreten des Geschäfts anzuregen sowie den Impulskauf zu fördern. Häufig werden dazu Neuheiten, visuelle Effekte, Farben oder Sonderangebote möglichst auffällig präsentiert.

Mit *Werbung am Point of Sale* sind Werbe- oder Verkaufsförderungsmaßnahmen im Laden selbst gemeint, beispielsweise Warenpräsentation, Gestaltung der Ladeneinrichtung, Verkaufshilfen (Displays), Plakate, Bodenaufsteller, Schaupackungen, Sonderangebote und audio-visuelles Werbematerial. In Selbstbedienungsläden wird die Beratungsfunktion des Verkäufers immer häufiger durch Videodarbietungen übernommen.

3.7.5 Werbegestaltung

Primäres Ziel der *Werbegestaltung* ist es, die Zielpersonen im beabsichtigten Sinne zu beeinflussen. Die Werbebotschaft muß dazu Aufmerksamkeit erregen und die Zielpersonen aktivieren, von den Zielpersonen richtig verstanden werden und für die Zielpersonen glaubwürdig sein.

Es gibt eine Fülle von Erkenntnissen vor allem der *Wahrnehmungspsychologie,* die bei diesen Fragestellungen gerne herangezogen und auch weiterentwickelt werden.

Die *Elementenpsychologie* geht davon aus, daß sich eine Wahrnehmung auf physikalischen Reizen der Umwelt basiert. Die Empfindung steht in einem konstanten, berechenbaren Verhältnis zur Stärke des physikalischen Reizes. Zum Beispiel ruft die Verdoppelung der physikalischen Reizstärke nicht die doppelte Empfindungsstärke hervor. In der Werbepsychologie verwendet man die *Quadratwurzelregel* (vgl. Schweiger & Schrattenecker 1995, S. 146): Die Wirkung einer neunfach vergrößerten Anzeige entspricht nur der dreifachen Wirkung! Daraus resultierte jedoch oft *Holzhammerreklame:* Die Werbung war viel zu groß, zu bunt und zu laut. Kritisch zu sehen ist die Tatsache, daß der Reiz-Reaktionsmechanismus nicht allein gültig ist, auch die Güte der Gestaltung einer Anzeige und andere Kognitionen fließen mit in die Wahrnehmung ein.

Basis der Gestalt- und Ganzheitspsychologie ist die Annahme, daß ›Das Ganze mehr als die Summe seiner Teile‹ sei.

Weitere Annahmen der Gestaltpsychologie lauten:
- Es existiert keine eindeutige und konstante Beziehung zwischen Reiz und Empfindung; jede Wahrnehmung wird durch den Gesamtzusammenhang bestimmt.
- Eine Wahrnehmung tendiert zu einer Organisation als Struktur bzw. Gestalt (z. B. Sternbilder).
- Die Prägnanztendenz besagt, daß ›schlechte‹ Gestalten, z.B. durch zu kurze Wahrnehmung, dazu tendieren, im Gedächtnis zu ›guten‹ (einfachen, symmetrischen) Gestalten zu mutieren. Am prägnantesten sind Kreis, Quadrat und gleichseitiges Dreieck.
- Gestalten wird eine Bedeutung gegeben (vgl. wiederum die Sternbilder).

- Gestalten heben sich als Figuren von einem Grund ab. Je prägnanter eine Gestalt ist, desto größer ist ihre Chance, als Figur wahrgenommen zu werden.
- Veränderungen eines Teiles des Ganzen führen zu Veränderungen des Gesamteindrucks.

Die Ganzheitspsychologie betont das Gefühl besonders stark; als *Aktualgenese* wird z.B. der Prozeß der Entstehung einer Wahrnehmung, aber auch eines Gefühls oder eines Vorsatzes bezeichnet. Ein Wahrnehmungsbild entsteht aus zunächst unklaren, stark gefühlsbehafteten Vorgestalten. In der täglichen Reizüberflutung entscheidet der erste flüchtige Eindruck über eine weitere Beschäftigung mit dem Gegenstand. Die Verpackung ersetzt immer mehr das Verkaufsgespräch, sie muß also informieren, Vertrauen erzeugen, anziehend wirken und zum Kauf auffordern.

Soziale und motivationale Einstellungen beeinflussen die Wahrnehmung. Diese ist ein Kompromiß aus objektiven Informationen der Umwelt, der individuellen Motivation sowie der sozial bedingten Einstellung. Warum will man überhaupt Informationen aufnehmen? – Einige Antworten auf diese Fragen sind:
- Sie sollen Nutzen stiften sowie Entscheidungen erleichtern.
- Sie sollen die eigenen Einstellungen, Meinungen und Erwartungen bestätigen.
- Sie sollen stimulieren und aktivieren.
- Sie sollen anregen, die eigene Persönlichkeit zu erweitern.

Für eine maximale Wirkung ist ein einheitlich geprägter Werbestil günstig. Dieser erzeugt positiv wirksame Firmen-, Marken- oder Produktimages. Für den Kunden ersetzt das Image einer Firma fehlendes Wissen über sie und gibt Orientierungshilfe. Ein Unternehmen kann durch das Image aus der Anonymität in die Öffentlichkeit treten und breites Vertrauen gewinnen. Ein Stil wird vor allem erzeugt durch *Prägnanz* der Selbstdarstellung, durch *Distanz* zur Konkurrenz und *Kontinuität*, was sich durch ähnliches Auftreten in verschiedenen Medien manifestieren kann, *Periodik* der Anzeigenschaltung sowie der Demonstration von *Produktadäquatheit*. Bei der Gestaltung der Werbung ist zwischen formalen und inhaltlichen Stilelementen zu unterscheiden: *Formale Stilelemente* sind beispielsweise Formen, Farben, Bilder, Firmenzeichen, Symbole, Schrifttypen oder die Anordnung des Werbetextes in Werbemitteln. *Inhaltliche Stilelemente* beinhalten die werbewirksame Idee sowie die Art der Umsetzung, also den Werbeslogan und die Botschaftsstrategie.

Ein entscheidender Faktor bei der Übermittlung der Werbebotschaft ist die Form der Ansprache. Die Änderung von Konsumvorstellungen ist wesentlich schwieriger als deren Bestätigung. Die Wirkung *moralischer Appelle* hängt mehr vom Sender und dem Medium als von der Botschaft selbst ab. Deshalb muß der Sender kompetent, erfahren, glaubwürdig und vertrauenswürdig sein, so daß man sich mit gutem Gefühl auf seine Aussage verlassen zu können glaubt. So kann beispielsweise ein Arzt für ein Medikament aber auch für ein Auto werben, der Börsenguru Kostolani für einen Investment-Fond und für Audi! Prominente werden häufig als Leitbilder benutzt.

Eine durch *emotionale Appelle* hervorgerufene innere Spannung fördert die Auseinandersetzung mit der Werbung und kann den Verarbeitungsprozeß intensiv beeinflussen. Viele Werbepsychologen sind der Ansicht, daß die emotionale Besetzung eines Produkts oder eines Firmenimages der entscheidende Faktor für die Behauptung am Markt sei. Emotionalisierende Stimuli sind beispielsweise erotische Darstellungen, Familienszenen, Kinder unter Nutzung des Kindchenschemas oder auch starke Farben. Wichtig ist, daß die emotionalen Reize auf Schlüsselinformationen hinweisen müssen und nicht von der eigentlichen Botschaft ablenken dürfen. Trotz verbreiteter gegenteiliger Meinung darf die emotionale Aktivierung durch markante Worte nicht unterschätzt werden, die stärkere Wirkungen hervorrufen können als manche Bildinhalte.

Der Umgang mit *Angstappellen* ist heikel. Es besteht ein umgekehrt U-förmiger Zusammenhang zwischen der Stärke des Angstappells und der Akzeptanz der Werbebotschaft. Bietet die Werbebotschaft einen Ausweg aus der Angst, so wird dieser besonders gut gemerkt. Ist die subjektiv empfundene Angst allerdings zu stark, greifen Abwehrmechanismen ein, die zu Negierung, Verzerrung, Verfälschung und Abwendung führen. Diese Art der Ansprache wird relativ häufig beim ›social advertising‹, wie Anti-Rauch-Kampagnen oder Werbung für Amnesty International eingesetzt.

Ebenso zweischneidig ist der Einsatz *humoristischer Mittel* wie Wortspiele, Witze, Unter- oder Übertreibungen, Ironie oder Slapstick. Dies alles kann zwar, wohldosiert, das Verstehen der Botschaft und die Glaubwürdigkeit des Senders steigern, kann aber auch die Aufmerksamkeit vom Produkt selbst leicht ablenken.

Für die *Bildwirkung von Anzeigen* ist wichtig zu wissen, daß der Bildteil üblicherweise als erstes fixiert und dadurch besser gemerkt und erinnert werden kann. Die Aktivierung durch Bilder ist im Vergleich zu Mehrworttexten stärker, und besser dosierbar. Textinformation kann oft durch Bilder ersetzt werden.

Für die *Textwirkung* gilt, daß häufig verwendete, allgemein bekannte, kurze sowie konkrete oder bildhafte Worte besonders leicht verständlich sind. Informationsreiche Botschaften sollten in möglichst kurze Sätze gefaßt werden.

Bei der *Plazierung von Anzeigen* ist zu berücksichtigen, daß die Wirkung von solchen, die sich neben einem redaktionellen Beitrag befinden, höher ist. Anzeigen im vorderen Teil einer Zeitschrift sind wirksamer als in einem eigenen Anzeigenteil. Es ist weiterhin festzuhalten, daß sich Anzeigen mit zunehmender Zahl an Wiederholungen abnutzen, der Anteil an Anfragen auf die Anzeige abnimmt.

3.7.6 Methoden der Werbewirkungskontrolle

Werbepsychologische Empfehlungen und Maßnahmen stehen und fallen mit der Überprüfung ihrer Wirksamkeit, und zwar nicht nur im Hinblick auf die Erzeugung von Aufmerksamkeit, sondern auf das Kriterium des Konsumentenverhaltens. Durch Voruntersuchungen *(Pretests),* Befragungen potentieller Kunden, Vorlegen von Alternativentwürfen von Verpackungen oder Werbespots und dergleichen, erhält man Hinweise für eine optimale Auswahl und den gezielten Einsatz der Werbemittel. Gleichzeitig läßt sich der voraussichtliche Werbeerfolg ungefähr abschätzen. Nachuntersuchungen, sogenannte Posttests dienen der Überprüfung der Effektivität laufender oder abgeschlossener Werbekampagnen.

Laborsituationen sind künstlich geschaffen. Versuchspersonen verhalten sich in dieser Umgebung nicht unbedingt so wie in der Realität. Man kann aber im Labor bis zu einem gewissen Grad alltagsnahe Situationen so gestalten, daß sich die ›Laboreffekte‹ mildern. Bei der *biotischen Untersuchung* im natürlichen Lebensraum der Versuchspersonen werden diese in ihrem realen Verhalten beobachtet, ohne daß sie darum wissen, in einen Versuch einbezogen zu sein, bzw. daß sie in ihrem Verhalten beobachtet werden.

Bei Anwendung des ›*Compagnon-Verfahrens*‹ werden in eine Zeitschrift die zu testenden Anzeigen hineinmontiert. Eine Versuchsperson liest diese Zeitschrift und wird mit einer auf einen Spiegeltisch gerichteten Kamera beobachtet (alltagsnahes Laborexperiment). In der anschließenden Befragung wird die Erinnerung der Versuchsperson an die Anzeigen erfragt und mit den Beobachtungsdaten der Versuchsleiter verglichen.

Eine Bildbetrachtung besteht aus *Fixationen* (Information wird aufgenommen) und *Sakkaden,* das sind Blicksprünge mit wenig Informationsaufnahme. Mit Hilfe einer speziellen ›Lesebrille‹ zur Registrierung des Blickverlaufs kann man die Fixationspunkte einer Versuchsperson exakt mitverfolgen bei gleichzeitiger elektronischer Aufzeichnung. Diese Methode gibt Antworten auf Fragen wie : Wird der Slogan fixiert? Funktioniert der Blickfang? Wo verweilt der Blick am längsten und wo am kürzesten?

Das *Tachistoskop* ist eine Art Diaprojektor mit variabler Darbietungszeit von 1/1000 Sekunde und weniger bis zur Langzeitdarbietung. Hier wird sozusagen ›das flüchtige Vorbeigehen‹ simuliert, man erhält Informationen über die erste Anmutung, beispielsweise einer Anzeige oder eines Plakats.

Der *elektronische Hautwiderstand,* der sogenannte psychogalvanische Reflex, ist nicht willentlich beeinflußbar und daher sehr gut zur Aktivierungsmessung geeignet. Hier geht es darum festzustellen, ob und wie stark eine Werbebotschaft das physische Erregungsniveau einer Versuchsperson verändert. Nach werbepsychologischen Erkenntnissen steigt mit der physischen Aktiviertheit die Bereitschaft, eine Werbebotschaft aufzunehmen und zu verarbeiten.

Der *Programmanalysator* ist ein Ja/Nein-Joystick, den eine Versuchsperson bei der Betrachtung von Fernsehspots betätigt. Vorteilhaft ist dabei die Möglichkeit der sofortigen Auswertung der Daten per Computer. Man erhält Hinweise zur Wirkung und Gestaltung von Handlung, Personen, Sprecher, Musik und anderem.

Für Prospekttexte und Gebrauchsanleitungen wird ein standardisiertes Verfahren angewendet, bei dem beispielsweise jedes fünfte Wort weggelassen wird und durch die Versuchsperson zu ersetzen ist. Die Anzahl richtiger Treffer bei diesem *Lückentext* gilt als Maß für die Schwierigkeit eines Textes.

Beim *Recall-Test* wird von der Versuchsperson eine freie Wiedergabe der Werbevorlage ohne jede Hilfe verlangt. Er ist somit nur auf die Reproduktion präsenter (aktiver) Gedächtnisinhalte ausgerichtet. Beim *Aided-Recall-Test* sollen bestimmte Vorgaben über Produktkategorie, Logo, Markenname usw. der Versuchsperson ›auf die Sprünge‹ helfen. Man erhält so Informationen zu aktiven und passiven Gedächtnisinhalten! Beim *Recognition-Test* sehen Versuchspersonen verschiedene Werbemittel und werden gefragt, ob sie sich daran erinnern können, welche davon sie vorher schon gesehen hätten. Hier ist der Einbau von Kontrollfragen wichtig zur Entdeckung bloßer Behauptungen. Außerdem stellt sich auch hier das Problem der sozialen Erwünschtheit in besonderem Maße.

Ratingskalen werden eingesetzt zur Einschätzung von Empfindungen, z.B. ›diese Anzeige gefällt mir ...‹ Sie dienen aber auch der Erfassung der Bewertungen von Produkten und Werbemitteln.

Probleme gibt es hier in Bezug auf
– die Semantik: nicht jeder versteht unter einem bestimmten Begriff dasselbe,
– die soziale Erwünschtheit von Äußerungen: Versuchspersonen handeln oft so, wie sie glauben, daß es der Versuchsleiter von ihnen erwartet, z.B. um einen positiven Eindruck auf den Versuchsleiter zu machen, und
– die Gründe: man erfährt nicht, warum die Versuchsperson so geurteilt hat, so daß Rückschlüsse auf Ursachen, die man ja vielleicht verändern könnte, nicht möglich sind.

Zur Erfassung des *erlebten Risikos* in Verbindung mit Werbebotschaften werden ebenfalls Ratingskalen eingesetzt. »Wie sehr stören Sie bei einem Urlaub: Schlechtes Wetter, mangelhafte Unterkünfte, überhöhte Preise?«, »Wie unangenehm sind die Folgen?« und »Wie hoch schätzen Sie die ›Gefahr‹ ein, daß solche Dinge im Urlaubsland X vorkommen?« sind darin gestellte Fragen.

Zu den *explorativen Verfahren* zählen das Tiefeninterview, die Gruppendiskussion und das vollstrukturierte Interview. Beim Einsatz des *semantischen Differentials* werden Skalen mit Gegensatzpolen (fröhlich – traurig, modern – altmodisch, kalt – warm usw.) verwendet. Der *Thematische Apperzeptionstest* (TAT) oder der *Picture-Frustration-Test* zählen zu den *projektiven Verfahren.* In Anlehnung an diese werden manchmal eigens Bilder entwickelt, die z.B. das Produkt ›im Einsatz‹ zeigen. Bei *Zuordnungstests* sollen Bilder bestimmter Personentypen verschiedenen Marken zugeordnet werden. Der Untersucher erhält durch die Anwendung dieses Verfahrens Anhaltspunkte für das Image eines Produkts oder einer Firma in seiner Befragtengruppe.

Die Wirkung eines Werbemittels läßt sich besonders an der kontinuierlichen Untersuchung des Kaufverhaltens feststellen. Bei der *Panelmethode* werden Daten repräsentativ ausgewählter Haushalte, u.a. über Kaufgewohnheiten, Kaufmengen, bevorzugte Marken oder Art und Häufigkeit von in Anspruch genommenen Dienstleistungen immer wieder, also längsschnittlich erhoben.

Ein anderes Verfahren verwendet den *Testladen*. Hier sehen Versuchspersonen zuerst den Werbespot zu einem neuen Produkt. Dann dürfen sie in einem Laden einkaufen, in dem neben anderen auch dieses Produkt zu erwerben ist. Wie wird damit umgegangen, wie oft wird es gekauft? Anschließend wird mit den Teilnehmern das ›Warum‹ ihres Kaufes oder Nichtkaufes diskutiert.

Beim *Markttest* wird in einem begrenzten Gebiet, z.B. in einem Supermarkt oder in einer Ladenkette, das vollständige Werbe- und Verkaufsförderungsprogramm eingesetzt. Das ist meist nicht an der Konkurrenz vorbei zu machen, welche das Vorhaben häufig durch ähnliche Aktionen durchkreuzt.

3.7.7 Heutige und künftige Einsatzmöglichkeiten der Werbepsychologie

Werbepsychologie ist immer interessenorientiert. Neumann und v. Rosenstiel machen darauf aufmerksam, daß Werbepsychologen traditionellerweise die Interessen jener unterstützen, die ihr Ziel der Gewinnsteigerung über die Konsumaktivierung potentieller Kunden zu erreichen suchen (1999, S. 846). Ob damit auch den Interessen dieser Nachfrager oder gesamtgesellschaftlichen Interessen gedient wird, ist nicht immer zu bejahen (z.B. bei der Zigarettenwerbung). Werbepsychologie kann mit gleichem Methodenarsenal aber auch verbraucheraufklärend eingesetzt werden durch Aufdeckung irreführender oder manipulierender Machenschaften. Im generell gesellschaftsförderlichen Sinn kann sie z.B. für staatliche Aktionen im Gesundheits- und Umweltschutz oder für den internationalen Einsatz von Material und Personal in Ländern der Dritten Welt genutzt werden. Hier sind weitere Arbeitsfelder der Werbepsychologie im Entstehen.

Bisherige Tätigkeitsbereiche werden durchgreifende Veränderungen erfahren. Angesichts der Globalisierung der Märkte wird es in den nächsten Jahren zu einer Internationalisierung von Werbekampagnen kommen, was sich in der Automobilbranche bereits heute schon offenbart.

Der Lebensnerv der Werbepsychologie ist der schnelle und nachweisbare Erfolg. Dies birgt die Gefahr in sich, jede Werbemaßnahme nur unter dem Gesichtspunkt ihrer Effizienz zu sehen, und die Bedeutung ethischer Probleme dieser zu opfern. Selbstbesinnung auf und Selbstverpflichtung zu den standesethischen Normen unseres Berufsstands sind hier noch einmal besonders hervorzuheben (vgl. auch Kapitel 2.4.2).

Die neuen Medien öffnen den Werbetreibenden und der Werbepsychologie ein neues weites und interessantes Feld mit ihren Möglichkeiten, jeden Nachfrager direkt mit Informationen und Kaufanreizen bedienen und mit dem potentiellen Kunden in persönlichen Kontakt treten zu können (vgl. Franke & Kühlmann 1990, Behrens 1991, v. Rosenstiel & Neumann 1991, Huth & Pflaum 1996, Felser 1997).

Die Werbepsychologie ist für ein Unternehmen dann nutzbringend, wenn sie zu dessen Erfolg, also zu Umsatzsteigerung, Umsatzerhaltung oder Risikominderung, und damit zu einem Florieren der Wirtschaft beiträgt. Dadurch werden möglicherweise zusätzliche Arbeitsplätze geschaffen. Insofern bringt sie dem Verbraucher nicht nur einen Informationsnutzen, sondern auch ein Stück existentieller Sicherung. Für welche Firma, Institution, politische Partei oder welche Interessenten auch immer ein Werbepsychologe tätig werden will, er muß es mit seinen eigenen Werthaltungen und Einstellungen in Einklang bringen, denn auch der Werbepsychologe ist, wie alle anderen an Werbung Beteiligten, interessengebunden, aber vielleicht hat er die größte Verantwortung von allen!

Werbepsychologie war seit den Anfängen der empirisch betriebenen Psychologie ein interessantes Anwendungs- und Forschungsgebiet, und sie wird trotz aller methodischen und ethischen Probleme auch für die Zukunft in ihrer Attraktivität und der Vielfalt neuer Herausforderungen eine interessante Aufgabe bleiben und ein Wachstumsmarkt für die heranwachsende Psychologengeneration sein.

4. Angewandte Psychologie im Jahr 2010

An der Schwelle zum dritten Jahrtausend und nach deren Überschreiten ist die Frage spannend, wie es mit der Angewandten Psychologie als wissenschaftlicher Disziplin und der Anwendung von Psychologie in der Praxis weitergehen wird. Leider gibt es keine wissenschaftliche Untersuchung darüber, wie es mit der Psychologie im Jahr 2010 bestellt sein wird. Außerdem fehlt uns Psychologen die hellseherische Begabung, in diesem Fall die präkognitive Fähigkeit, zuverlässig in die Zukunft blicken zu können, in einem viel größeren Ausmaß, als es unserem Ruf in der Öffentlichkeit entspricht. Und wenn es noch so riskant ist, und auf die Gefahr hin, uns gründlich zu irren, wir wollen es wagen. Es ist ja nicht so, daß es keinerlei Hinweise für die weitere Entwicklung gäbe. Doch erst der Leser im Jahr 2010 wird die Richtigkeit unserer Prognose endgültig beurteilen können.

Psychologie ist Wissenschaft und Beruf, ist Forschung und Praxis. Es sind keine getrennten Welten, beide bedingen einander, und dies wird auch in Zukunft so sein.

Psychologie bleibt nach wie vor ein attraktives Studienfach. Der Trend der Abiturienten zum Psychologiestudium wird zwar aufgrund der restriktiven Bedingungen des Psychotherapeutengesetzes und in Folge der schlechten Berufsaussichten für Klinische Psychologen in selbständiger Praxis für die nächsten 10 Jahre etwas abnehmen und dann gegen Ende dieser Periode wieder ansteigen (vgl. dazu Kapitel 2. 2. 3). Die Zahl der Studienbewerber wird allerdings kaum von derzeit fast 13. 000 auf die tatsächliche Zulassungsquote von 4.000 Studienanfängern pro Jahr absinken. Vermutlich wird es Umverteilungen des Interessenstromes geben, wenn sich die neuen Fachhochschulstudiengänge mit psychologischen Schwerpunktbildungen, z. B. in Bremen, Görlitz, Lüneburg und andernorts soweit etabliert haben werden, daß deren Absolventen entsprechend attraktive Arbeitsmöglichkeiten in Aussicht haben und auch bekommen. Diese Verschiebung wird aber dann nicht sehr erheblich ausfallen, wenn an den Universitäten, wie gegenwärtig ernsthaft diskutiert wird, in absehbarer Zeit ebenfalls stärker berufsorientierte Kurzstudiengänge mit Abschluß als Bakkalaureus/Bachelor oder als Magister/Master eingerichtet werden. Bliebe der Zugang für den Diplomstudiengang Numerus Clausus geregelt, so wie es jetzt ist, hätten wir bei einem jährlichen Zugang von künftig 2.500 Frisch-Diplomierten im Jahr 2010 dann fast 70.000 erwerbstätige Psychologen. Lindner macht darauf aufmerksam, daß unser Berufsstand noch recht jung und dessen Altersstruktur mit einem Durchschnittsalter von 47 Jahren für Berufsanfänger sehr ungünstig ist. Demnach sei davon auszugehen, daß mindestens für die nächsten 10 Jahre praktisch für jeden Hochschulabsolventen ein neuer Arbeitsplatz geschaffen werden müßte (1996, S. 75).

Auch wird sich der Wettbewerb mit anderen psychologienahen Berufsgruppen verschärfen. Die Klinischen Psychologen geraten noch mehr unter den Druck der Ärzte, die ihr bisheriges Therapiemonopol zwar aufgeben mußten, aber versuchen werden, über die Kassenärztlichen Vereinigungen die Ausdehnung der psychologischen Psychotherapeuten zahlenmäßig in engen Grenzen zu halten. Die Zahl der Absolventen in anderen konkurrierenden Berufen wie Sozialarbeiter, Sozial- und Diplompädagogen wird erheblich zunehmen. Sie konkurrieren mit den Psychologen bei Beratungs- und Therapieaufgaben, wenn sie zusätzlich die Ausbildung zum Kinder- und Jugendlichentherapeuten erfolgreich abschließen. Sofern sie Fachhochschulabsolventen sind, werden sie im Öffentlichen Dienst mit Sicherheit und am freien Markt sehr wahrscheinlich kostengünstiger zu haben sein als die Abgänger der Universitäten, es sei denn, letztere verdingen sich zu reduziertem Salär.

Was die Lage an den Universitäten betrifft, wird es, nachdem der Ausbau in den neuen Bundesländern weitgehend abgeschlossen ist, wenn überhaupt, dann nur zu einer geringfügigen Personalmehrung kommen. Im Arbeitsfeld von Forschung und Lehre werden zwischen 2003 und 2010 etwa 80 % der derzeitigen Professorinnen und Professoren aus dem Dienst ausscheiden, was Platz für den qualifizierten Nachwuchs schafft. Ansonsten wird es im Hochschulbereich vor allem in der Lehre zu grundlegenden Veränderungen kommen. Durch die Nutzung der Möglichkeiten des »Internet« gibt es jetzt schon interessante Neuerungen bei der Gestaltung von Lehr- und Weiterbildungsmaßnahmen. Zempel et al. berichten über erste Erfahrungen mit dem neuen Medium als Ergänzung zu den üblichen Präsenzseminaren im Fach Arbeits- und Organisationspsychologie (1999, S. 122 ff.). Es wurden Informationsrecherchen durchgeführt, Haus- und Seminararbeiten im World Wide Web publiziert, Skripten zu Lehrveranstaltungen abgelegt; weiter wurde zwischen den Seminarteilnehmern, zwischen diesen und den Lehrenden und von allen zusammen mit externen Experten kommuniziert. Die eigentlichen Umwälzungen im Lehrbetrieb kommen allerdings erst noch mit der Einrichtung der virtuellen Universität, wo die Inhalte von Vorlesungen und Seminaren mit Ausnahme von Präsenzphasen computervermittelt ins Haus geliefert werden. Die Lernprozesse werden in Eigenverantwortung von jedem Studierenden selbst gesteuert; Zeit, Lernort und Stoffumfang werden von jedem frei gewählt, und auch die Dozenten sind nicht mehr an feste Seminarzeiten, Veranstaltungsabläufe und Veranstaltungsorte gebunden. Ob dadurch für die Hochschullehre mehr Zeit für die Forschung gewonnen wird, ist angesichts dessen, daß eine Lehrstunde im Internet zwischen 30 und 200 Vorbereitungsstunden erfordern kann, eher ungewiß.

Trotz der Ausbreitung der Psychologie in alle Bereiche, wo Menschen leben und erleben, wird es in Zukunft auch wieder eine Rückbesinnung in der Forschung auf die Schlüsselthemen und in der Praxis auf die Schlüsselqualifikationen geben, also die tätigkeitsfeldübergreifenden Qualifikationen wie Komplexitätsmanagement, ganzheitlich systematisches Denken, Kommunikationsfähigkeit, Kompetenz zur Innovation, Moderation von Teams, Konfliktmanagement und Motivation. Der Psychologe sollte all dieses selbst beherrschen und nicht nur darüber reden können.

Die Forschung wird noch weit mehr als bisher ihre Fragestellungen aus den Praxisfeldern und deren Erfordernissen beziehen und wird sich mehr und mehr nach dem ökonomischen Nutzen ihres Tuns fragen lassen müssen. Die Hochschulen werden alles tun, um ihre »Produkte«, nämlich hochqualifizierte Berater für die moderne Dienstleistungsgesellschaft, am Arbeitsmarkt plazierbar zu machen. Psychologen werden nicht mehr bloß Experten im Sinne von Spezialisten für engbegrenzte Problembereiche sein können. Sie sollen Mediatoren sein, die zwischen wissenschaftlichem und alltäglichem Erfahrungswissen sowie zwischen konflikthaften Standpunkten im Alltag vermitteln können, und in der Lage sein, Hilfe zur Selbsthilfe beim Umgang mit komplexen Problemen und Konflikten anzubieten sowie als kompetente Begleiter von Veränderungsprozessen zur Verfügung zu stehen (vgl. Hoff 1998, S. 18 ff.). Dies alles gehört zur angestammten Domäne der ABO-Psychologie, die mit einer weiter steigenden Nachfrage an Absolventen rechnen kann.

Wünschenswert wäre auch hier ein in 2010 erreichbares Sowohl-Als-Auch, nämlich die Erschließung weiterer Anwendungsbereiche in unserer Kultur und darüber hinaus, und dabei die eingeforderte Mediatorenfunktion kompetent wahrzunehmen.

In den nächsten 10 Jahren werden auch neue anwendungsbezogene Fächer wie die Gesundheitspsychologie, die Umweltpsychologie, die Medienpsychologie, die Psychogerontologie und die Psychologie des Geldes an den Hochschulen in Forschung und Lehre repräsentiert sein, in unbedingt notwendiger kritisch forschender Reflexion dessen, was in den zugehörigen aufblühenden Praxisfeldern geschieht.

Die Verkehrspsychologie wird es schaffen, in den nächsten Jahren die Berufsbilder des Verkehrspsychologischen Beraters und des Verkehrspsychotherapeuten zu etablieren, ihre Tätigkeiten erheblich auszuweiten und auch das Weiterbildungsproblem ihrer Berufsvertreter zu lösen (vgl. auch Kapitel 2. 2. 8).

Ob es der Schulpsychologie gelingen wird, die derzeitige Stagnation des Ausbaus der Schulpsychologischen Dienste auf schlechtem Versorgungsniveau zu überwinden, ist fraglich. Skeptisch dazu Berg: »*Geben die Schulpsychologen tatsächlich von sich aus das Arbeitsgebiet Einzelfallhilfe auf, wird das eher zu einer Reduzierung als zu einem Ausbau der schulpsychologischen Versorgung führen. Wenn es nicht gelingt, die 'Einfrau/Einmann-Dienste' zu Institutionen zu erweitern, die aus mehreren Fachkräften bestehen, die unterschiedliche Arbeitsschwerpunkte haben, kann nur ein Bruchteil dessen geleistet werden, was zu den Aufgaben von Schulpsychologen gehört*« *(1993, S. 623)*.

Die Bedeutung der traditionellen Testdiagnostik wird bis 2010 deutlich zurückgehen, am ehesten sichtbar bei der Kraftfahreignungsdiagnostik, die weitgehend von Computern und Hilfskräften erledigt werden wird, und den Verkehrspsychologen zugunsten seiner Berater- und Therapeutentätigkeit entlasten wird.

Die wichtigste Änderung wird in den Beschäftigungsverhältnissen eintreten. In USA sind jetzt schon 30 % der Psychologen als selbständige Dienstleistungsanbieter tätig. Auch bei uns wird die Zahl derjenigen, welche direkt von der Hochschule in die Selbständigkeit gehen, von heute etwa 10 % auf ähnliche Größenordnungen wie in den USA ansteigen. Die Tendenz der Zukunft heißt, sich mit innovativen, originellen, kreativen, auf Abnehmerprobleme maßgeschneiderten Ideen und Konzepten selbst oder zusammen mit einigen anderen einen Markt zu schaffen. Existenzgründerseminare an den Hochschulen und Gründerzentren der Kommunen und der Wirtschaft werden dieses unterstützen. Das neue Buch von Dannenmann, Dorner und Drewe »Dipl.-

Psych.-fertig-los« (1998) ist ein überzeugendes Plädoyer für den Schritt in die Selbständigkeit und eine wahre Fundgrube für griffige Ideen zur Realisierung. Einige davon seien hier wenigstens erwähnt, was die Lektüre dieses sehr leserfreundlich gestalteten Buchs beileibe nicht überflüssig macht:

In der Wirtschaft haben wir es mit »Lernenden Unternehmen« zu tun, Organisationen, die sich ständig weiterentwickeln müssen, um konkurrenzfähig zu bleiben; auch deren Personal muß lernend sich weiterentwickeln, und dazu muß es gebracht werden. 2010 wird es in den Unternehmen mehr 50- als 30-jährige geben. Dadurch entwickelt sich ein Wachstumsmarkt, um diese Altersgruppe für Innovationen fit zu halten, z. B. durch entsprechende Trainings.

In den nächsten 10 Jahren wird die Privatisierung des Strafvollzugs kommen, eine Chance für den Einstieg Klinischer Psychologen in die psychotherapeutische Behandlung von Straftätern. Andere Möglichkeiten, die genannt werden, sind Entwicklung von Betreuungskonzepten für Telearbeiter, innovative Angebote von Sozial- und Gesundheitsdienstleistungen, Einzelcoaching für Führungskräfte, Angebote zur Bewältigung von Zukunftsängsten, Forschung und Beratung bei der Wohnungs- und Städteplanung, Schulung und Information von Firmenangehörigen vor Auslandseinsätzen in fremden Kulturkreisen, Mediation in Scheidungsfällen in Kooperation mit spezialisierten Rechtsanwälten, Engagements in der Versorgung alternder Menschen, Mitwirkung bei der Planung und Gestaltung von Seniorenzentren und Seniorenresidenzen, originelle Beratungs- und Betreuungsangebote im Bereich des Sports über Angebote für Leistungssportler hinaus.

Die berufsethische Verpflichtung zur Fortbildung und das Motto »Lebenslanges Lernen« wird eine weiter steigende Nachfrage nach Fortbildung von Psychologen durch Psychologen hervorbringen.

Ein weiteres großes potentielles Betätigungsfeld bilden die Marktforschung und die Werbung, die sich in internationale Dimensionen ausbreiten wird.

Das Versicherungswesen wird sich im Rahmen der privaten gesundheitlichen und der Altersvorsorge noch erheblich ausweiten mit dem Erfordernis der verkaufspsychologischen Schulung der Versicherungsberater.

Große Chancen werden auch den beruflichen Aktivitäten im Rahmen der Gesundheitsförderung und der Rehabilitation eingeräumt, in denen manche den Zukunftsmarkt psychologischer Dienstleistungen schlechthin sehen.

Einige Tips für Studierende, schon während ihres Studiums ihre Plazierungschancen am künftigen Arbeitsmarkt zu erhöhen, sind:

1. Mehr als die vorgeschriebenen Praktika abzuleisten und dabei möglichst viele interessante Leute kennenzulernen und Kontakte zu halten;
2. Praktika und/oder Studienabschnitte im Ausland zu absolvieren;
3. Kongresse und Tagungen zu besuchen, um neue Berufsmöglichkeiten zu sondieren und mögliche Arbeitgeber oder -vermittler zu treffen;
4. Diplomarbeitsthemen mit konkretem Praxisbezug zu wählen oder selbst vorzuschlagen;
5. Angebote von Projektseminaren ausgiebig zu nutzen und
6. Fragen zur Praxisrelevanz der Studieninhalte zu stellen.

Insgesamt läßt sich sagen, die Berufschancen im anbrechenden Jahrhundert werden für hochqualifizierte Anbieter von Dienstleistungen, zu denen auch die Psychologen gehören, nicht schlecht sein; ihnen werden insgesamt gute Entwicklungsmöglichkeiten eingeräumt. Die Kombination aus neuen Ideen, Selbstbewußtsein, Vertrauen in eine gute Ausbildung und der Mut, engagiert seine berufliche Zukunft anzugehen, sind die besten Voraussetzungen dafür, die aufs Ganze gesehen optimistischen Prognosen des Autors dieser Zeilen zu einer Self-fulfilling-prophecy zum Nutzen und Wohl unseres Berufsstandes werden zu lassen!

5. Literaturverzeichnis

5.1 Einführende und Überblicksliteratur zur Angewandten Psychologie generell

Im Folgenden ist die insgesamt eher spärlich vertretene Literatur zusammengestellt, die das riesige Feld der Anwendung von Psychologie und der anwendungsorientierten Forschung generell zu umgreifen versucht. Besonders sei auf das von Angela Schorr herausgegebene erste Handwörterbuch der Angewandten Psychologie hingewiesen. Es richtet sich sowohl an in der Ausbildung und Forschung Tätige und Studenten, wie insbesondere auch an in der beruflichen Praxis engagierte Psychologinnen und Psychologen. In 154 Schlüsselbegriffen werden fast alle wichtigen Praxisfelder, Interventionsmethoden (einschließlich der großen psychotherapeutischen Verfahren und zentraler psychodiagnostischer Techniken und Vorgehensweisen), Theorien, Begriffe und Forschungsmethoden aus für die Angewandte Psychologie relevanten Bereichen der psychologischen Grundlagenforschung vorgestellt. Als aktuelles Nachschlagewerk erleichtert es den Einstieg in zentrale Themen und Fragestellungen der Angewandten Psychologie. Es gibt rasche Orientierungshilfe bei der Literatursuche für Studierende der Psychologie, Pädagogik, Sozialpädagogik, Soziologie, Betriebswirtschaftslehre, Medizin und anderer Fächer. Fachkräften im Personalwesen, im Rechtswesen und in anderen Berufen mit intensiven Beratungs-, Betreuungs- und Therapiekontakten kann es als umfassende Einführung in die Forschung und Praxis der Angewandten Psychologie dienen.

Anastasi, A. (1964, dt. 1973). Fields of applied psychology. New York: McGraw Hill. Deutsch: Angewandte Psychologie. Weinheim: Beltz.

Asanger, R. & Wenninger, G. (Hrsg.). (1999). Handwörterbuch Psychologie. Weinheim: Psychologie Verlags Union.

Benesch, H. (1985). Angewandte Psychologie. In D. Krech & R. S. Crutchfield (Hrsg.), Grundlagen der Psychologie, Bd. 8. Weinheim: Beltz.

Benesch, H. & Dorsch, F. (Hrsg.). (1984). Berufsaufgaben und Praxis des Psychologen. München: Reinhardt.

Berufsverband Deutscher Psychologen e. V. (Hrsg.). (1980/81). Handbuch der Angewandten Psychologie, 3 Bände. München: Verlag Moderne Industrie.

Frey, D., Hoyos, C. Graf & Stahlberg, D. (Hrsg.). (1992). Angewandte Psychologie. Weinheim: Psychologie Verlags Union.

5.2 Einstiegsliteratur für die wichtigsten Teilgebiete

Dieses Verzeichnis nennt unter der Angabe des jeweiligen Teilgebiets möglichst kurz gefaßte Literatur, die geeignet ist, tiefer in die Inhalte einzusteigen. Leider gibt es nicht für alle Teilgebiete gute Kurzfassungen. Manchmal konnten nur umfangreichere Bücher angegeben werden, dann jedoch allemal nur solche, die so geschrieben sind, daß man sie auch ohne Vorkenntnisse lesen kann. Gelegentlich findet der Leser unter einer Überschrift beides, eine knappe und eine oder mehrere ausgedehntere Darstellungen zur Auswahl. Die zu einigen Titeln hinzugefügten Erläuterungen mögen dem Leser die Entscheidung erleichtern, ob er in die vorgeschlagene Lektüre eindringen will oder nicht.

Arbeitspsychologie
Frieling, E. & Sonntag, K. (1998). Lehrbuch Arbeitspsychologie. Bern: Huber.

Architekturpsychologie
Harloff, H. J. (Hrsg.). (1993). Psychologie des Wohnungs- und Siedlungsbaus. Göttingen: Hogrefe.

Berufspsychologie
Zimmer, G. (1993). Berufspsychologie. In A. Schorr (Hrsg.), Handwörterbuch der Angewandten Psychologie (S. 81–88). Bonn: Deutscher Psychologen-Verlag.

Forensische Psychologie
Greuel, L. (1993). Forensische Psychologie. In A. Schorr (Hrsg.), Handwörterbuch der Angewandten Psychologie (S. 235–242). Bonn: Deutscher Psychologen-Verlag.
Steller, M. & Volbert, R. (Hrsg.). (1999). Psychologie im Strafverfahren. Bern: Huber.

Freizeitpsychologie
Opaschowski, H. W. (1988). Psychologie und Soziologie der Freizeit. Opladen: Leske + Budrich.
Opaschowski, H. W. (1991). Ökologie von Freizeit und Tourismus. Opladen: Leske + Budrich.

Tokarski, W. & Schmitz-Scherzer, R. (1999). Freizeitpsychologie. In R. Asanger & G. Wenninger (Hrsg.), Handwörterbuch Psychologie (S. 200–204). Weinheim: Psychologie Verlags Union.

Gesundheitspsychologie

(siehe auch unter Umweltpsychologie)

Schwarzer, R. (1996). Psychologie des Gesundheitsverhaltens. Göttingen: Hogrefe.

Ingenieurpsychologie

Hoyos, C. Graf & Zimolong, B. (Hrsg.). (1990). Ingenieurpsychologie. Göttingen: Hogrefe.

Klinische Psychologie

Davison, G. C. & Neale, J. M. (1996). Klinische Psychologie (4. Aufl.). Weinheim: Psychologie Verlags Union.

Umfassend und gut verständlich werden in diesem »Klassiker« zur Klinischen Psychologie die neuesten Forschungsergebnisse aus dem Bereich der psychischen Störungen dargestellt. Ein Beitrag zur rechtlichen Situation der Klinischen Psychologie und Psychotherapie in Deutschland sowie ein Fragenkatalog zur Überprüfung des Wissensstandes runden dieses Lehrbuch ab.

Reinecker, H. (1996). Klinische Psychologie. In D. Dörner & H. Selg (Hrsg.), Psychologie (S. 356–380). Stuttgart: Kohlhammer.

Sieland, B. (1994/1996). Klinische Psychologie, Band I+II. Stuttgart: Kohlhammer.

Band I beschäftigt sich mit dem Gegenstand, den Aufgaben und Anwendungsformen der Klinischen Psychologie und vergleicht damit jeweils alltagspsychologische Denk- und Lösungsmuster. Band II beschreibt die derzeit vorherrschenden Therapieverfahren und grenzt sie von fragwürdigen Angeboten des Psychomarktes ab.

Kriminalpsychologie

Kury, H. (1993). Kriminalpsychologie. In A. Schorr (Hrsg.), Handwörterbuch der Angewandten Psychologie (S. 428–434). Bonn: Deutscher Psychologen-Verlag.

Kunstpsychologie

Schurian, W. (Hrsg.). (1993). Kunstpsychologie heute. Göttingen: Verlag für Angewandte Psychologie.

Schuster, M. (1992). Wodurch Bilder wirken. Köln: Du Mont.

Marktpsychologie

(siehe auch unter Werbepsychologie)

Frey, D., Hoyos, C. Graf & Stahlberg, D. (Hrsg.). (1992). Angewandte Psychologie. Ein Lehrbuch. Weinheim: Psychologie Verlags Union. Darin S. 207–259, verschiedene Autoren.

Medienpsychologie

Groebel, J. (1993). Medienpsychologie. In A. Schorr (Hrsg.), Handwörter-buch der Angewandten Psychologie (S. 458–462). Bonn: Deutscher Psychologen-Verlag.

Hasebrook, J. (1995). Multimedia-Psychologie. Heidelberg: Spectrum.

Schorr, A., Six, U. & Groebel, J. (Hrsg.). (1998). Medienpsychologie. Wein-heim: Beltz.

Militärpsychologie

Ganser, H. W. (1999). Militärpsychologie. In R. Asanger & G. Wenninger (Hrsg.), Handwörterbuch Psychologie (S. 459–462). Weinheim: Psycho-logie Verlags Union.

Musikpsychologie

Bruhn, H., Oerter, R. & Rösing, H. (Hrsg.). (1997). Musikpsychologie. Ein Handbuch. Reinbek bei Hamburg: Rowohlt.

Rösing, H. & Bruhn, H. (1992). Angewandte Musikpsychologie. In D. Frey et al. (Hrsg.), Angewandte Psychologie (S. 487–497). Weinheim: Psycho-logie Verlags Union.

Organisationspsychologie

Gros, E. (1994). Anwendungsbezogene Arbeits-, Betriebs- und Organisa-tionspsychologie. Göttingen: Hogrefe.

Liebel, H. J. (1996). Organisationspsychologie. In D. Dörner & H. Selg (Hrsg.), Psychologie (S. 333–355). Stuttgart: Kohlhammer.

Rosenstiel, L. von, Molt, W. & Rüttinger, B. (1995). Organisationspsycho-logie (8. Aufl.). Stuttgart: Kohlhammer.

Weinert, A. (1998). Organisationspsychologie – Ein Lehrbuch (4. Aufl.). Weinheim: Psychologie Verlags Union.

Pädagogische Psychologie

Berg, D. (1996). Pädagogische Psychologie. In D. Dörner & H. Selg (Hrsg.), Psychologie (S. 396–411).

Hofer, M., Wild, E. & Pikowsky, B. (1996). Pädagogisch-psychologische Berufsfelder, Beratung zwischen Theorie und Praxis. Bern: Huber.
In diesem Buch werden Erziehungs- und Familienberatung, schulpsy-chologische Beratung und Beratung im Rahmen der beruflichen Ausbil-dung sowie der Fort- und Weiterbildung als wesentliche Arbeitsfelder von Pädagogischen Psychologen betrachtet.

Nolting, H.-P. & Paulus, P. (1996). Pädagogische Psychologie. Stuttgart: Kohlhammer.
»Pädagogische Psychologie« einmal anders; nicht als dickes Lehrbuch, sondern als kleine, übersichtliche Einführung.

Politische Psychologie

Moser, H. (1999). Politische Psychologie. In R. Asanger & G. Wenninger (Hrsg.), Handwörterbuch Psychologie (S. 556–562). Weinheim: Psycho-logie Verlags Union.

Polizeipsychologie

Stein, F. (Hrsg.). (1990). Brennpunkte der Polizeipsychologie. Göttingen: Hogrefe.

Psychogerontologie
Buijssen, H. & Hirsch, R. (Hrsg.). (1997). Probleme im Alter. Diagnose, Beratung, Therapie, Prävention. Weinheim: Beltz.
Psychische Probleme im Alter sind kein Schicksal – man kann sie behandeln und damit die Lebensqualität älterer Menschen erhöhen. Experten vermitteln in diesem Buch praktisches Wissen über die häufigsten Probleme von Älteren und deren Behandlung: Beziehungsprobleme, Intimitäts- und sexuelle Probleme, Trauer, Senile Demenz, Psychosomatische Beschwerden, Depression, Mißtrauen, Sucht, Probleme der Pflegepersonen, Mißhandlung Älterer.

Psychologie des Geldes
Yablonsky, L. (1992). Der Charme des Geldes. Köln: Edition Humanistische Psychologie.

Rechtspsychologie
Lösel, F. & Bender, D. (1993). Rechtspsychologie. In A. Schorr (Hrsg.), Handwörterbuch der Angewandten Psychologie (S. 590–598). Bonn: Deutscher Psychologen-Verlag.

Rehabilitationspsychologie
Tröster, H. (1993). Rehabilitationspsychologie. In A. Schorr (Hrsg.), Handwörterbuch der Angewandten Psychologie (S. 599–603). Bonn: Deutscher Psychologen-Verlag.
Witte, W. (1988). Einführung in die Rehabilitationspsychologie. Bern: Huber.

Religionspsychologie
Bucher, A. & Oser, F. (1992). Hauptströmungen der Religionspsychologie. In D. Frey et al. (Hrsg.), Angewandte Psychologie (S. 466–486). Weinheim: Psychologie Verlags Union.
Schmitz, E. (Hrsg.). (1992). Religionspsychologie. Göttingen: Hogrefe.
Die Autoren dieses Buches verstehen die Religionspsychologie als eine in wichtigen Anteilen empirische Wissenschaft vom religiösen Erleben und Verhalten des Menschen. Das religiöse Erleben und Verhalten wird zunächst, ungeachtet des eigenen Standpunktes, als Erfahrungstatsache bewertet. Diese angestrebte Wertneutralität kann für den Prozeß der Deutung nicht gefordert werden. Entscheidend ist vielmehr, daß versucht wird, die menschlich-psychologische Seite religiösen Erlebens und Verhaltens verständlich zu machen. Bearbeitete Themen sind z. B. »Theorien zur religiösen Entwicklung«, »Religiosität und seelische Gesundheit«, »Jugendreligionen« und »Kriminalität«.

Schriftpsychologie
Heiss, R. mit Strauch, I. (1966). Die Deutung der Handschrift. Hamburg: Claassen.
Klupsch, H. J. & Klupsch, D. (1998). Handschrift und Persönlichkeit. Das Lehrbuch der Graphologie, 2 Bände. Werl: A. Stein'sche Buchhandlung.
Der Leser möge vor der Lektüre die Ausführungen in Kapitel 2. 2. 6 zur Kenntnis nehmen!

Schulpsychologie

Berg, D. (1993). Schulpsychologie. In A. Schorr (Hrsg.), Handwörterbuch der Angewandten Psychologie (S. 618–624). Bonn: Deutscher Psychologen-Verlag.

Sportpsychologie

Bakker, F. C., Whiting, H. T. A. & van der Brug, H. (1992). Sportpsychologie – Grundlagen und Anwendungen. Bern: Huber.
Die Autoren konzentrieren sich auf Bereiche wie Motivation, Persönlichkeit, Lernen und Aggressivität. Was müssen Betreuer und Sportler wissen? Was haben ihnen Psychologen zu bieten?

Baumann, S. (1993). Psychologie im Sport. Aachen: Meyer & Meyer.

Thomas, A. (1995). Einführung in die Sportpsychologie. Göttingen: Hogrefe.

Tourismuspsychologie

Hahn, H. & Kagelmann, H.-J. (Hrsg.). (1993). Tourismuspsychologie und Tourismussoziologie. München: Quintessenz.

Umweltpsychologie

Hellbrück, J. & Fischer, M. (1999). Umweltpsychologie. Göttingen: Hogrefe.
Ein deutschsprachiges Lehrbuch der Umweltpsychologie, welches ausführlich den Einfluß von Umwelteinwirkungen auf das Erleben, Verhalten und die Gesundheit des Menschen beschreibt. Themen sind u. a. verschiedene Umwelteinwirkungen, z. B. Luftfremdstoffe und chemische Schadstoffe, Licht und Schall sowie Wetter und Landschaft, die Auswirkungen der gebauten Umwelt auf Verhalten und Wohlbefinden der Menschen, Umweltrisiken und Umweltgefahren, Umweltkatastrophen sowie Maßnahmen im Rahmen des Umweltschutzes.

Kals, E. (Hrsg.). (1998). Umwelt und Gesundheit. Weinheim: Psychologie Verlags Union.
Die Autoren, die ein breites Spektrum sozialwissenschaftlicher und medizinischer Disziplinen abdecken, untersuchen den Einfluß ökologischer Bedingungen auf das körperliche und seelische Wohlbefinden, die Bedeutung umweltbedingter Gesundheitsrisiken, Ängste sowie individueller Verantwortungsurteile.

Miller, R. (1998). Umweltpsychologie – Eine Einführung. Stuttgart: Kohlhammer

Verkehrspsychologie

Echterhoff, W. (1991). Verkehrspsychologie. Bonn: Deutscher Psychologen-Verlag.

Werbepsychologie

(siehe auch Marktpsychologie)

Felser, G. (1997). Werbe- und Konsumentenpsychologie. Heidelberg: Spektrum.

Huth, R. & Pflaum, D. (1996). Einführung in die Werbelehre (6. Auflage). Stuttgart: Kohlhammer.

Wirtschaftspsychologie
Pelzmann, L. (1985). Wirtschaftspsychologie. Wien: Springer.
Gute Einführung in die Arbeitslosenforschung, Schattenwirtschaft und Steuerpsychologie.

5.3 Verwendete Literatur

Adorno, T. W. (1980). Einleitung in die Musiksoziologie. Frankfurt: Suhrkamp.

Allport, G. W. (1950). The individual and his religion. New York: Macmillan.

Amelang, M. (1999). Rechenschaftsbericht des Präsidenten der Deutschen Gesellschaft für Psychologie. Psychologische Rundschau, 50, 40–58.

Anastasi, A. (1964, dt. 1973). Fields of applied psychology. New York: McGraw Hill. Deutsch: Angewandte Psychologie. Weinheim: Beltz.

Arnold, W. (1970). Angewandte Psychologie. Stuttgart: Kohlhammer.

Asanger, R. & Wenninger, G. (Hrsg.). (1994/1999). Handwörterbuch Psychologie. Weinheim: Psychologie Verlags Union.

Bakker, F. C., Whiting, H. T. A. & van der Brug, H. (1992). Sportpsychologie – Grundlagen und Anwendungen. Bern: Huber.

Bandura, A. (Hrsg.). (1976). Lernen am Modell. Stuttgart: Klett.

Barker, R. G. (1968). Ecological Psychology. Stanford: University Press.

Baumann, S. (1993). Psychologie im Sport. Aachen: Meyer & Meyer.

Behrens, G. (1991). Werbepsychologie. München: Verlag für Wirtschaftsskripten.

Benesch, H. & Dorsch, F. (Hrsg.). (1984). Berufsaufgaben und Praxis des Psychologen. München: Reinhardt.

Benesch, H. (1985). Angewandte Psychologie. In D. Krech & R. S. Crutchfield (Hrsg.), Grundlagen der Psychologie, Bd. 8. Weinheim: Beltz.

Berg, D. (1993). Schulpsychologie. In A. Schorr (Hrsg.), Handwörterbuch der Angewandten Psychologie (S. 618–624). Bonn: Deutscher Psychologen-Verlag.

Berg, D. (1996). Pädagogische Psychologie. In D. Dörner & H. Selg (Hrsg.), Psychologie (S. 396–411). Stuttgart: Kohlhammer.

Berlyne, D. E. (1974). Konflikt, Erregung, Neugier. Zur Psychologie der kognitiven Motivation. Stuttgart: Klett.

Berufsverband Deutscher Psychologen e. V. (Hrsg.). (1980/81). Handbuch der Angewandten Psychologie, 3 Bände. München: Verlag Moderne Industrie.

Bierhoff-Alfermann, D. (1986). Sportpsychologie. Stuttgart: Kohlhammer.

Billion, F. (1981). Planung bedarfsgerechter Freizeitangebote im Naherholungsbereich. In H. Haase & W. Molt (Hrsg.), Handbuch der Angewandten Psychologie, Bd. 3 (S. 590–603). München: Verlag Moderne Industrie.

Borneman, E. (1973). Psychoanalyse des Geldes. Frankfurt: Suhrkamp.

Brehm, J. W. (1980). A Theory of Psychological Reactance. New York: Academic Press.

Brockhaus, F. A. (Hrsg.). (1987). Der Neue Brockhaus. Wiesbaden: Brockhaus.

Bruhn, H., Oerter, R. & Rösing, H. (Hrsg.). (1997). Musikpsychologie. Ein Handbuch. Reinbek: Rowohlt.

Bucher, A. (1992). Bibel-Psychologie. Stuttgart: Kohlhammer.

Bucher, A. & Oser, F. (1992). Hauptströmungen der Religionspsychologie. In D. Frey et al. (Hrsg.), Angewandte Psychologie (S. 466–486). Weinheim: Psychologie Verlags Union.

Buijssen, H. & Hirsch, R. (Hrsg.). (1997). Probleme im Alter. Diagnose, Beratung, Therapie, Prävention. Weinheim: Beltz.

Bundeskriminalamt (Hrsg.). (1996). Das Opfer und die Kriminalitätsbekämpfung. BKA-Forschungsreihe, Bd. 36. Wiesbaden: BKA.

Butsch, Ch. & Fischer, H. (1966). Seashore-Test für musikalische Begabung. Bern: Huber.

Canter, D. V. (Hrsg.). (1973a). Architekturpsychologie. Düsseldorf: Bertelsmann.

Canter, D. V. (1973b). Menschen und Gebäude – Eine kurzgefaßte Übersicht über die Forschung auf diesem Gebiet. In D. V. Canter (Hrsg.), Architekturpsychologie (S. 130–136). Düsseldorf: Bertelsmann.

Canter, D. V. (1973c). Sind die Benutzer von Gebäuden als Personen oder Gegenstände zu behandeln? In D. V. Canter (Hrsg.), Architekturpsychologie (S. 21–40). Düsseldorf: Bertelsmann.

Christow, C. (1991). Wohnen und Architektur. Aspekte der Wohnmedizin. Hildesheim: Verlag »Wohnmedizin«.

Csikszentmihalyi, M. (1985). Das Flow-Erlebnis – Jenseits von Angst und Langeweile: im Tun aufgehen. Stuttgart: Klett-Cotta.

Dahle, T. N. (Hrsg.). (1992). Wahrnehmung in Architektur und Stadtplanung. IRB-Literaturauslese. Stuttgart: Informationszentrum Raum und Bau Verlag.

Dannenmann, Ch. (1988). Keiner darf verlorengehen. Stuttgart: Burg.

Dannenmann, M., Dorner, L. & Drewe, H.-W. (1998). Dipl. Psych. – fertig – los. Ratgeber für den Berufsstart von Psychologinnen und Psychologen. Bonn: Deutscher Psychologen-Verlag.

Daumenlang, K. & Dreesmann, H. (1989). Arbeit und Freizeit. In E. Roth (Hrsg.), Organisationspsychologie (S. 142–154). Göttingen: Hogrefe.

Davison, G. C. & Neale, J. M. (1996). Klinische Psychologie (4. Aufl.). Weinheim: Beltz.

Dörner, D. (1987). Denken und Wollen: Ein systemtheoretischer Ansatz. In H. Heckhausen et al. (Hrsg.), Jenseits des Rubikon. Der Wille in den Humanwissenschaften (S. 238–249). Berlin: Springer.

Dörner, D. (1992). Wissen, Emotionen und Handlungsregulation oder die Vernunft der Gefühle. Bamberg: Otto-Friedrich-Universität, Memorandum des Lehrstuhls Psychologie II.

Dörner, D. (1996). Verhalten und Handeln. In D. Dörner & H. Selg (Hrsg.), Psychologie (S. 100–114). Stuttgart: Kohlhammer.

Dörner, D. (1999). Ästhetik, Unbestimmtheit, Emotion und Kognition. Memorandum des Lehrstuhls Psychologie II, Otto-Friedrich-Universität, Bamberg (zur Veröffentlichung vorbereitet).

Dörner, D. & Selg, H. (Hrsg.). (1996). Psychologie. Eine Einführung in ihre Grundlagen und Anwendungsfelder (2. Aufl.). Stuttgart: Kohlhammer.

Dorsch, F. (Hrsg.). (1996). Psychologisches Wörterbuch. Bern: Huber.

Ebbinghaus, H. (1885). Über das Gedächtnis. Leipzig: Dunker & Humblot.

Ebel, V. (1981). Zur Lage der Angewandten Psychologie in der Bundesrepublik Deutschland. Report Psychologie, 6, 3–13.

Echterhoff, W. (1991). Verkehrspsychologie. Bonn: Deutscher Psychologen-Verlag.

Echterhoff, W. (1991). Verkehrspsychologie. Bonn: Deutscher Psychologen-Verlag.

Ehrenfels von, C. (1960). Über »Gestaltqualitäten« (Orig. 1890). In F. Weinhandl (Hrsg.), Gestalthaftes Sehen (S. 11–43). Darmstadt: Wissenschaftliche Buchgesellschaft.

Elkind, D. (1971). The development of religious understanding in children and adolescents. In M. Strommen (Ed.), Research on religious development (P. 655–685). New York: Hasthorn.

Ellenberg, W., Scholz, M. & Beier, B. (1997). Ökotourismus. Heidelberg: Spektrum.

Farnsworth, P. R. (1958). The social psychology of music. New York: Holt, Rinehart. (Dt. 1976). Sozialpsychologie der Musik. Stuttgart: Enke.

Fabian, T., Nowara, S., Rode, J. & Werth, G. (1998). Rechtspsychologie kontrovers. Bonn: Deutscher Psychologen-Verlag.

Fechner, G. Th. (1926). Vorschule der Ästhetik, Bd. 1 und 2. Leipzig: Breitkopf & Härtel. Nachdruck (1978). Hildesheim: Ohms.

Feemers, M. (1992). Der demonstrativ aufwendige Konsum. Frankfurt: Peter Lang.

Feller, F. M. (1932). Psychodynamik. Bern: A. Franke.

Felser, G. (1997). Werbe- und Konsumentenpsychologie. Heidelberg: Spektrum.

Festinger, L., Schachter, S. & Back, K. (1967). Social Pressures in Informal Groups. Stanford: University Press.

Festinger, L. (1978). Theorie der kognitiven Dissonanz. Bern: Huber.

Flade, A. (1993). Wohnen und Wohnbedürfnisse im Blickpunkt. In H. J. Harloff (Hrsg.), Psychologie des Wohnungs- und Siedlungsbaus (S. 45–55). Göttingen: Verlag für Angewandte Psychologie.

Forgas, J. P. (1995). Soziale Interaktion und Kommunikation. München: Psychologie Verlags Union.

Forschungsgesellschaft für Wohnen, Bauen und Planen (Hrsg.). (o. J.). Zusammenhänge zwischen Wohnbedingungen und psychischen Störungen. Wien: Selbstverlag.

Fowler, J. (1984). Becoming adult, becoming Christian. San Francisco: Harper & Row.

Franke, J. & Kühlmann, T. M. (1990). Psychologie für Wirtschaftswissenschaftler. Landsberg: Verlag Moderne Industrie.

Freud, S. (1968). Charakter und Analerotik (1908). Gesammelte Werke Bd. VII (1906–1909). Frankfurt: Fischer.

Freud, S. (1978). Die Zukunft einer Illusion. Werkausgabe in zwei Bänden, Bd. 2 (S. 329–366). Frankfurt: Fischer.

Frey, D., Hoyos, C. Graf & Stahlberg, D. (Hrsg.). (1992). Angewandte Psychologie. Ein Lehrbuch. Weinheim: Psychologie Verlags Union.

Frieling, E. & Sonntag, K. (1998). Lehrbuch Arbeitspsychologie. Bern: Huber.

Fritsch, H. (Hrsg.). (1993). Bau- und Wohnpsychologie. IRB-Literaturauslese. Stuttgart: Informationszentrum Raum und Bau Verlag.

Fromm, E. (1979). Psychoanalyse und Religion. München: Goldmann.

Fuhrer, U. & Kaiser, F. G. (1993). Ortsbindung: Ursachen und deren Implikationen für die Wohnungs- und Siedlungsgestaltung. In H. J. Harloff (Hrsg.), Psychologie des Wohnungs- und Siedlungsbaus (S. 58–73). Göttingen: Verlag für Angewandte Psychologie.

Ganser, H. W. (1999). Militärpsychologie. In R. Asanger & G. Wenninger (Hrsg.), Handwörterbuch Psychologie (S. 459–462). Weinheim: Psychologie Verlags Union.

Gasch, B. (1979). Berufsaufgaben des Psychologen. Unveröff. Manuskript AUFG 3 aus dem Versuch für das Fernstudium im Medienverbund FIM. Erlangen.

Gebert, D. & Rosenstiel, L. von (1996). Organisationspsychologie. (4. Aufl.) Stuttgart: Kohlhammer.

Geisler, E. (1981). Bedürfnisanalyse und Planung. Fallbeispiel: Heim für Nichtseßhafte. In H. Haase & W. Molt (Hrsg.), Handbuch der Angewandten Psychologie, Bd. 3 (S. 342–359). München: Verlag Moderne Industrie.

Goldman, R. (1964). Religious thinking from childhood to adolescene. New York: Seabury.

Grau, I. (1989). Werktägliches Zeitbudget und Verkehrsteilnahme. Auswertung der Haushaltsbefragung in Leverkusen. Universität Aachen: unveröffentlichte Diplomarbeit.

Greif, S. (1994). Organisationspsychologie. In R. Asanger & G. Wenninger (Hrsg.), Handwörterbuch der Psychologie (S. 305–312). Weinheim: Psychologie Verlags Union.

Greuel, L. (1993). Forensische Psychologie. In A. Schorr (Hrsg.), Handwörterbuch der Angewandten Psychologie (S. 235–242). Bonn: Deutscher Psychologen-Verlag.

Groebel, J. (1993). Medienpsychologie. In A. Schorr (Hrsg.), Handwörterbuch der Angewandten Psychologie (S. 458–462). Bonn: Deutscher Psychologen-Verlag.

Gros, E. (1994). Anwendungsbezogene Arbeits-, Betriebs- und Organisationspsychologie. Göttingen: Hogrefe.

Günter, W. (Hrsg.). (1991). Handbuch für Studienreiseleiter. Starnberg: Studienkreis für Tourismus.

Gutjahr, G. (1972). Markt- und Werbepsychologie, Bd. 1. Heidelberg: Sauer-Verlag.

Haase, H. & Molt, W. (Hrsg.). (1981). Handbuch der Angewandten Psychologie, Bd. 3. München: Verlag Moderne Industrie.

Hacker, W. (1978). Allgemeine Arbeits- und Ingenieurpsychologie. Bern: Huber.

Häcker, H. & Stapf, K. H. (Hrsg.). (1998). Dorsch Psychologisches Wörterbuch. Bern: Huber.

Hahn, E. (1985). Sportpsychologie – Tätigkeitsfelder und Organisationsformen bisheriger psychologischer Tätigkeit. Report Psychologie, 10 (1), 9–37 und (2), 10–12.

Hahn, M. & Kagelmann, H.-J. (Hrsg.). (1993). Tourismuspsychologie und Tourismussoziologie. München: Quintessenz.

Harloff, H. J. (Hrsg.). (1993). Psychologie des Wohnungs- und Siedlungsbaus. Göttingen: Hogrefe.

Harloff, H. J. & Ritterfeld, U. (1993). Psychologie im Dienste von Wohnungs- und Siedlungsplanung. In H. J. Harloff (Hrsg.), Psychologie des

Wohnungs- und Siedlungsbaus (S. 31–44). Göttingen: Verlag für Angewandte Psychologie.

Harloff, H. J. & Ruff, F. (1993). Wohnerleben und Nachbarschaftsverhalten in Abhängigkeit von der Wohnlage in einer Reihenhaussiedlung. In H. J. Harloff (Hrsg.), Psychologie des Wohnungs- und Siedlungsbaus (S. 175–184). Göttingen: Verlag für Angewandte Psychologie.

Harrer, G. (1982). Das »Musikerlebnis« im Griff des naturwissenschaftlichen Experiments. In G. Harrer (Hrsg.), Grundlagen der Musiktherapie und Musikpsychologie (S. 3–53). Stuttgart: Fischer.

Harrer, G. (1982). Grundlagen der Musiktherapie und Musikpsychologie. Stuttgart: Fischer.

Hasebrook, J. (1995). Multimedia-Psychologie. Heidelberg: Spectrum.

Heckhausen, H., Gollwitzer, P. M. & Weinert, F. E. (Hrsg.) (1987). Jenseits des Rubikon: Der Wille in den Humanwissenschaften. Berlin: Springer.

Heiss, R. Strauch, I. (1966). Die Deutung der Handschrift. Hamburg: Claassen.

Hellbrück, J. & Fischer, M. (1999). Umweltpsychologie. Göttingen: Hogrefe.

Hellpach, W. (1952). Mensch und Volk der Großstadt. Stuttgart: Enke.

Herkner, W. (1996). Lehrbuch Sozialpsychologie. Bern: Huber.

Hofer, M., Wild, E. & Pikowsky, B. (1996). Pädagogisch-psychologische Berufsfelder, Beratung zwischen Theorie und Praxis. Bern: Huber.

Hoff, E.-H. (1998). Probleme der Psychologie als Profession. Report Psychologie, 23 (1), 18–24.

Hoyos, C. Graf (1980). Psychologische Unfall- und Sicherheitsforschung. Stuttgart: Kohlhammer.

Hoyos, C. Graf (1999). Angewandte Psychologie. In R. Asanger & G. Wenninger (Hrsg.), Handwörterbuch Psychologie (S. 25–33). Weinheim: Psychologie Verlags Union.

Hoyos, C. Graf & Zimolong, B. (Hrsg.). (1990). Ingenieurpsychologie. Göttingen: Hogrefe.

Huber, S. (1997). Dimensionen der Religiosität. Bern: Huber.

Hummel, M., Brodbeck, K. H., Breitenbacher, M. & Meyerhöfer, W. (1991). Struktur und Entwicklung der Musikwirtschaft. Musikforum. Referate und Informationen des Deutschen Musikrates, 74, 13–22.

Huth, R. & Pflaum, D. (1996). Einführung in die Werbelehre. (6. Aufl.) Stuttgart: Kohlhammer.

Jung, C. G. (1963). Zur Psychologie westlicher und östlicher Religion. Gesammelte Werke, Bd. 11. Zürich: Rascher.

Jung, C. G. (1968). Der Mensch und seine Symbole. Olten: Walter.

Kagelmann, H.-J. & Eggert, G. (1992). Tourismus. In D. Frey, Graf C. Hoyos & D. Stahlberg (Hrsg.), Angewandte Psychologie (S. 498–517). München: Psychologie Verlags Union.

Kals, E. (Hrsg.). (1998). Umwelt und Gesundheit. Weinheim: Psychologie Verlags Union.

Kaminski, G. (Hrsg.). (1976). Umweltpsychologie. Stuttgart: Klett.

Keller, H. (1993). Entwicklungspsychologische Überlegungen zur Funktion von Kinderzimmern. In H. J. Harloff (Hrsg.), Psychologie des Wohnungs- und Siedlungsbaus (S. 123–130). Göttingen: Verlag für Angewandte Psychologie.

Kiemle, M. (1967). Ästhetische Probleme der Architektur unter dem Aspekt der Informationsästhctik. Quickborn: Schnelle.

Klupsch, H. J. & Klupsch, D. (1998). Handschrift und Persönlichkeit. Das Lehrbuch der Graphologie, 2 Bände. Werl: A. Stein'sche Buchhandlung.

Kohlberg, L. (1984). Essays on moral development, Vol. 2. The psychology of moral development. San Francisco: Harper & Row.

König, Th. (1923). Reklame-Psychologie. München: Oldenbourg.

Koeppler, K. (1972). Unterschwellig wahrnehmen – unterschwellig lernen. Stuttgart: Kohlhammer.

Krech, D. & Crutchfield, R. S. (Hrsg.). (1985). Grundlagen der Psychologie, Bd. 8. Weinheim: Beltz.

Krieg, P. (1990). Die Seele des Geldes. Frankfurt: Schuber.

Kroeber-Riel, W. (1992). Konsumentenverhalten (5. Aufl.). München: Vahlen.

Kühne, H.-H. (Hrsg.). (1987). Berufsrecht für Psychologen. Baden-Baden: Nomos-Verlagsgesellschaft.

Kury, H. (1993). Kriminalpsychologie. In A. Schorr (Hrsg.), Handwörterbuch der Angewandten Psychologie (S. 428–434). Bonn: Deutscher Psychologen-Verlag.

Lewin, K. (1944). Constructs in psychology and psychological ecology. University of Iowa Studies in Child Welfare, 20, 23–27.

Liebel, H. J. (1992). Motivanalyse von Opfern bei Kapitalanlagebetrug. In A. Kühne (Hrsg.), Aktuelle Beiträge zur Rechtspsychologie (S. 57–67). Bonn: Deutscher Psychologen-Verlag.

Liebel, H. J. & Oehmichen, J. (1993). Motivanalyse bei Opfern von Kapitalanlagebetrug. BKA-Forschungsreihe, Bd. 26. Wiesbaden: BKA.

Liebel, H. J. (1996 a). Opfer von Anlagebetrug. In Bundeskriminalamt (Hrsg.), Das Opfer und die Kriminalitätsbekämpfung. BKA-Forschungsreihe, Bd. 36 (S. 291–309). Wiesbaden: BKA.

Liebel, H. J. (1996 b). Organisationspsychologie. In D. Dörner & H. Selg (Hrsg.), Psychologie (S. 333–355). Stuttgart: Kohlhammer.

Lindner, I. (1996). Studienführer Psychologie. München: Lexika.

Linneweber, V. (1993). Wer sind die Experten? – »User needs analysis« (UNA), »post occupancy evaluation« (POE) und Städtebau aus sozial- und umweltpsychologischer Perspektive. In H. J. Harloff (Hrsg.), Psychologie des Wohnungs- und Siedlungsbaus (S. 75–85). Göttingen: Verlag für Angewandte Psychologie.

Lösel, F. & Bender, D. (1993). Rechtspsychologie. In A. Schorr (Hrsg.), Handwörterbuch der Angewandten Psychologie (S. 590–598). Bonn: Deutscher Psychologen-Verlag.

Maslow, A. H. (1970). Motivation and Personality. New York: Harper & Row.

Mehrabian, A. (1978). Räume des Alltags oder wie die Welt unser Verhalten bestimmt. Frankfurt: Campus Verlag.

Miller, R. (1986). Einführung in die Ökologische Psychologie. Opladen: Leske + Budrich.

Miller, R. (1998) Umweltpsychologie – Eine Einführung. Stuttgart: Kohlhammer

Mitscherlich, A. (1972). Die Unwirtlichkeit unserer Städte. Frankfurt: Suhrkamp.

Mogel, H. (1996). Ökopsychologie. In D. Dörner & H. Selg (Hrsg.), Psychologie (S. 264–281). Stuttgart: Kohlhammer.

Moles, A. A. (1971). Informationstheorie und ästhetische Wahrnehmung. Köln: Du Mont.

Moser, H. (1999). Politische Psychologie. In R. Asanger & G. Wenninger (Hrsg.), Handwörterbuch Psychologie (S. 556–562). Weinheim: Psychologie Verlags Union.

Motte-Haber de la, H. (1976). Psychologie und Musiktheorie. Frankfurt: Diesterweg.

Müller-Freienfels, R. (1936). Psychologie der Musik. Berlin: Vieweg.

Münsterberg, H. (1912). Psychologie und Wirtschaftsleben. Leipzig: Barth. Reprint 1997. Weinheim: Beltz.

Münsterberg, H. (1914). Grundzüge der Psychotechnik. Leipzig: Barth.

Neumann, P. & Rosenstiel, L. von (1999). Werbepsychologie. In R. Asanger et al. (Hrsg.), Handwörterbuch Psychologie (S. 841–847). Weinheim: Psychologie Verlags Union.

Nitsch, J. R. (Hrsg.). (1986). Anwendungsfelder der Sportpsychologie. Köln: bps.

Nitsch, J. R. (1999). Sportpsychologie. In R. Asanger & G. Wenninger (Hrsg.), Handwörterbuch Psychologie (S. 726–732). Weinheim: Psychologie Verlags Union.

Nolting, H.-P. & Paulus, P. (1996). Pädagogische Psychologie. (2. Aufl.) Stuttgart: Kohlhammer.

Opaschowski, H. W. (1988). Psychologie und Soziologie der Freizeit. Opladen: Leske + Budrich.

Opaschowski, H. W. (1991). Ökologie von Freizeit und Tourismus. Opladen: Leske + Budrich.

Opaschowski, H. W. (1997a). Deutschland 2010. Wie wir morgen leben. Hamburg: Mair.

Opaschowski, H. W. (1997b). Vom Versorgungs- zum Erlebniskonsum: Was will der Kunde im Jahr 2010? In W. Meinig & H. Mallad (Hrsg.), Strukturwandel mitgestalten! Rahmenbedingungen und Zukunftsperspektiven für Automobilhersteller, Importeure, Zulieferer und Handel. Bamberg: FAW.

Oser, F. & Gmünder, P. (1984). Der Mensch – Stufen seiner religiösen Entwicklung. Ein strukturgenetischer Ansatz. Zürich: Benzinger.

Osgood, Ch. E. (1964). Method and theory in experimental psychology. New York: Oxford University Press.

Pelzmann, L. (1985). Wirtschaftspsychologie. Wien: Springer.

Piaget, J. (1926). La représentation du monde cher l'enfant. Paris: Presses Universitaires de France. Dt. (1980). Das Weltbild des Kindes. Frankfurt: Ullstein.

Piperek, M. (1975). Umweltpsychohygiene. Wohn- und Baupsychologie. Wien: Braumüller.

Raab, G. (1997). Psychologie des Geldes: Der Einfluß von Einstellungen und Geldformen auf das Konsumverhalten. In G. Richardt et al. (Hrsg.), Beiträge zur angewandten Psychologie (S. 320f). Bonn: Deutscher Psychologen-Verlag.

Reinecker, H. (1996). Klinische Psychologie. In D. Dörner & H. Selg (Hrsg.), Psychologie (S. 356–380). Stuttgart: Kohlhammer.

Richardt, G., Krampen, G. & Zayer, H. (Hrsg.). (1997). Beiträge zur ange-wandten Psychologie. Bonn: Deutscher Psychologen-Verlag.

Richter, H. E. (1979). Der Gotteskomplex. Reinbek: Rowohlt.

Riemann, H. (1914). Grundriß der Musikwissenschaft. Leipzig: Peters.

Rosenstiel, L. von & Neumann, P. (1991). Einführung in die Markt- und Werbepsychologie. Darmstadt: Wissenschaftliche Buchgesell-schaft.

Rosenstiel, L. von, Molt, W. & Rüttinger, B. (1995). Organisationspsycho-logie (8. Aufl.). Stuttgart: Kohlhammer.

Rösing, H. (1997). Musikalische Ausdrucksmodelle. In H. Bruhn, R. Oerter & H. Rösing (Hrsg.), Musikpsychologie. Ein Handbuch (S. 579–588). Reinbek: Rowohlt.

Rösing, H. & Bruhn, H. (1992). Angewandte Musikpsychologie. In D. Frey et al. (Hrsg.), Angewandte Psychologie (S. 487–497). Weinheim: Psycho-logie Verlags Union.

Rösing, H. & Bruhn, H. (1997). Geschichte der Musikpsychologie. In H. Bruhn, R. Oerter & H. Rösing (Hrsg.), Musikpsychologie. Ein Hand-buch (S. 21–39). Reinbek: Rowohlt.

Roth, E. (Hrsg.). (1989). Organisationspsychologie. Göttingen: Hogrefe.

Schalast, N. (1998). »Die Psychologen helfen auch schon ganz gut mit«. Report Psychologie, 23 (1), 34–43.

Schischkoff, G. (1978). Philosophisches Handwörterbuch. Stuttgart: Körner.

Schmale, H. (1983). Psychologie der Arbeit. Stuttgart: Klett-Cotta.

Schmittmann, R. (1981). Handlungstheoretische Analyse und Planung. Fallbeispiel: die Großraumschule. In H. Haase & W. Molt (Hrsg.), Handbuch der Angewandten Psychologie, Bd. 3 (S. 360–379). München: Verlag Moderne Industrie.

Schmitz, E. (Hrsg.). (1992). Religionspsychologie. Göttingen: Hogrefe.

Schmölders, G. (1968). Gutes und schlechtes Geld. Geld, Geldwert und Geldentwertung. Frankfurt a. M.: Knapp.

Schmölders, G. (1969). Der Umgang mit Geld im privaten Haushalt. Ber-lin: Duncker & Humblodt.

Schmölders, G. (1975). Einführung in die Geld- und Finanzpsychologie. Darmstadt: Wissenschaftliche Buchgesellschaft.

Schmölders, G. (1976). Geld- und Währungspolitik. Paderborn: Schöningh.

Schorr, A. (Hrsg.). (1993). Handwörterbuch der Angewandten Psycholo-gie. Bonn: Deutscher Psychologen-Verlag.

Schorr, A. & Wehner, E. G. (1993). Geschichte der Angewandten Psycho-logie. In A. Schorr (Hrsg.), Handwörterbuch der Angewandten Psycho-logie (S. 291–296). Bonn: Deutscher Psychologen Verlag.

Schorr, A., Six, U. & Groebel, J. (Hrsg.). (1998). Medienpsychologie. Wein-heim: Beltz.

Schuler, H. (Hrsg.). (1995). Lehrbuch Organisationspsychologie (2. Aufl.). Bern: Huber.

Schurian, W. (Hrsg.). (1993). Kunstpsychologie heute. Göttingen: Verlag für Angewandte Psychologie.

Schuster, M. (1985). Das ästhetische Motiv. Frankfurt: Fachbuch für Psychologie.

Schuster, M. (1992). Wodurch Bilder wirken. Köln: Du Mont.

Schwarzer, R. (1996). Psychologie des Gesundheitsverhaltens. Göttingen: Hogrefe.

Schweiger, G. & Schrattenecker, G. (1995). Werbung. Stuttgart: G. Fischer.

Schwickerath, D. (1983). Beziehung zwischen Wohnumgebung und Persönlichkeitsmerkmalen bei Kindern. Phil. Diss., Universität Bonn.

Scott, W. D. (1908/1985). A theory of advertising. New York: Garland.

Seashore, C. E. (1919). The Psychology of Musical Talent. Boston, Mass.: Silver, Burdett & Co.

Seifert, K. H. (Hrsg.). (1977). Handbuch der Berufspsychologie. Göttingen: Hogrefe.

Seifert, K. H. (1989). Berufliche Entwicklung und berufliche Sozialisation. In E. Roth (Hrsg.), Organisationspsychologie (S. 608–630). Göttingen: Hogrefe.

Semmer, N. & Volpert, W. (1994). Arbeitspsychologie. In R. Asanger & G. Wenninger (Hrsg.), Handwörterbuch Psychologie (S. 36–43). Weinheim: Psychologie Verlags Union.

Sieland, B. (1994/1996). Klinische Psychologie, Band I+II. Stuttgart: Kohlhammer.

Skinner, B. F. (1966). The Behavior of Organisms. New York: Appleton-Century-Crofts.

Sloboda, J. A. (1985). The musical mind. The cognitive psychology of music. Oxford: University Press.

Spintge, R. (1982). Psychologische und psychotherapeutische Methoden zur Verminderung präoperativer Angst. Diss., Universität Bonn.

Spintge, R. & Droh, R. (1992). Musik-Medizin. Physiologische Grundlagen und praktische Anwendungen. Stuttgart: Fischer.

Spode, H. (1993). Geschichte des Tourismus. In H. Hahn & H.-J. Kagelmann (Hrsg.), Tourismuspsychologie und Tourismussoziologie. München: Quintessenz.

Starbuck, E. D. (1899). The psychology of religion. New York: Charles Scribner' Sons.

Stein, F. (Hrsg.). (1990). Brennpunkte der Polizeipsychologie. Göttingen: Hogrefe.

Steiner, R. (1981). Das Wesen des Musikalischen und das Tonerlebnis im Menschen. Dornach: Rudolf Steiner-Verlag.

Steller, M. & Volbert, R. (Hrsg.). (1999). Psychologie im Strafverfahren. Bern: Huber.

Stern, W. (1903). Angewandte Psychologie. Beiträge zur Psychologie der Aussage. Erste Folge. Leipzig: Barth.

Stroebe, W., Hewstone, M. & Stephenson, G.-M. (Hrsg.). (1996). Sozialpsychologie. Eine Einführung. Berlin: Springer.

Strommen, M. (Ed.). (1971). Research on religious development. New York: Hasthorn.

Tardy, J. (1994). Entspannung und Musik... und Mozart. Musik-, Tanz- und Kunsttherapie. Zeitschrift für künstlerische Therapien, 5 (2), 86–90.

Taylor, F. W. (1903). Shop management. New York: Wiley. Deutsch(1909): Die Betriebsleitung, insbesondere der Werkstätten. Berlin: Springer.

Thomas, A. (1995). Einführung in die Sportpsychologie. Göttingen: Hogrefe.

Tokarski, W. & Schmitz-Scherzer, R. (1999). Freizeitpsychologie. In R. Asanger & G. Wenninger (Hrsg.), Handwörterbuch Psychologie (S. 200–204). Weinheim: Psychologie Verlags Union.

221

Tröster, H. (1993). Rehabilitationspsychologie. In A. Schorr (Hrsg.), Handwörterbuch der Angewandten Psychologie (S. 599–603). Bonn: Deutscher Psychologen-Verlag.

Weinert, A. (1998). Organisationspsychologie – Ein Lehrbuch (4. Aufl.). Weinheim: Psychologie Verlags Union.

Westermann, A. (1977). On Aesthetik Judgement of Building Exteriors. Norrköping: National Swedish Building Research Summaries.

Wiswede, G. (1991). Einführung in die Wirtschaftspsychologie. München: Reinhardt.

Witte, W. (1988). Einführung in die Rehabilitationspsychologie. Bern: Huber.

Wohlwill, J. F. & Carson, D. H. (Eds.). (1972). Environment and the Social Sciences. Washington: American Psychological Association.

Wundt, W. (1896). Physiologische Psychologie, Bd. 2. Leipzig: Engelmann.

Yablonsky, L. (1992). Der Charme des Geldes. Köln: Edition Humanistische Psychologie.

Yancey, W. L. (1972). Architecture, interaction and social control: the case of a largescale housing project. In J. F. Wohlwill & D. H. Carson (Eds.), Environment and the Social Sciences. Washington: American Psychological Association.

Zempel, J., Batinic, B. & Moser, K. (1999). Einsatzmöglichkeiten des Internet in Lehr- und Weiterbildungsveranstaltungen. Report Psychologie, 24 (2), 122–126.

Zimmer, G. (1993). Berufspsychologie. In A. Schorr (Hrsg.), Handwörterbuch der Angewandten Psychologie (S. 81–88). Bonn: Deutscher Psychologen-Verlag.

Zitterbach, W. (1999). Kulturpsychologie. In R. Asanger & G. Wenninger (Hrsg.), Handwörterbuch Psychologie (S. 382–386). Weinheim: Psychologie Verlags Union.

Dirk Wendt

Entwicklungspsychologie
Eine Einführung
1997. 538 Seiten mit 69 Abb. und Tab.
Kart. DM 58,–
ISBN 3-17-012731-4

Die Entwicklung des Verhaltens des Menschen in
seiner individuellen Lebensgeschichte, die geneti-
schen Quellen und Einflüsse der Auseinandersetzung mit der Umwelt sind zentrale Themen
dieses kompakten Lehrbuchs. Der Autor zeigt,
wie Anlage und Umwelt interagieren und keine
von beiden allein das Schicksal bestimmen kann.
Das Buch ist aus der gleichnamigen Vorlesung
des Verfassers hervorgegangen und umfaßt die
wesentlichen Teile des Prüfungsstoffs.

Kohlhammer

W. Kohlhammer GmbH · 70549 Stuttgart